国家出版基金项目
NATIONAL PUBLICATION FOUNDATION

中宣部2022年主题出版重点出版物

“十四五”国家重点图书出版规划项目

北京宣传文化引导基金
BEIJING CULTURE GUIDING FUND

纪录小康工程

全面建成小康社会

北京奋斗者

BEIJING FENDOUZHE

本书编写组

北 京 出 版 集 团
北 京 人 民 出 版 社

出 版 人：康　伟
项目统筹：吴文学　李清霞
项目执行：吕克农　陈　飞　王曷灵　李　尚
责任编辑：单明明　张晨光
封面设计：石笑梦
版式设计：王欢欢
责任印制：武绽蕾

图书在版编目（CIP）数据

全面建成小康社会北京奋斗者 / 本书编写组编著. —北京 ：北京人民出版社，2022.10
（“纪录小康工程”地方丛书）
ISBN 978-7-5300-0555-2

I. ①全… II. ①本… III. ①小康建设—先进工作者—先进事迹—北京 IV. ① K820.871

中国版本图书馆 CIP 数据核字（2022）第 085916 号

“纪录小康工程”地方丛书
全面建成小康社会北京奋斗者
QUANMIAN JIANCHENG XIAOKANG SHEHUI BEIJING FENDOUZHE

本书编写组　编著

北京出版集团
北京人民出版社　出版
（100120　北京市西城区北三环中路 6 号）

北京华联印刷有限公司印刷　新华书店经销

2022 年 10 月第 1 版　2022 年 10 月北京第 1 次印刷
开本：710 毫米 ×1000 毫米 1/16　印张：27
字数：325 千字

ISBN 978-7-5300-0555-2　定价：94.50 元

邮购地址 100120　北京市西城区北三环中路 6 号
北京出版集团主题分公司　电话：（010）58572371

总 序

为民族复兴修史 为伟大时代立传

小康，是中华民族孜孜以求的梦想和夙愿。千百年来，中国人民一直对小康怀有割舍不断的情愫，祖祖辈辈为过上幸福美好生活劳苦奋斗。“民亦劳止，汔可小康”“久困于穷，冀以小康”“安得广厦千万间，大庇天下寒士俱欢颜”……都寄托着中国人民对小康社会的恒久期盼。然而，这些朴素而美好的愿望在历史上却从来没有变成现实。中国共产党自成立那天起，就把为中国人民谋幸福、为中华民族谋复兴作为初心使命，团结带领亿万中国人民拼搏奋斗，为过上幸福生活胼手胝足、砥砺前行。夺取新民主主义革命伟大胜利，完成社会主义革命和推进社会主义建设，进行改革开放和社会主义现代化建设，开创中国特色社会主义新时代，经过百年不懈奋斗，无数中国人摆脱贫困，过上衣食无忧的好日子。

特别是党的十八大以来，以习近平同志为核心的党中央统揽中华民族伟大复兴战略全局和世界百年未有之大变局，团结带领全党全国各族人民统筹推进“五位一体”总体布局、协调推进“四个全面”战略布局，万众一心战贫困、促改革、抗疫情、谋发展，党和国家事业取得历史性成就、发生历史性变革。在庆祝中国共产党成立100周年大会上，习近平总书记庄严宣告：“经过全党全国各族人民持续奋斗，我们实现了第一个百年奋斗目标，在中华大地上全面建成了小康社会，历史性地解决了绝对贫困问题，正在意气风发向着全面建成社会主义现代化强国的第二个百年奋斗目标迈进。”

这是中华民族、中国人民、中国共产党的伟大光荣！这是百姓的福祉、国家的进步、民族的骄傲！

全面小康，让梦想的阳光照进现实、照亮生活。从推翻“三座大山”到“人民当家作主”，从“小康之家”到“小康社会”，从“总体小康”到“全面小康”，从“全面建设”到“全面建成”，中国人民牢牢把命运掌握在自己手上，人民群众的生活越来越红火。“人民对美好生活的向往，就是我们的奋斗目标。”在习近平总书记坚强领导、亲自指挥下，我国脱贫攻坚取得重大历史性成就，现行标准下9899万农村贫困人口全部脱贫，建成世界上规模最大的社会保障体系，居民人均预期寿命提高到78.2岁，人民精神文化生活极大丰富，生态环境得到明显改善，公平正义的阳光普照大地。今天的中国人民，生活殷实、安居乐业，获得感、幸福感、安全感显著增强，道路自信、理论自信、制度自信、文化自信更加坚定，对创造更加美好的生活充满信心。

全面小康，让社会主义中国焕发出蓬勃生机活力。经过长期努力特别是党的十八大以来伟大实践，我国经济实力、科技实力、国防实力、综合国力跃上新的大台阶，成为世界第二大经济体、第一大工业国、第一大货物贸易国、第一大外汇储备国，国内生产总值从 1952 年的 679 亿元跃升至 2021 年的 114 万亿元，人均国内生产总值从 1952 年的几十美元跃升至 2021 年的超过 1.2 万美元。把握新发展阶段、贯彻新发展理念、构建新发展格局、推动高质量发展，全面建设社会主义现代化国家，我们的物质基础、制度基础更加坚实、更加牢靠。全面建成小康社会的伟大成就充分说明，在中华大地上生气勃勃的创造性的社会主义实践造福了人民、改变了中国、影响了时代，世界范围内社会主义和资本主义两种社会制度的历史演进及其较量发生了有利于社会主义的重大转变，社会主义制度优势得到极大彰显，中国特色社会主义道路越走越宽广。

全面小康，让中华民族自信自强屹立于世界民族之林。中华民族有五千多年的文明历史，创造了灿烂的中华文明，为人类文明进步作出了卓越贡献。近代以来，中华民族遭受的苦难之重、付出的牺牲之大，世所罕见。中国共产党带领中国人民从沉沦中觉醒、从灾难中奋起，前赴后继、百折不挠，战胜各种艰难险阻，取得一个个伟大胜利，创造一个个发展奇迹，用鲜血和汗水书写了中华民族几千年历史上最恢宏的史诗。全面建成小康社会，见证了中华民族强大的创造力、坚韧力、爆发力，见证了中华民族自信自强、守正创新精神气质的锻造与激扬，实现中华民族伟大复兴有了更为主动的精神力量，进入不可逆转的历史进程。今天，我们比历史上任何时期都更接近、更有信心和能力实现中华民族伟大复兴的目标，中国人民的志气、骨气、底气极大增强，奋进新征程、建功新时代有着前所未有的历史主动精神、历史创造精神。

全面小康，在人类社会发展史上写就了不可磨灭的光辉篇章。中华民族素有和合共生、兼济天下的价值追求，中国共产党立志于为人类谋进步、为世界谋大同。中国的发展，使世界五分之一的人口整体摆脱贫困，提前十年实现联合国 2030 年可持续发展议程确定的目标，谱写了彪炳世界发展史的减贫奇迹，创造了中国式现代化道路与人类文明新形态。这份光荣的胜利，属于中国，也属于世界。事实雄辩地证明，人类通往美好生活的道路不止一条，各国实现现代化的道路不止一条。全面建成小康社会的中国，始终站在历史正确的一边，站在人类进步的一边，国际影响力、感召力、塑造力显著提升，负责任大国形象充分彰显，以更加开放包容的姿态拥抱世界，必将为推动构建人类命运共同体、弘扬全人类共同价值、建设更加美好的世界作出新的更大贡献。

回望全面建成小康社会的历史，伟大历程何其艰苦卓绝，伟大胜利何其光辉炳耀，伟大精神何其气壮山河！

这是中华民族发展史上矗立起的又一座历史丰碑、精神丰碑！这座丰碑，凝结着中国共产党人矢志不渝的坚持坚守、博大深沉的情怀胸襟，辉映着科学理论的思想穿透力、时代引领力、实践推动力，镌刻着中国人民的奋发奋斗、牺牲奉献，彰显着中国特色社会主义制度的强大生命力、显著优越性。

因为感动，所以纪录；因为壮丽，所以丰厚。恢宏的历史伟业，必将留下深沉的历史印记，竖起闪耀的历史地标。

中央宣传部牵头，中央有关部门和宣传文化单位，省、市、县各级宣传部门共同参与组织实施“纪录小康工程”，以为民族复兴修史、为伟大时代立传为宗旨，以“存史资政、教化育人”为目的，形成了数据库、大事记、系列丛书和主题纪录片4方面主要成果。目前已建成内容全面、分类有序的4级数据库，编纂完成各级各类全面小康、脱贫攻坚大事记，出版“纪录小康工程”丛书，摄制完成纪录片《纪录小康》。

“纪录小康工程”丛书包括中央系列和地方系列。中央系列分为“擘画领航”“经天纬地”“航海梯山”“踔厉奋发”“彪炳史册”5个主题，由中央有关部门精选内容组织编撰；地方系列分为“全景录”“大事记”“变迁志”“奋斗者”“影像记”5个板块，由各省（区、市）和新疆生产建设兵团结合各地实际情况推出主题图书。丛书忠实纪录习近平总书记的小康情怀、扶贫足迹，反映党中央关于全面建成小康社会重大决策、重大部署的历史过程，展现通过不懈奋斗取得全面建成小康社会伟大胜利的光辉历程，讲述在决战脱贫攻坚、决胜全面小康进程中涌现的先进个人、先进集体和典型事迹，揭示辉煌成就和历史巨变背后的制度优势和经验启示。这是对全面建成小康社会伟大成就的历史巡礼，是对中国共产党和中国人民奋斗精神的深情礼赞。

历史昭示未来，明天更加美好。全面建成小康社会，带给中国人民的是温暖、是力量、是坚定、是信心。让我们时时回望小康历程，深入学习贯彻习近平新时代中国特色社会主义思想，深刻理解中国共产党为什么能、马克思主义为什么行、中国特色社会主义为什么好，深刻把握“两个确立”的决定性意义，增强“四个意识”、坚定“四个自信”、做到“两个维护”，以坚如磐石的定力、敢打必胜的信念，集中精力办好自己的事情，向着实现第二个百年奋斗目标、创造中国人民更加幸福美好生活勇毅前行。

目　录

前　言

2021 年 7 月 1 日，习近平总书记在庆祝中国共产党成立 100 周年大会上庄严宣告：“经过全党全国各族人民持续奋斗，我们实现了第一个百年奋斗目标，在中华大地上全面建成了小康社会，历史性地解决了绝对贫困问题，正在意气风发向着全面建成社会主义现代化强国的第二个百年奋斗目标迈进。”

新中国成立以来，特别是党的十八大以来，北京市深入学习贯彻习近平总书记对北京一系列重要讲话精神，按照市第十二次党代会确定的“率先全面建成小康社会”奋斗目标，以首都发展为统领，更加奋发有为地推动新时代首都高质量发展，努力建设好伟大社会主义祖国的首都、迈向中华民族伟大复兴的大国首都、国际一流的和谐宜居之都，为全面建成小康社会作出了首都贡献。

全面小康是奋斗出来的小康。全市人民共同参与、共同建设、共同努力，同心同德、同舟共济，把热血、汗水洒在京华大地上，依靠辛劳和智慧，苦干实干、接续奋斗，创造了小康美好生活，书写了小康壮丽史诗。《全面建成小康社会北京奋斗者》撷取了 100 个先进个人（先进集体）的先进事迹，力图展现北京奋斗者的光辉形象。

奋斗者最美。100 个先进典型中，有先进个人 96 人、先进集体 4 个，均选自七一勋章、全国优秀共产党员、全国优秀党务工作者、全国劳动模范、全国先进工作者、全国脱贫攻坚先进个人和先进集体、全国道德模范、时代楷模等荣誉称号的获得者，先进性、典型性、代表性强。他们绝大多数来自生产劳动一线，是各行各业首都建设者的杰出代表，其中既有“两院”院士，也有普通平凡岗位的劳动者；既有企业、事业单位、科研院所工作人员，也有机关干部、农村基层干部、社区工作者、脱贫攻坚扶贫干部；等等。他们是全面建成小康社会进程中首都奋斗者群体的优秀代表，是全社会学习的榜样。

奋斗者彰显了信仰的力量。本书中的先进个人绝大多数是共产党员。他们依靠磐石般的信念、钢铁般的意志，将困难和挑战踩在脚下，永葆忠诚、为民、奋斗初心，在实践中检验、淬炼和升华理想信念，是时代的优秀“答卷人”。他们在各自岗位上履职担当，想干事、能干事、干成事，埋头苦干，不畏牺牲，拼搏奋斗，攻坚克难，践行了担当作为的历史使命。他们坚持以人民为中心的发展思想，坚持为人民服务的宗旨，把群众情怀视为最大的情怀，把群众的事当天大的事，为群众解难事办实事做好事，帮助群众实现对美好生活的向往。这些先进个人是伟大建党精神的忠实实践者和弘扬者。

奋斗者是党的伟大精神的化身。本书中的先进个人展现了共产党人的精神力量。在各行各业的劳模、工匠身上，充分展现了爱岗敬业、争创一流、艰苦奋斗、勇于创新、淡泊名利、甘于奉献的劳模精神，崇尚劳动、热爱劳动、辛勤劳动、诚实劳动的劳动精神，执着专注、精益求精、一丝不苟、追求卓越的工匠精神。科技工作者充分展现了科学家精神：胸怀祖国、服务人民的爱国精神，勇攀高峰、敢为人先的创新精神，追求真理、严谨治学的求实精神，淡泊名利、潜心研究的奉献精神，集智攻关、团结协作的协同精神，甘为人梯、奖掖后学的育人精神。这些先进个人践行的伟大的改革开放精神、企业家精神、脱贫攻坚精神、抗疫精神等，无一不彰显了中国共产党人“为有牺牲多壮志，敢教日月换新天”的大无畏气概和奋斗精神。

新时代是奋斗者的时代。奋斗者用智慧和汗水书写了可歌可泣的壮丽篇章。每一滴汗水都折射太阳的光芒，每一份付出都照亮梦想的天空。幸福都是奋斗出来的，奋斗本身就是一种幸福。奋斗创造历史，实干成就未来。美好梦想无法自动实现，实干才能收获丰盈充实的人生，实干才能开创无限美好的生活。新时代、新征程，我们要传承弘扬爱国奋斗精神，高唱新时代奋斗者之歌，坚守爱国情怀、坚定奋斗意志，立足岗位尽职责、立足职业作贡献，不驰于空想，不骛于虚声，勇做只争朝夕的行动者、脚踏实地的实干家，把奋斗精神融于岗位、融于日常，努力向前奔跑，在参与创造伟大时代的同时，创造自己的美好人生，努力为党和人民争取更大光荣。

第一篇　对党忠诚　信念坚定

蓝天野：一生奉献给人民文艺事业

蓝天野（1927 年 5 月—2022 年 6 月），男，中共党员，北京人民艺术剧院离休干部，著名表演艺术家、导演。曾获七一勋章和全国优秀共产党员、北京市优秀共产党员等荣誉称号，以及中国话剧金狮奖、中国戏剧奖·终身成就奖、全国德艺双馨奖·终身成就奖等奖项。

2021 年初春的夜晚，透着浓浓凉意，首都剧场内座无虚席。舞台上正在上演话剧《吴王金戈越王剑》，观众们沉浸在这部诗意化与民族美感交融的历史剧中。

幕布后，一位精神矍铄的银发老者正凝视着观众席，关注着他们对演出的反应，他就是这部剧的导演蓝天野。

满腔热忱只为党

1944 年，不到 18 岁的蓝天野在国立北平艺专油画系潜心学习绘画。同年，他在同学的邀请下参加了沙龙剧团，开始演出话剧。这时，蓝天野在解放区文工团晋察冀挺进剧社的三姐石梅被党组织派回北平，开展党的地下工作。

在石梅的影响下，蓝天野 1945 年 6 月正式参加革命工作。最初主要是做宣传，“上级党组织交给三姐一部短波收音机，每天晚上到了固定时间，我们要收听解放区的广播，记录下来，然后由我刻到蜡版上，进行油印，再由她拿出去散发。”蓝天野回忆道。

后来，蓝天野成为北平地下党的一名交通员，经常背着装满物资和文件的小布包，骑着自行车到西山脚下的联络点与解放区的人见面。“我送去的是解放区需要的各种物资、生活用品，还有书，有些还是大部头的，每次能带多少就带多少。我还制作过一些演戏用的化装油彩，送给解放区文工团用。”谈及这些工作，蓝天野说，“当时真没想过危险。我就觉得其他的事情做不了，做这些就是为党尽自己的一点力量。”

蓝天野对党交给的工作满腔热忱。1945 年 9 月，他加入了中国共产党。

一颗红心向戏剧

94 岁高龄仍活跃在话剧舞台上的蓝天野，用一生耕耘为中国话剧事业的蓬勃发展作出了贡献。2020 年，他登台出演话剧《家》中的冯乐山，精湛的演技获得了观众的热烈掌声。蓝天野说：“感谢党对我的培养，是党让我走上了戏剧道路。”

蓝天野入党后，在沙龙剧团参演《日出》《沉渊》等话剧，成为剧团的骨干。按照党组织的安排，蓝天野在沙龙剧团一边从事革命工作，秘密发展党员，一边参加戏剧演出，配合学生运动。

1946 年初，北平地下党在文艺战线的工作已经打开了局面。为进一步加强对戏剧战线的领导，党组织决定筹备成立北平市戏剧团体联合会（以下简称“北平剧联”），将北平所有的职业剧团、半职业剧团及学生剧团都组织起来，并成立北平剧联党支部，蓝天野成为党支部的一员。

在北平剧联筹备期间，大家决定用一场话剧公演来扩大影响力，选择的剧目是剧作家李健吾的代表作《青春》。在这部喜剧中，蓝天野饰演一个绰号叫作“红鼻子”的老更夫。导演石岚要求蓝天野将这个角色演绎成一个真实生动、富有生活气息的老农民。然而，从小在北平城长大的蓝天野当时只有 19 岁，从没有体验过农村生活。为了演好角色，他跑到城外郊区村子里，与农民交朋友。“我去的次数多了，跟村民就熟了，临走时他们还会去地里割上一把新鲜的韭菜给我带着。”通过深入体验生活，蓝天野塑造了一个活生生的更夫形象。此后，他开始潜心探索表演艺术，强烈的创作欲望被激发出来。

随着形势的变化，北平剧联和祖国剧团引起了国民党当局的注意。为保存实力，上级党组织指示两个团体的骨干成员暂时分散隐蔽。蓝天野被派到演剧二队，从此走上了专业话剧表演之路。

回首这段经历，蓝天野感慨地说：“当时真没有想到我会一辈子从事戏剧事业。但我坚定跟党走，党怎么决定，我就怎么做。党让我干什么，我就干什么。”

1983 年，蓝天野第一次导演历史剧《吴王金戈越王剑》，便以新颖的风格和艺术个性赢得赞誉。2014 年复排时，又有了创新与突破。2021 年 3 月 4 日，该剧再登首都剧场舞台，蓝天野重回导演席。在每次排练和演出中，蓝天野对话剧民族化的探索与实践从未停止。

作为专职导演，蓝天野在他导演的剧目中起用了一批年轻演员，

帮助他们显著提升了表演艺术水平，取得了出色成绩。从 1957 年起，蓝天野多次主持或参与人艺学员班的表演教学，他培养的学生有很多成为北京人艺的艺术骨干，有的还成为卓有成就的表演艺术家。

洒下光热耀舞台

1987年11月离休后，蓝天野仍然心系北京人民艺术剧院的发展，担任北京人民艺术剧院艺术委员会顾问，对剧本和演出提出中肯的意见建议，为现实主义表演风格的传承和剧院建设作出了重要贡献。

2011年，为庆祝建党90周年，北京人艺党委决定重排献礼剧目《家》。从1984年蓝天野导演这部经典话剧后，《家》已经27年没有与广大观众见面了。为重现经典风采，实现人艺舞台上的"四代同堂"，更为了"人艺精神"的传承，院党委决定邀请已经阔别话剧舞台24年、当时已是84岁高龄的蓝天野加盟剧组。

重返舞台后，蓝天野深感重任在肩。"我是老党员，只要组织需要，我就要发好光和热，"他向院党委表示，"如果演不好，请导演随时把我换下来。"蓝天野在剧中饰演反派角色冯乐山。为了演好这个角色，他不顾年事已高，始终保持着高昂的创作激情，每天一早就赶到剧院参加排练，直到24点多全体排练结束后才走。

有一天，蓝天野在排练中不慎摔倒，手指骨折，吓坏了周围的人。他起身后的第一句话却是："对不住大家，让各位担心了。"第二天，他又准时出现在排练场。蓝天野用身体力行感染着剧组里每一名年轻演员。他塑造的表面儒雅、实则阴狠的冯乐山也成为话剧舞台上又一个经典人物形象。

2012年，为迎接党的十八大胜利召开暨纪念建院60周年，人艺创排了现实题材大戏《甲子园》。蓝天野受邀担任该剧艺术总监，并与朱琳、郑榕、朱旭、吕中等老艺术家和一批优秀中青年演员共同参演。在紧张的排练演出中，蓝天野的言传身教让年轻演员懂得了"人艺人"应当具备的艺德和品性，明白了在社会生活历练中提高人格修养和艺术水准、精心塑造人物角色的真谛。一部大戏《甲子园》，印证了“戏比天大”的艺术追求在几代“人艺人”中的薪火相传。

2015 年，蓝天野再次执导瑞士剧作家迪伦马特的代表作《贵妇还乡》。在两个多月的排练中，他每天早来晚走，对每一位演员的台词、动作仔细推敲，认真讲解，并亲自示范。在一次排演中，有位年轻演员的肢体动作始终不到位，站在一边的蓝天野突然扔掉手里的拐棍，准备倒地做示范。“您这么大岁数了，这样做很危险。”旁边的人一边说，一边赶紧扶住老爷子。蓝天野却说：“为人艺培养人才，是我分内的事，没什么豁不出去的。”

蓝天野割舍不下为之奋斗了一辈子的话剧事业。他心系北京人艺的传承与发展，想为那群可爱的年轻演员再排排戏、讲讲课。蓝天野说：“我的人生很精彩，也很快乐。作为一名老党员，我愿意继续为国家的文艺事业奉献我的微薄之力。”

2019 年，北京人艺面向社会招收表演专业学员班，受聘传艺的蓝天野为学员授课。2020 年，北京人艺 68 年院庆当天，93 岁的蓝天野带领后辈们用“云演出”的方式为观众献上经典话剧片段。“如果我不参加，北京人艺院庆的舞台上就少了一代人，我必须来！”蓝天野说。

2021 年 6 月 29 日，蓝天野被中共中央授予“七一勋章”。

（执笔：杨琳　金蕾蕾）

童朝晖：护佑生命是我们终身的职责

童朝晖，男，1965 年 4 月出生，中共党员，首都医科大学附属北京朝阳医院党委常委、副院长，北京市呼吸疾病研究所所长，主任医师，教授、博士生导师。曾获全国优秀共产党员、全国抗击新冠肺炎疫情先进个人、全国卫生系统先进工作者、“2021 北京榜样”年榜人物等荣誉称号和全国五一劳动奖章。

2003 年，他临危受命担任医院“非典”病房主任，收治近百例患者，无一例死亡。2020 年，他再次请缨，出征武汉，迎战新冠。他，就是首都医科大学附属北京朝阳医院副院长童朝晖。

2021 年 10 月 12 日 14 点，记者见到了刚从医院呼吸科回到办公室的童朝晖。从 7 点到 13 点 30 分，童朝晖已经连续工作了 6 个多小时。查房、开学术研讨会、处理行政事务，56 岁的童朝晖已有些疲惫。

“荣誉只代表过去！”提及他书柜里摆得满满的获奖证书时，童朝晖轻描淡写，神情淡定。可是当聊起医生的职责和患者时，他却滔滔不绝，眉宇间透出一种兴奋。自从来到朝阳医院，他始终不曾忘记当年立下的誓言：“国家有需要，我会义无反顾地冲到一线。”

“请党组织考验我的实际能力”

1985 年，湖北医科大学医疗系二年级学生童朝晖郑重地递交了入党申请书。“要积极向党组织靠拢，做一名优秀的大学生”是童朝晖最朴素的想法。他努力学习，积极参加学校组织的各种活动，凭借优异的成绩和出色的组织能力获得了大家的认可。1986 年 5 月 4 日，童朝晖光荣地站在党旗下，成为一名共产党员。

1988 年大学毕业后，童朝晖来到北京朝阳医院工作。23 岁的他被分配到呼吸科重症监护室。“重症监护室经常上夜班，老加班，很多人不愿意来，觉得工作太累，但我喜欢救活患者时的成就感。”童朝晖说。

从 38 岁当上科室副主任到成为医院副院长，“守在患者身边”这个工作习惯，童朝晖一直保持着。直到现在，每周二 7 点 50 分，童朝晖都会准时来到医院呼吸科重症监护室查房。“护佑生命是我们终身的职责。一名医生一定要在患者身边，这样才能作出正确诊断和临床决策，这是作为医生最起码的责任。”童朝晖说。

“我是一名老兵，一定会圆满完成任务”

“你听从党的召唤，从北京来到武汉。我们为你感到骄傲。我们在家不出门、不串门，你不必担心，就是希望你早日归来。”

这是在武汉抗疫期间，童朝晖收到的母亲发来的微信。童朝晖父母的家在湖北省黄冈市，离武汉只有两个小时的车程。在湖北奋战的 3 个多月时间里，童朝晖曾多次前往黄冈指导救治工作，却一次也没有踏进父母的家门。

2020 年 1 月 18 日，正是中国南方过小年的日子。这一天，童朝晖接受国家卫生健康委员会的委派，作为中央指导组专家到达武汉，开始参加新冠肺炎重症患者的救治工作。对于这次出征，童朝晖依旧镇定自若，他说：“我是一名老兵，一定会圆满完成任务。”

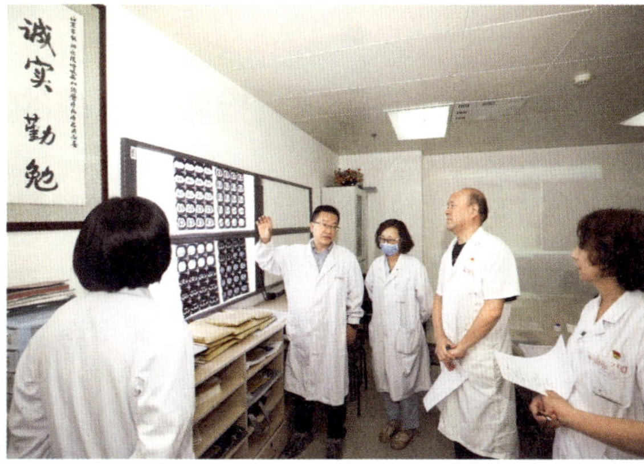

刚到武汉，童朝晖就一头扎进医院隔离区，上午查房，下午研讨病例，晚上整理会诊记录。童朝晖用了整整两天时间，把武汉市金银潭医院等3家收治新冠肺炎患者医院的所有重症患者的情况摸查了一遍。

“重症病例多，从管理层面要根据不同的病情分层管理。从技术层面，治疗的策略和理念有待改善与更新。”白天摸查情况后，晚上回到驻地，脱去厚重的防护服，童朝晖在笔记本上写下了诊疗策略。

在深入细致的调查研究之后，童朝晖和其他专家组成员一同向中央指导组提出救治新冠肺炎患者的“四集中”建议，即集中医院、集中资源、集中患者、集中医务人员。这些都成了后来扭转武汉疫情防控局势的一些关键举措。童朝晖提出的关于新冠肺炎诊疗规范与流程的建议，包括预警指标及相应的治疗原则、新冠肺炎重型和危重型的诊疗方案、新冠肺炎患者气管插管规范等，成为全国医务工作者诊治新冠肺炎的工作指南。童朝晖参与了国家卫生健康委员会第一至第八版新冠肺炎诊疗方案的制定，其探索总结的一系列措施在疫情防控阻击战中发挥了重要作用。

从武汉回京后，童朝晖的身影又先后出现在哈尔滨、青岛、石家庄、通化等地的抗疫一线。在2020年抗疫的250余天里，童朝晖在全国各地指导危重患者救治，往返行程超过1.5万千米，几乎打满了国内新冠肺炎疫情防控“全场”。

“攻克最难的问题，抢救最危重的患者”

“童大夫，您快来看看！”有一天，童朝晖接到一家医院打来的求救电话。一位24岁患者因农药百草枯中毒生命垂危，请求会诊指导救治。百草枯中毒抢救成功率只有30%，童朝晖团队立即赶往患者所在医院。

“患者这么年轻，绝不能放弃抢救！”经过全力抢救，童朝晖团队应用体外膜肺氧合（ECMO）技术将患者从死亡线拉了回来。十几天后，患者等到适合的肺源，接受了双侧肺移植手术。两个月后，患者康复出院。

从事呼吸与危重症医学工作30多年来，童朝晖始终坚守从医初心——“攻克最难的问题，抢救最危重的患者”。他带领团队在国内率先应用包括超声支气管镜等先进的介入呼吸病学技术，解决了大量疑难病例的临床诊断和治疗问题；建立了国内最为完备的呼吸支持体系，首次将体外膜肺氧合技术应用于极重度呼吸衰竭患者的救治，救治了近200例严重呼吸衰竭、循环衰竭患者。

（执笔：李爽　杨舒玲）

韩　青：让党建成为“红色引擎”

韩青，女，1980年11月出生，中共党员，北京市丰台区马家堡街道时代风帆商务楼宇党委书记，助理社会工作师，党的十九大代表。曾获全国优秀党务工作者、全国劳动模范、中国最美社工、北京市劳动模范等荣誉称号，以及北京市精神文明建设奖等奖项。

“80后”韩青，在丰台区马家堡街道的时代风帆商务楼宇干了12年，“让党建成为企业发展的‘红色引擎’”是她常说的一句话。作为北京市第一批商务楼宇党务工作者，12年来韩青带领团队扎根楼宇、克难奋进，不断推动楼宇党建创新发展，把更多的“两新”组织及其从业人员团结凝聚在党的周围。

建强组织，不断提升党组织的组织力和凝聚力

2009年，韩青独自一人被派到商务楼宇从事党建工作，没有办公场所，只能向物业借了一间地下室当办公室。楼里非公企业多，党员流动性较大，部分党员甘愿成为游离于组织之外的“口袋党员”，党建工作薄弱，属于“党建洼地”，联系沟通工作一直不顺畅。很多企业认为党建与企业没有任何关系，有的甚至一听是党建专职干部来拜访，连门都不让韩青进。

韩青认为，要紧紧跟随人群，人群在哪儿，党建工作就要推进

到哪儿。她利用开展活动先把人气聚起来。她把废弃的地下自行车库改造成了乒乓球场，利用午休时间举办乒乓球比赛，吸引了许多久坐少动的上班族参加。她协调楼里的培训机构办起义务托管班，先后为300多位年轻父母提供了托幼服务。她积极协调物业设立了母婴室，为商圈周围近7000名哺乳期妈妈解了燃眉之急。

韩青坚持“支部建在楼上”，通过龙头带建、片区联建、行业共建，党支部从1个扩展到47个，党员从32名发展到432名，党的工作覆盖从1栋楼宇162家企业扩展到商圈14栋楼宇1227家企业，扩大了党在新兴领域的覆盖面和影响力。党委组建楼宇商会、新联会、知联会等统战社团组织，广泛开展丰富多彩的主题活动，推动楼宇企业文化建设，促进企业间交流，被企业员工亲切地称为“靠谱的朋友圈”。

韩青认为，对于企业来说，生产经营是头等大事。要想让党建工作受到企业的欢迎，只有把党建工作与企业的生产经营紧密结合起来，牢牢抓住服务，助力企业发展，才能得到企业的认可。来自新加坡的外企凯德Mall刚进驻商圈时对建立党组织并不积极，但随着党组织工作的深入推进，特别是对企业发展给予了很多支持和帮助后，商厦不但主动落实和宣传党建工作，还在全市7家商场建立了党组织，并主动提出将组织关系转入时代风帆党委。这件事之后，韩青更加坚定了做好楼宇党建的信心和决心。

韩青策划成立“红色孵化联盟”，以点带面，把时代风帆党委的做法和经验逐步推广到全区43家孵化器和众创空间楼宇，使党建与创新创业相结合、线上与线下相结合、孵化与投资相结合，推动了全区楼宇党建工作的创新发展。

搭建平台，创新党员教育和服务企业模式

韩青开发“时代微党建”App，形成了党建“线上”运行机制、党委会“空中”议事流程和党员“线上民主评议”规则，解决了党员参加学习难、活动开展难、支部议事难等实际问题，实现了党建工作“随人而走、贴身而行”。搭建非公党建云平台，将“扫楼”和“扫码”相结合，直接与工商注册信息系统链接。干部入户走访时，通过扫描工商营业执照准确采集企业信息，实现党组织对非公企业注册登记、培育发展、迁出注销的全过程跟踪，工商和党建信息全程同步、双向传导，提高了服务针对性和精准化。开通网络直播间，对企业和职工关注的政策问题进行专题直播与网络答疑。

韩青以“为企业办好事，让企业好办事”为宗旨，精准对接企业诉求，不断优化营商环境。她坚持企有所呼、我有所应，发挥党组织主渠道作用，在全市第一个把“吹哨报到”工作延伸到商务楼宇党建服务中。通过搭建信息化平台，采用预约制服务方式，实现科信、商务、金融等 15 个部门“随叫随到”。通过入户走访、大厅接待、微信平台、@ 书记收集问题，了解企业和职工需求。定期邀请各委办局就新政策实施为企业进行专业性的解答，把政策和服务送到企业家门口，每年协助企业融资、申报创新项目经费数百万元。成立 7 日调解室，充分发挥人民调解作用，解决企业生产经营难题。邀

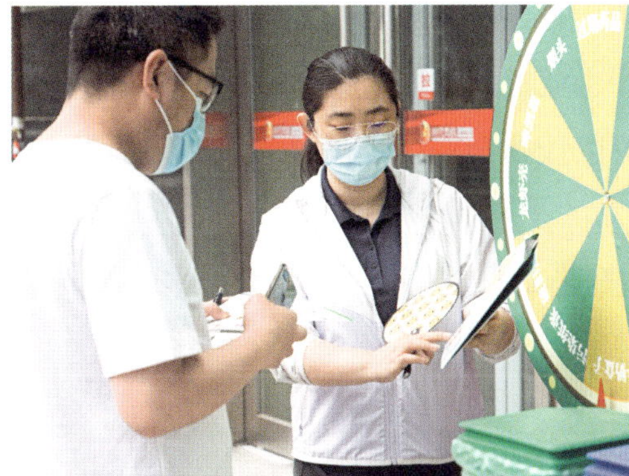

请法院公益调解员帮助国昌线缆公司成功解决长达3年的工程款拖欠问题，追回工程款259万元。

扬帆远航，引领企业履行社会责任

韩青认为，建组织、强服务、促发展，最终是要落实到引领、推动企业履行社会责任。楼宇党委不断发展，最终是要能够引领企业为科技创新、乡村振兴、社会治理等党的事业奋斗，只有这样才能把党建工作做实做细。

在湖北十堰市张湾区，“学校的老师一个月只能回家一次，孩子们来往学校步行需近一个半小时，他们大多是留守儿童，很少能见到外出打工的父母，他们很憧憬外面的世界”，当年调研的情景韩青仍然历历在目。调研回京后，她启动了“饮水思源、丰张携手”公益活动，创立“最美库区教师奖励基金”项目，帮扶张湾乡村教师，并邀请张湾学生赴京研学。3年来，共有60余名师生来北京研学。

近几年，党委通过打造“公益立方体”志愿服务品牌，设立了六大主题48个志愿服务项目。每年筹集资金40余万元，开展精准帮扶。同时，引导企业参与产业疏解和结对扶贫等工作。“通过组织活动，我发现党委对企业的引领，不但可以推动企业的生产经营，更能让企业找到深层次的价值，只要把各方面的力量团结在一起，我们就可以让社会变得更美好。”韩青的言语中洋溢着一种甜蜜的幸福感。

（执笔：梁怡）

田　雄：“九条规矩”定了就要兑现

田雄，男，1946年10月出生，中共党员，北京市房山区人大常委会原副主任，韩村河村原党委书记，北京韩建集团有限公司原党委书记、董事长，党的十六大代表。曾获全国优秀共产党员、北京市劳动模范、北京市优秀共产党员等荣誉称号。

房山区韩村河村村委会的墙壁上，刻着“韩村河党员干部廉洁自律九条规矩”。这是老书记田雄当年用来约束党员干部的“尺度”，是引领群众跟党走的“路标”。

“九条规矩”扎根于心

1978年，高中毕业的田雄组建了一支30多人的建筑队。1984年底，韩村河的账上第一次有了11万元的利润。从那时起，老百姓靠着集体经济逐渐过上了幸福的生活。

1992年，市场经济大潮涌来，韩村河变得更加富裕。与此同时，有些村干部利用工程“吃回扣”，个别人不求上进，沾染上大吃大喝、铺张浪费的不良习气，还有人出现“小富即安”的心理。

目睹这些不良现象，田雄心里着了急。他把领导班子成员召集在一起，语重心长地指出党员干部存在的问题，道出其危害，并郑重提议给大伙定一个规矩，明确要求党员干部严格遵守，自己也不例外。“九条规矩”就这样出台了。

一是乡亲们不能给我们送礼，要把钱用在自己的日子上。下属企业经理也不要给我们送礼，把事业干好就是对我们最大的支持。二是婚丧嫁娶不准大操大办，不设账房，不收彩礼。集体缺钱不能盯在村民身上，向村民要钱收费，而是要盯在市场竞争中。三是企业有了钱除自身发展外，首先要考虑小孩上学，老人养老，劳力就业。四是不做首富人，大力发展集体经济，大家共同致富，我们的工资收入多年来掌握在中层干部的平均数以下。五是办事公正，没有远近，不搞歧视，不搞家族，不搞宗族，不搞迷信。六是村里建楼，我们要最后一批住进去，给村民一个信心。七是企业要守法经营，不坑害社会，有长远眼光。八是上级让我歇，就歇，群众让我歇，就歇，自己干不好也要歇。九是让村民通过我们来认识党、拥护党、跟党走。

韩村河村党委一班人坚守的规矩，看似简单朴素、土言土语，实则内涵丰富、充满哲理；既便于当事人操作，又易于被群众监督，突出体现了共产党人的坚强党性和过硬作风。

田雄经常对韩村河村领导班子成员说：“好官首先得有好做派，生活方式不是小事，自己不警惕，碟子虽浅照样能淹死人。”30年来，韩村河村党委一班人自觉以“九条规矩”为准则，身体力行带队伍，改革创新促发展。如今，韩建集团已发展为拥有22个下属分公司，总资产100亿元，年上缴国家税金5亿元的国家特级资质的大型建筑企业。

2009年3月25日，时任中共中央政治局常委、中央书记处书记、国家副主席习近平在北京调研时来到韩村河镇韩村河村。看到“韩村河党员干部廉洁自律九条规矩”后，他高兴地说，一看这“九条规矩”，就觉得是老的作风在弘扬，非常具体，有针对性，说得实实在在，是用心定的，定了就准备去兑现。

不收村民的礼金

在农村，千百年来的乡俗根深蒂固。谁家有个大事小情，乡亲们、亲友们都会凑份子，这既是风俗习惯，又是人情世故。每遇乡亲婚丧嫁娶，田雄都让家人代他去随个份子，钱虽不多，但那是情谊，可他从不去吃饭，不仅自己不去，也不让家里人吃请。

1997 年元旦，田雄 26 岁的儿子要结婚。乡亲们听到消息后，打算去随礼表示表示。可到日子了，他们家一点儿动静都没有。原来，他和亲家商量，两家人在家里吃顿团圆饭，就算给孩子们办婚礼了。田雄说:“我给乡亲们随份子，那是表达亲情，理所应当。如果我给儿子大办婚宴，对于乡亲们来说，不随份子吧，人情面子过不去，又怕日后穿小鞋;随份子吧，少了拿不出手，多了又不情愿，无形中增加群众心理压力。我干脆不办，省得乡亲们破费，也免得破坏了干部队伍的风气。”

田雄就是这样践行他亲手制定的“婚丧嫁娶不准大操大办，不设账房，不收彩礼”规矩的。只有一次，他破例收了村民的“礼”。这是一位老实、本分的村民送来的。这位村民知道老书记不收礼，就挖了满满一篮子野菜，想让田雄“换换口味，尝尝鲜儿”。田雄深知“干部心里装着村民，村民心里才会装着你”，更加把村民放在心上。

最后一个搬进新房

让群众信任，最有效的办法，就是用实际行动证明给村民看。1992年底，为了让村民过上更加幸福的生活，韩村河党委一班人经过深思熟虑，决定启动新村改造工程，计划用10年时间让全村人都住上别墅，并制定了一系列优惠政策，让全体村民住得上、住得起。在村民代表大会上，田雄代表领导班子成员向全村人承诺：等全村人都搬进新居，我们再上楼！有人打抱不平：领导干部也是人，为啥不能先上楼？田雄解释说："早一天上楼是肉体上的舒适，晚一天上楼是心灵上的安逸。"听了这话，群众吃了"定心丸"，这传言那说法，不扑自灭。

一年后，首批18户村民高高兴兴地住进了别墅。田雄和村干部还住在旧房里。直到1998年底，当全村791户村民全都搬进了别墅式两层洋楼后，村领导班子才最后一批搬进了新房，比第一批住上新房的村民整整晚了6年。田雄以最后一个搬进别墅式楼房的实际行动，践行了他为韩村河村领导班子制定的第六条规矩。

靠着"九条规矩"，田雄带领韩村河村领导班子将贫穷落后的"寒心河"建设成了别墅成排的"最美乡村"，受到群众的信任、爱戴。如今，退休后的田雄，依然践行着一个老共产党员廉洁自律的形象。

（执笔：韩勤英）

毛二可：不忘初心“种”雷达

毛二可，男，1934 年 1 月出生，中共党员，北京理工大学信息与电子学院教授、博士生导师，中国工程院院士，党的十七大代表。曾获全国优秀共产党员、全国先进工作者、北京市优秀共产党员等荣誉称号，以及国家技术发明奖一等奖 1 项、二等奖 3 项、三等奖 2 项。

“党的事业就是我的奋斗方向，为了党的事业我愿贡献出自己的一切。”这是毛二可 1953 年第一次递交入党申请书时立下的誓言，1984 年他再次把这句话写在了入党志愿书上。毛二可将爱祖国、爱科学的情怀倾注在国防建设的工作中。一粒种子，只要开始萌芽，就会破土而出，充满生命力——毛二可就是这样一粒种子。毛二可在电子雷达信号处理领域取得重大的研究成果，对中国国防科技事业的发展作出重要贡献，被誉为是为中国国防事业锻造“千里眼”的人。

爱国强国的“种子”

20 世纪 50 年代，我国的国防建设步履艰难。毛二可所在的华北大学工学院，是一所从延安走来的学校，许多师生的进步思想深深地影响着他，在他的心田里播下了爱国的种子，他立志为强国而奋斗。大三时，毛二可曾参与苏联专家指导下的雷达专业建设。但是因受极左思潮影响，毛二可被划入“另册”，无法接触与军工有关的设施和项目，但他始终没有放弃雷达技术研究。他和 3 位同学一道完成了电视实验发射中心的研究设计，还在校园里建成了第一个实验用电视发射台。

为了促进雷达专业建设，国家调拨给雷达专业许多旧雷达，毛二可和一位 1956 年一起留校工作的同学承担起组装雷达的任务。由于两人经常干到深夜，而宿舍在城里，来回很花时间，有时他们干脆就睡在雷达车里。

三年困难时期，苏联专家撤走了。在国防科工委的建议下，北京工业学院决定筹建雷达实验室，这个重担落在了毛二可和同事们的肩上。当时的经济条件极其困难，没有仪器设备，他们就自己动手，修理组装破损的设备；没有实验台，他们就把床板支起来用。

有一次，在校园里发现别人扔下的两张旧桌子，他们就连忙抬回来当实验台。后来，他们申请了 30 立方米的木材，自己画图，请人做了 30 套实验台，至今还在使用。就这样东拼西凑，凭着自力更生、艰苦奋斗的精神，毛二可和同事们建立起了雷达实验室。

20 世纪 60 年代中后期，由于国民经济停滞、社会动荡和国外封锁等原因，正常的科研教学受到很大冲击，一些人感到无事可做，纷纷离开了科研岗位。

那段时期，毛二可没有放弃，一直坚信风雨过后必定阳光灿烂。他与同事们顶着巨大的压力，坚持潜心研究动目标显示雷达技术。当时，为了加强防空预警系统的测试能力，我国正在设计安装一种远距离作用的大型相控阵雷达，急需研制高频相位计用于雷达测试。在国外对新技术严密封锁，没有资料、没有设备的情况下，仅根据一些零星信息，他们反复设计、调试、改进，经过两年多的艰苦奋斗，终于研制成功高频相位计，填补了国内空白。

致力雷达的“种子”

1984年，毛二可加入了中国共产党。他没有放松对自己的要求，继续身体力行，把对党和祖国的热爱，融入雷达技术的教学和科研工作中，平时温文尔雅的他，搞起科研来却充满干劲和闯劲，在工作中总是一路小跑，上楼梯时三步并作两步，办公室常常彻夜通明。

为了研制一种新体制测量雷达系统，在长达6年的时间里，毛二可自己驾车往返于北疆实验基地。60岁的他依然和年轻科研人员一起，白天登上实验船在颠簸中做实验，晚上就住在简陋的招待所里。为了做动目标的实验，他甚至骑上自行车飞速行驶当动靶。

雷达研究已经融入毛二可的生命中，毛二可为雷达技术研究所的发展和人才培养倾注了大量心血。在他看来，雷达技术是朝阳产业，领域宽广，需要培养更多的年轻人来承担重任。1990年前后，他常说：“我现在50多岁，工作时间不多了，我们要多培养年轻人，把他们带上路，这样雷达研究才能后继有人。”他不仅无私传授知识，尽可能改善待遇挽留人，更重要的是以责任和重担培养人。他把课题交给年轻人，研究成果排名时自己总是往后排或干脆不署名。经济利益分配上，考虑到年轻人收入低，总是优先照顾他们。为了给年轻人提供施展才华的舞台，他甘愿做人梯，主动从行政岗位退下来，让青年人挑担子。在毛二可的带动和感召之下，雷达研究所培养和聚

集了一批优秀的人才。他和团队一起为国家培养了硕士、博士和博士后等高层次人才1000多名，为祖国雷达事业的发展提供了有力保障。2020年教师节前夕，他将获得的“懋恂终身成就奖”100万元奖金捐给学校，支持人才培养。

毛二可为国防科技战线培养了大量的人才，也攻克了雷达相关技术的多个难题，带头建立了雷达创新团队。他带领的国防科技工业优秀科技创新团队——北京理工大学雷达技术研究所先后获国家发明奖6项、省部级科技进步奖30余项，发明专利200余项。

在毛二可的头脑里，探索的智慧不断迸发出耀眼的火花，献身科学、报效祖国的信念支撑着他不懈探索。他常说：“生命对每一个人只有一次，只有为人民谋幸福的事业才是有意义的，才没有虚度年华。”他在学术上的每一步突破，都备尝艰辛、来之不易。他曾不顾电磁波辐射对人体的危害，累计上机1000多个小时，也曾在雷达实验中因过度疲劳，不小心被上千伏高压电打得满手鲜血、手臂撕裂。当他的一项项科研出了成果，人们才意识到，他是在用自己的行动实践着对党的承诺。

作为中国雷达领域的主要领军人之一，毛二可长期深耕雷达领域，从风华正茂到年逾古稀，从未离开过雷达事业。他将科研当作一种生活方式，融入自己的一生。

（执笔：韦冬妮）

叶如陵：做一辈子的志愿者

叶如陵，男，1940年7月出生，中共党员，西藏自治区人民医院原副院长，北京市朝阳区香河园街道西坝河西里社区党委原委员，香河园街道老党员先锋队队长。曾获全国优秀共产党员、全国离退休干部先进个人、全国卫生系统先进个人、全国最美志愿者、北京市优秀共产党员等荣誉称号。

为了更好地服务患者，他宁肯放弃自己所学专业，一门心思地钻研高原医学；为了更好地服务社区群众，他放弃了教授头衔和丰厚待遇，心甘情愿地当起了“全科大夫”、志愿者。身边的群众渴盼什么、需要什么，他就学习什么、服务什么，这就是叶如陵——一个优秀共产党员的人生定位。

31年献给雪域高原

“像我们这样的人，北京有很多，而西藏太少，雪域高原需要我们。”当年叶如陵对妻子如是说。

1970年1月，中国医学科学院年轻的医生叶如陵，响应祖国“支边”号召，带着做护士的新婚妻子，参加医疗队，来到了西藏马查拉煤矿。初入海拔5200多米的煤矿，叶如陵因为缺氧，导致血色素骤高、眼睛充血、嘴唇青紫。面对严酷的自然条件，他没有逃避。3年后，援藏的同伴陆续返京，他依然选择留在了雪域高原志愿服务边疆。

实际上，叶如陵也曾和妻子商量过回北京的事，有一次甚至和北京的整形外科医院定好了归期。可走在街上，看到向他微笑问好的藏族群众，他心里泛起了深深的不舍。叶如陵的这份不舍，让他在西藏留了一年又一年，一留就是31年。

叶如陵所学专业是整形外科，为了更好地服务西藏人民，他开始学藏语，研究高原医学。31年间，他为西藏建立了脑外科医疗小组，开创了西藏脑外科事业；与同事一起在拉萨建起雪域高原唯一的三级甲等医院。西藏几十个县的沟沟坎坎，都留下了他巡回医疗的足迹。其间，叶如陵不仅自己从一位普通医师成长为深受藏族群众信赖的主任医师，还为高原培养了一大批“不走的医疗队”。

退而不休，守护居民健康

2000年，叶如陵从西藏自治区人民医院副院长的岗位上退休，带着“老西藏精神”回到了北京，在朝阳区西坝河西里社区定居。

邻里得知身边来了个医学专家，有了慢性病治疗、保健养生等方面的问题常找他咨询。一天，他在社区锻炼时，一位老人走上前说：“您两天没出来了。”叶如陵奇怪地问对方是怎么知道的，老人说：“我在这儿等您两天了，有个健康问题想向您咨询一下。我在做心电图时没摘手表，这几天心脏难受，和这个有关系吗？”叶如陵发现，老人们咨询的都不是什么大问题，可老年人心里非常在意，为这事跑趟大医院不值得，而社区医院里懂老年人心理又经验丰富的医疗专家又太少了。

“像我这样的人，医院里太多，社区太少，社区更需要我。”叶如陵这样对家人说。想到社区居民的需要，叶如陵默默地将书房墙上“援藏三十载，幸福度晚年”的对联卷了起来。其实，当时有不少医疗单位慕名找到他，决定高薪聘请，但都被他婉言谢绝了。

就这样，从 2000 年开始，叶如陵每个星期五下午都到社区的“爱心小屋”义诊，成了社区的全科大夫。许多相邻社区的患者也找上门来。后来，他干脆公布了自己家的电话号码和地址，并带动更多医疗志愿者组成了“叶如陵团队工作室”，义务为居民量血压、看病咨询。这么多年下来，叶如陵对社区居民的身体状况了如指掌。居民常说，能和专家住街坊真是福气。

将志愿服务进行到底

“我虽然岁数比其他志愿者都大，但我还一直保持着一颗单纯的心，沟通起来，一点儿障碍也没有。”叶如陵这样说。

2006 年，为迎接北京奥运会，他被聘为朝阳区红十字会卫生救护培训中心首席讲师，成为一名社会志愿者。仅第一年，他就走进 28 个单位，义务讲课 282 节，有 4000 多名受训救护员听过他的课。他的课生动有趣，有讲解有交流，很受欢迎。叶如陵经常以这种方式结束讲课：“我是一个党员志愿者，是一个退休医生，我愿意为大家服务，提供咨询，下课后或是其他时间都可以找我。”

北京奥运会和残奥会筹备工作进入关键时刻，叶如陵组织起了一支平均年龄 68 岁的“首都治安志愿者”巡逻队，每天进行治安巡逻。

2010 年上海世博会上，叶如陵成为北京馆的一名志愿者。一次，在北京馆附近，一位来自上海的参观者在参观途中不慎踩空，摔倒在地，受了伤。叶如陵赶紧带领团队对伤者进行了专业的处理。上海的 120 救护中心的工作人员来接伤者的时候，赞叹地说："你们北京志愿者抢救病人真老到！"

一个人做点好事并不难，难的是一辈子做好事。叶如陵说，作为雷锋的同龄人，要做一辈子的志愿者，"我是一个老党员、退休社区医生和志愿者，我将用我的爱心和知识，奉献给我的祖国和人民，直到永远"。

2022 年，叶如陵又成为北京冬奥会的城市志愿者。在三里屯志愿服务站点，他与年轻的志愿者一起，为过往的行人指路，介绍冬奥场馆，宣传冬奥知识。闲暇之余，叶如陵和年轻的志愿者打成一片，给他们讲述自己的援藏经历，传授志愿服务经验。他高兴地说："成为一名'双奥'志愿者，我感到骄傲和幸福。……我要把奥运精神带回社区，做一辈子志愿者，在'爱心小屋'里，把我的爱心和知识奉献给祖国和人民，直到永远。"

（执笔：王锦辉）

李东晓：中国高铁“一号司机”

李东晓，男，1970年1月出生，中共党员，中国铁路北京局集团有限公司怀柔北机务段党委书记，北京机务段原动车司机，党的十八大代表。曾获全国创先争优优秀共产党员、全国劳动模范、北京市优秀共产党员等荣誉称号和全国五一劳动奖章、铁道部“火车头奖章”。

2008年8月1日，京津城际高铁正式开通运营，李东晓担当了中国高铁首趟列车驾驶任务，他也由此被称为“驾驶中国高速列车第一人”。

从考下中国高铁第0001号驾驶证到创造中国高铁第一个世界时速纪录，从培养中国第一批高铁司机到参与编写中国第一本高铁操作教科书……李东晓创造了中国高铁的众多“第一”。

让德国专家直竖大拇指

2008年3月，李东晓等10位北京铁路局北京机务段的司机，被派到中国北车唐山轨道客车公司参加高铁驾驶技术培训。此时，他们与世界第一列时速350千米动车组——“和谐号”动车组尚未谋面，甚至不知道司机操作台有多少开关。但是倒计时已开始：8月1日，京津城际高铁正式服务北京奥运会。此前的4个月，动车必须进行调试。他们的任务就是：培训10天，把“和谐号”动车组开回北京。

当德国专家听说他们计划学习 10 天就要把动车组开回去的时候，纷纷摇头。德国专家认为没有两三个月时间，李东晓根本无法将这先进的动车组开走。

开始培训后，李东晓等人才发现这是个巨大的挑战！“和谐号”动车组是高科技的结晶，全新的数字技术，8 万多个零部件，数不清的集成电路，670 多页的翻译资料说明书，专业术语极其难懂，就像“天书”一般。

但是，这难不倒李东晓。正式当上火车司机之后，随着中国铁路多次提速，李东晓开过不同时速、不同类型的车：先是时速 80 千米、120 千米的内燃车，接着是时速 140 千米的电力车，再又是时速 200 千米的京津线“CRH2 型动车组”。经过严格考试，李东晓成了中国铁路第一批 350 千米高速动车组司机中的一员。其间，他参加过 1500 多次各种岗位技能达标考试，每次都在人生记录上写下“优秀”两个大字。

这一次，李东晓与同事们一起用 3 个通宵硬是将晦涩难懂的资料说明书一字一句地啃完，将有用的条文摘录下来，缩编成一本 60 多页的小册子，为后来大规模培养动车司机提供了第一本中国化的实用教材。他们认真学习操纵技巧，遇到难题就“缠”着厂方专家和技术人员问，不弄懂绝不罢休，很快就掌握了 CRH3 型动车组操纵方法。第五天，李东晓就能开动动车组。培训第九天，李东晓登上“和谐号”动车组，他和其中一位同伴轮流驾车，一路平安开到北京。当天，坐在司机座旁全程监控的德国专家，既惊讶又赞叹，向李东晓直竖大拇指，并摘下胸前的“德国铁路司机徽章”，亲自别在李东晓胸前。

开出中国高铁历史新时速

动车组开回北京后，京津城际高铁开始进行紧张的调试。李东晓作为我国首批高铁司机，立即投入了紧张忙碌的联调联试工作。京津城际高铁开通迫在眉睫，这关系到祖国的荣誉。李东晓感觉到明显的压力。毕竟，作为世界首列时速 350 千米的动车组，国内外没有现成的经验可供借鉴。虽然他是一位技术顶呱呱的火车司机，但是要在短时间内摸清动车的“脾气秉性”，搞清高铁线路与其他线路的区别，也是件极具挑战的事。

不过，这同样难不倒李东晓，他依然还是那个同事眼中“能干最难的活、能开最先进车”的人。为掌握第一手资料，他徒步在烈日炙烤下的京津 120 千米线路上往返好几遍，收集行车数据，记下每一个站区的道岔、信号机、风口位置等，有时一天就记满一个小本子，一个多月时间里穿坏了 3 双鞋子。在摸清线路情况后，他又全身心地投入到联调联试中，白天车上试，晚上车下整理试验数据，常常是加班加点，最长的一次是连续 56 天都没有回过家。他往往是趁着休息空当赶紧给家里打个电话，有几次还是让爱人给他送鞋子。用同事的话说：李东晓是最下功夫的人。

2008 年 6 月 24 日，是中国铁路发展史上值得记住的日子。经过 200 多次的联调联试，李东晓被确定为在中国第一条高速铁路上“冲一冲”历史新

时速的人选。在这一天，他驾驶“和谐号”动车组冲出 394.3 千米的时速，中国铁路新的时速纪录诞生了！

为确保高铁安全平稳，爱动脑的李东晓把 30 分钟的京津城际高铁全程运行时间细分成 1800 秒，逐步形成了“1800 秒高速列车操纵办法”，后被命名为“东晓高铁安全执乘作业法”。结合实际操作经验，他与同事整理编写了“350 千米动车组列车司机操纵提示卡”“动车组列车司机呼唤应答标准”等一系列高速列车操纵方法，这些办法被推广到国内多条高铁线路。在他的带动和感染下，北京机务段的高铁司机们苦练内功，迅速成长为高铁时代的业务能手。京津城际高铁也以平稳、安全的运营赢得了中外旅客的广泛赞誉。

“2008 年 8 月 1 日，第 29 届夏季奥运会开幕前夕，中国第一条高速铁路——京津城际铁路开通运营。我作为第 0001 号高铁司机，驾驶着高速动车组完成了首趟值乘任务。”李东晓说。北京冬奥会期间，李东晓所在的单位承担京张高铁动车驾驶任务，他说：“有幸继续参与服务和保障北京冬奥会，再次与奥运邂逅。”

从 2008 年夏季奥运会到 2022 年冬季奥运会，从“和谐号”到“复兴号”，14 年间，李东晓亲身经历了中国高铁技术的快速发展过程，以及首都铁路建设发展翻天覆地的变化，自己也从一名高铁司机成长为一名管理人员。

（执笔：武凌君）

赵久然："玉米团长"

赵久然，男，1962年8月出生，中共党员，北京市农林科学院玉米研究中心主任、研究员。曾获全国创先争优优秀共产党员、全国粮食生产先进科技工作者、全国粮食生产突出贡献科技人员、中国种业十大杰出人物、北京市创先争优优秀共产党员等荣誉称号和全国五一劳动奖章，以及国家科学技术进步奖二等奖等奖项。

在我国玉米研究领域，赵久然如同一棵老玉米，在朴实平凡中透着神奇。他热爱玉米科研事业，培育出玉米新品种100多个，累计推广面积超过3亿亩，增产粮食200多亿公斤，并在育种方法、优新种质以及玉米品种标准DNA指纹库构建等方面，取得突出成果，担任农业农村部玉米专家指导组组长。赵久然被人亲切地称为"玉米团长"。

与玉米结缘

1986年，赵久然硕士研究生毕业刚留在北京市农林科学院作物所工作，就主动申请到条件比较艰苦的京郊玉米主产区延庆蹲点搞科研。

赵久然在延庆一"蹲"就是6年。春天一身土，夏天一身汗，秋天一身霜，他克服生活和工作上的种种困难，别人眼中的苦，却成就了特别的"甜"。6年间，他在生产一线参与完成了中低产田开发、商品粮基地建设、旱作农业、保护性耕作、地膜玉米栽培等多项科研工作，更加清晰地看到了农民的现实需求。

当时，赵久然研究的是玉米栽培技术，他发现很多技术推广起来效果并不理想。相比之下，农民对于良种的迫切需求却始终不变。“有了良种，不需要增加投入，就能显著提高产量和品质。”反复考量后，赵久然决定将研究重点从玉米栽培转向玉米新品种选育和种子鉴定。

“守好中国农业的中国‘芯’”

1997 年，玉米研究中心成立，赵久然担任主任。为选取最优的育种材料，赵久然带领团队成员一年到头随季节奔波：夏天在北方，冬天奔海南，还要到全国各地的试验点调查。2000 年，玉米中心选育的“京科 2 号”“京早 13 号”两个品种通过审定，开始在京郊大面积示范推广。

进入新世纪，国际种业巨头开始进入中国，迅速占据市场领先地位。“当时，国内很多单位和育种人员开始跟随和模仿国外品种。”赵久然认为，模仿只能跟在别人后面走，长此以往会形成对“洋种子”的依赖。

“要想赶超，实现并跑甚至领跑，必须另辟蹊径。”赵久然说，“要将国外优异种质的高产优势，结合我国特有的‘黄改系’玉米种质的适应性优势，形成新的杂优模式。”玉米育种工作是辛苦的。每年七八月是玉米授粉高峰期，赵久然和团队育种人员经常 7 点前就到地里，19 点多才返回。烈日炎炎下，他们在试验地里逐棵观察，套袋授粉，每天走上几万步是常态。十年劳苦，育种功成。2011 年，赵久然团队育成的“京科 968”杂交玉米品种正式通过国家审定，在产量、品质、抗性、适应性，以及制种方面都超过了国外品种。现在“京科 968”已成为我国累计种植超过 1 亿亩的玉米品种，增产粮食 100 多亿公斤，为保障国家粮食安全、帮助农户增产增收发挥了重要作用。

赵久然带领“玉米团”实现了“三多”：一是选育并审定的玉米品种多，已达 80 多个品种 100 多品次；二是被原农业部列为主导品种的数量多，“京科 968”等 5 个品种被列为主导品种；三是实现成果转化和大面积推广的品种多，年推广面积达百万亩以上的品种有 10 多个，创造了玉米研究领域的奇迹。赵久然团队还成功选育出了抗旱品种。自 2007 年推广抗旱品种以来，北京郊区 200 万亩玉米地每年节约灌溉用水 6000 多万立方米，取得了显著的社会经济效益和生态效益。“农民的需求就是研究方向。”赵久然说。

粮食安全是“国之大者”。赵久然团队培育的 100 多个优良玉米新品种全部实现产业化和大面积推广应用。看着试验田里的玉米枝叶繁茂、长势喜人，赵久然坚定地说：“种子是农业的‘芯片’，守好中国农业的中国‘芯’，是我义不容辞的责任。”

建“玉米指纹库”

“种子不好，丰收难保，种子不纯，坑死活人。”种子质量很大程度上决定着玉米收成。由于玉米品种繁多，每年都会有假劣种子流向市场，给种植户带来严重损失。赵久然说：“要是能有一种技术方法，在农民播种之前就能够快速识别出种子的优劣该有多好啊！”

自 1993 年起，从最初的同工酶生化标记，到之后的 RAPD、SSR 分子标记，再到 SNP 新一代分子标记，赵久然团队不断探索，最终建立起快速、准确、稳定的检测技术体系，建成了技术领先、设备一流的玉米“DNA 指纹”检测鉴定实验室，这也是我国首个获得原农业部玉米品种真实性检验资质的检测机构。实验室构建了已有 10 万多样品、全球数量最大的中国玉米标准 SSR-DNA 指纹库，为品种审定、品种真伪司法鉴定、维护农民利益等方面提供了强有力的科技支撑。“以往鉴定种子，需要一个生长季甚至一年时间。如今有了分子指纹鉴定技术和指纹库，一天就能出结果！假冒伪劣种子就无处藏身了。”赵久然把这看作是“科研生涯中最有价值的事情之一”。受原农业部以及各级种子管理部门的委托，实验室先后提供玉米品种及种子的检测技术服务 5 万多批次，有效地避免了农民和农业生产的巨大损失。

“研究玉米是我的工作，甚至已成为我生命的一部分，越研究，越着迷。”赵久然说，“作为一名从事农业科研的普通党员，能够多出好品种、好技术，让亿万农民增产增收，就是在为社会多作贡献，这样的人生才会有意义。”

（执笔：韦冬妮）

魏文斌：光明使者

魏文斌，男，1965 年 4 月出生，中共党员，首都医科大学附属北京同仁医院副院长，眼科学院副院长，主任医师，教授，博士生导师。曾获全国创先争优优秀共产党员、全国医德楷模、国家卫生计生委突出贡献中青年专家、北京市优秀共产党员、北京市劳动模范等荣誉称号。

北京同仁医院眼科有位常被人们称赞的好医生，以其精湛的医术和平易近人的风范深受患者爱戴。他就是人称“光明使者”的魏文斌。“为患者留住光明和希望”是魏文斌从业 30 多年的追求和目标。

眼病治疗的攻坚者

同仁医院的眼科分得很细，魏文斌主攻的是眼底病。眼底专业是个费力不讨好的专业，治疗难度大、风险高不说，手术无论多完美，病人的视力都很难有大的提升。很多医生不愿意选择这个专业，魏文斌也曾动摇过。但当他看到病人在拆掉最后一圈纱布，因为看到一丝光亮而惊喜地喊出“我看到你了”时，深深地体会到那一丝光亮对生命的重要意义。

在实践中，魏文斌体会到，眼底病作为眼病的底线，不能只是守，更要攻。为此，他不屈不挠地向着技术高峰攀登：带领眼科团队，在国内首次开展眼内肿瘤局部切除和局部放射治疗，打破了眼部恶性肿瘤必摘眼球的传统；首次进行治疗驱逐性脉络膜上腔出血手术；勇敢地闯进眼底手术禁区——以微米为计量单位的“黄斑区”，实现了眼科领域的一个又一个突破。

结合多年工作经验，魏文斌主持编写了《眼底病鉴别诊断学》《同仁眼科显微手术操作与技巧》《眼底病诊断与治疗》等20多部著作。这些著作全部以临床实用为中心，易懂易学，对于提高临床医生的专业技能具有极强的指导性和可操作性。

魏文斌在技术和专业领域孜孜不倦地追求，以自己精湛的医术使很多患者重获光明，为更多的人守住光明。2017年9月，来自全国各地的204名眼内黑色素瘤患者给魏文斌送来了一面锦旗。锦旗长达3米，上面还有204个人的签名。他们用这样的方式感谢魏文斌团队为他们保留了视力。他为国家跳水运动员眼部保健作出了重大贡献，中国跳水队专门给医院写来感谢信：“我们所取得的成绩，也包含着魏主任的辛勤付出！”

“经过我们的手，患者可以看见了，生活能自理了，甚至还能为社会做那么多的事，这是对我们极大的鼓励……所有的努力，所有的付出，源自我做一名好医生的梦想。虽然干得很苦，但我很快乐。”魏文斌欣慰地说。

心存大爱的好医生

魏文斌是国内外著名眼底病专家，作为眼底病的权威，全国各地有很多患者慕名前来求医。但也有些病人，竟是他自己“捡”来的。一年除夕下午，他按照惯例在放假前到科室检查，在医院楼道里发现一位中年男子正茫然地转来转去。经过询问，他了解到中年男子是从外地来北京出差的，早上右眼突然看不见了，到两家医院求医未果，等赶到同仁医院的时候，眼科的号早已挂完。魏文斌当即说:“跟我走!”经检查,患者是急性视网膜脱离,最佳的治疗方案是立即手术。他当场就开了住院证,打电话让医护人员准备手术。幸运的患者及时做了手术,恢复了正常视力。手术完毕,医护人员把过年前最后一位病人送回病房的时候,除夕的鞭炮已经响了。大年初一上午,魏文斌又一早来到病房,检查病人的术后情况。

魏文斌把患者当作自己的亲人,体现了一位医者的仁心仁术。对于贫困的患者,他会像节省自己的钱一样节省他们的费用,在不影响疗效的情况下,尽可能用便宜的药,吃药打针可以解决的就绝不做手术。一位甘肃大学生带着全校师生为他募捐的 6000 元钱来北京做视网膜手术,对于这样贫困的学生,魏文斌不让他住院,不用他等床位,尽其所能在短时间内为他专门加了一台手术。

魏文斌的诊室总是被患者包围着。患者要求加号,魏文斌就特意叮嘱护士:“外地来的尽量加,眼肿瘤病人必须加。”从 8 点到 20 点,他曾创下一天接诊 130 多名患者的纪录。

鉴于同仁医院眼科的专业特色,全国各地来就诊的病人逐年递增。魏文斌感到,即使和同事们加再多的号、再努力接诊更多的患者,也只能缓解一时。通过多次到基层开展扶贫活动,他深刻体会到基层眼科医生的严重缺乏,许多贫困的眼疾患者只能在等待中渐渐失去光明。于是,他将更多的精力投入培养基层眼科人才上来。除了在任教的首都医科大学讲课,带研究生,培训更多进修的医生,他很多时候都是在基层医院讲学。10 多年来,魏文斌团队在基层培训了

四五千名眼科医生，“我们举办讲座、示范手术、查房、送技术、送设备、送书籍，希望他们提高水平，缩小和大城市的差距，让患者在当地就能得到好的诊断和治疗。”他说，“为广大基层医务工作者和人民群众带去科学知识，让更多的人拥有光明是自己不可推卸的责任。”

（执笔：武凌君）

孟昆玉:“最帅交警”追求完美

孟昆玉，男，1981 年 10 月出生，中共党员，北京市公安局公安交通管理局昌平支队支队长，中心区交通支队原副支队长，西城交通支队机动大队原副大队长。曾获全国优秀共产党员、全国创先争优优秀共产党员、全国公安机关爱民实践模范个人、北京市优秀共产党员等荣誉称号。

孟昆玉，用微笑化解交通矛盾，在闹市开辟“绿色通道”，被大家亲切地称为“北京最帅交警”。他始终秉承为人民服务的理想信念，坚持以理服人、以情感人，用真诚的态度赢得群众的理解与支持，用文明的力量维护法律的尊严与权威，成为首都公安交警的一张闪亮名片。

勤练硬功打造完美形象

2001 年 7 月，孟昆玉从警校毕业参加公安交通管理工作，和平门路口是他第一个指挥交通的岗位。上班第一天，站在车水马龙的路口中间，耳边全是嗡嗡的汽车噪声，尽管已经练过多次，但孟昆玉指挥车辆时还是手忙脚乱，汽车鸣笛声、司机行人的埋怨声此起彼伏。就是从这一天起，他暗暗发誓，一定要打出一套标准有力、干净利索的指挥手势。

那会儿，他站的是固定岗，一班岗三小时，在早晚高峰的路口中间满负荷地打手势，不停地指挥疏导。下岗后，他还给自己“加码”，苦练交警手势。孟昆玉还专门到一级英模苏俊栓值守的路口去观摩、学习。功夫不负有心人。孟昆玉的指挥动作愈加娴熟标准。指挥时，他抬起右臂，摆到与身体成 45 度的角度，连续挥动，示意车辆前行，每个动作都会在空中有个停顿，而不是随意甩出去。一天下来，整个身体都快僵硬了。炎热的夏天，汗水顺着额头往眼里流。春去秋来，日出日落，孟昆玉将这看似很小的事情坚持了 10 多年。

2014 年，孟昆玉调任中心区交通支队五中队任中队长，驻守祖国的心脏——天安门广场。作为警队的带头人，他组织交警搞比武竞赛，休息日到国旗护卫队跟班学习，烈日下与广场上的武警战士比军姿，把“形象重于生命”深深刻在了每一名天安门交警心里。

用心用力创“孟昆玉疏导法”

孟昆玉开始执勤时所在的和平门路口，地处繁华路段，这儿有“四多”：单位多、学校多、商业网点多、公交线路多。因此，路口疏导任务非常繁重。经过长期观察，他发现，和平门路口南侧左转弯车道上 80% 的司机都会选择掉头。这些掉头的车辆和直行车辆混杂而行，严重影响了车流。为了解决问题，他提出了高峰时段禁止掉头的建议。

实践过程中，孟昆玉总结出了“多引待转、不断公交、制住强行、快清事故”的“孟昆玉疏导法”，每个信号灯周期能多通行 9~11 辆机动车，一个半小时就能多通过近 300 辆机动车。针对路口周边公交路线复杂群众问路多的情况，孟昆玉制作了 4 块公交线路指路牌立在路口，方便群众查看；针对出租车乱停车情况，设计制作 5000 张名片大小的停靠站示意图卡片发放给出租车驾驶员。通过他的努力，和平门路口机动车的通行能力提高了近 15%。

在中心区交通支队工作期间，孟昆玉带领中队交警徒步测算长安街一线距离，绘制“岗位说明书”，明确了 10 种常规车速下的不同规模车队通过路口的时间以及不同的疏导措施，做到了科学控制活动车辆和社会车辆通行时间，各项重大活动的交通疏导实现了“零失误、零差错”。

多年来，孟昆玉处理的交通事故、纠正的违章违法行为不计其数，但至今从没发生过一起投诉复议。微笑是他的法宝之一，他那具有感染力的笑容和超乎寻常的耐心总能平息个别现场接受处罚司机的怨气。

2010 年，西城交通支队成立了“孟昆玉文明执法示范岗组”。孟昆玉积极推行“快乐工作法”，并根据每个交警的专业特长、个性特征，合理调整工作岗位，培养业务主攻方向，使他们能够最大限度地发挥个人潜质。

心系群众辟“生命绿色通道”

执勤时，时常遇有群众突发疾病的情况。一次，孟昆玉在天宁寺桥加班执勤，一个 30 多岁的男人急急忙忙地将车停在他身边，说要送被开水烫伤的孩子去儿童医院，可是因为路太堵走不通，想请他帮忙。听到这话，孟昆玉能够想象出孩子的痛苦，也知道时间对于抢救的重要意义。没有更多的话，孟昆玉迅速报告、请示、驾车、开道，仅用了 4 分钟，就将孩子送到了北京儿童医院急诊室前。

孟昆玉知道时间对于一条

生命的重要意义，也许还有更多的病人需要帮助。很快，在他的建议下，以儿童医院、阜外医院、人民医院、积水潭医院等为主要目的地的西二环“生命绿色通道保障组”建立起来了。他用自己真诚的心，为人民开辟了一条“生命之路”。

还有一次，一辆公交车停在马路中间导致道路拥堵，正在执勤的孟昆玉得知后急忙来到现场，原来车里有位 50 多岁的女士突发心脏病。简单沟通之后，孟昆玉从自己身上掏出了速效救心丸让她服下。由于抢救及时，这位女士保住了性命。参加工作以来，孟昆玉随身携带的速效救心丸已挽救了至少 5 名患者的生命。在他的带动下，支队为所有交警都配备了急救箱，装上常规的药品，以备不时之需。

一路走来，“最帅交警”孟昆玉的岗位在变、职务在变，但他“人民公安为人民”的初心使命不曾改变，忠诚担当的信仰更加坚定，为建设更高水平“平安北京”锐意前行的步伐更加有力！

（执笔：丁洁）

祝建国：用生命书写警察本色

祝建国（1963 年 2 月—2011 年 2 月），男，中共党员，北京市原延庆县公安局沈家营派出所党支部书记、所长。曾获全国创先争优优秀共产党员、北京市优秀共产党员、北京市“群众心目中的好党员”、首都人民警察道德模范等荣誉称号。

牢记使命，忠诚履职，他被同事们亲切地称为“老黄牛”；情系人民，将心比心，他是百姓心目中为民服务的好所长；清正廉洁，无私奉献，家人评价他公私分明、铁面无私。他就是人民警察祝建国。

警察不能搞特殊

2009 年 9 月的一天，在沈家营派出所西南侧的一处废品收购站，孙保仁正在院里整理废品，3 岁的女儿在他的身边玩耍。祝建国像往常一样来到这里，看看有没有什么可以帮忙的地方。一进门看见孩子，他便问孩子为什么不上幼儿园，孙保仁随口答道：“咱一个外地打工的，没户口又没钱，往哪儿送？”孙保仁没有想到，自己无心的一句话，却让祝建国记在了心里。一周之后，祝建国再次来找孙保仁，兴奋地告诉他已经联系到了幼儿园，收费和本地孩子一样。孙保仁十分感谢祝建国，几次想要请他吃饭，可都被他委婉地拒绝了。

和群众一家亲，但对自己家人，祝建国却非常讲原则。一天，祝建国在一次路面执勤纠正违章时，将亲哥哥的车子拦了下来，要求哥哥系好安全带。哥哥挺不理解：“你这人，在法律面前咋就六亲不认了？”

祝建国的儿子毕业了，提出想让爸爸帮忙找一个挣钱多，又体面的工作，遭到了祝建国的拒绝。他对儿子说：“就算我给你找个饭碗，也不能保证你一辈子有饭吃，你得学会自立，爸相信你！”那段时间里，祝建国唯一能做的就是帮助儿子打听招聘信息，给出自己对于工作简历的意见，而没有找过任何领导。

他深知，作为一名人民警察，作为一名共产党员，最基本的原则不能丢，最起码的纪律得遵守。没有规矩，不成方圆。

化乱村为文明村

沈家营镇兴安堡村曾是当地有名的乱村，每到农闲时，村民总是“小赌”不断，每年都会有人背上沉重的赌债。祝建国对于该村的情况已经关注很久了，他在心里默默地发誓，一定要解决这个违法乱纪的问题。

2004 年 6 月，村“两委”换届。祝建国抓住时机，与新上任的村干部共同研究对策。一方面由村委会出面，在村头挂起“严禁赌博，改变陋习”的横幅，印刷宣传材料，动员村里年长的人员，挨家挨户地进行宣传，并且在农闲季节，组织治保积极分子，在村头进行巡查，如发现前来设赌的，便及时报告，公开震慑；另一方面，祝建国还建议请县文化馆的老师对当地的传统民间灯会进行挖掘整理，举办“九曲黄河灯会”，并组织村民用扭秧歌、学习等形式丰富村民的业余文化生活。

那段时间，祝建国带着民警一趟趟地往村中跑，协调各种关系，就像上下班打卡一样准时。渐渐地，“九曲黄河灯会”成了兴安堡村颇具民俗特色的一个旅游项目，为村民带来了巨大的经济效益。业余文化生活的丰富、充实和附带的经济效益，让兴安堡村的村民告别了赌博的陋习。2008 年，兴安堡村被延庆县评为文明村。

“没事儿，还是我去吧！”

由于长期劳累，祝建国的身体严重透支。2008 年 3 月，祝建国做了心脏支架手术，术后只在医院住了 4 天便出院了，之后在家里休息了两周就正式上班了。

2008 年 5 月 28 日凌晨 2 点，一户村民家中发生了入室强奸案。一接到报案，祝建国就立即带着警察王磊赶往现场。当时，四周一片漆黑，屋里到底有几个歹徒，身上有没有凶器，他们一概不知。考虑到祝建国才做完支架手术一个月，年轻的王磊起身就想往里冲，却被祝建国一把拉住，说道：“你别动，我上！”话音未落，祝建国就冲了上去，成功制伏了歹徒。事后，谈及此事，祝建国只是轻描淡写地说了句：“他还这么年轻。”

2011 年，祝建国因颈椎病复发，只能躺在床上。同事得知后，打电话劝他不要来上班了，妻子也百般劝阻，可他还是安慰妻子道：“没事儿，还是我去吧！”之后便硬撑着去了单位。

2 月 26 日，刚下完一场大雪，早早赶到所里值班的祝建国扫雪时就感觉胸口憋闷、浑身出汗，但他并没有在意。9 时 30 分，

身体不适加重，服用了随身携带的速效救心丸，祝建国继续工作。10时许，感到胸口更加憋闷，他又服用了两粒速效救心丸。大家劝他赶紧去医院，“已经和县治安大队约好了，他们要来会商工作。”11时50分会商结束后，服用了4粒速效救心丸的祝建国早已面无血色，站立不稳，被紧急送往医院。21时45分，祝建国因心肌梗死医治无效，告别人世。此时，距他的48岁生日仅差两个多小时。

3月1日10点30分，沈家营派出所内举行了一场特殊的生日会，没有欢笑，却洒满泪水。生日会的主角祝建国已经不在了，取而代之的是他一张12英寸的警服照，上面写着：“祝所，愿您在天堂里生日快乐。”

在沈家营派出所工作的11年间，祝建国走村串巷，走访群众上万人次，调解矛盾纠纷1300多件，让沈家营的治安环境得到明显改善。虽没有惊天动地的大事件，但祝建国以短暂的一生诠释了“人民警察为人民”的忠诚，在平凡的岗位上实现了不平凡的人生价值。

（执笔：丁洁）

巨晓林：信仰之光照亮奋斗之路

巨晓林，男，1962年9月出生，中共党员，中铁电气化局集团一公司高铁分公司技术员，高级技师，中华全国总工会兼职副主席，党的十八大、十九大代表。曾获全国创先争优优秀共产党员、全国劳动模范、改革先锋、新中国成立70周年“最美奋斗者”等荣誉称号和全国五一劳动奖章。

个头只有一米六，却被铁路工人誉为技术“小巨人”；只有高中学历，却编写出铁路接触网操作“宝典”；一名普普通通的农民工，作为知识型企业职工的优秀代表，一步步成为国家级技能大师、全国劳动模范、改革先锋……自1987年参加工作以来，巨晓林先后参加了大秦线、哈大线、京沪高铁等十几项国家重点铁路工程建设，他坚守初心，始终不改吃苦耐劳的“底色”和奋斗实干的“本色”，在实现人生梦想的舞台上建功立业，在中国高铁跨越发展之路上忠诚履行着铁路电气化建设者的责任与担当。

梦想启航：“不懂，就一点一点学，不信有搬不开的石头！”

“我从小就梦想着坐上飞驰的列车，当一名铁路工人。”1987年3月，心怀梦想的巨晓林离开家乡，成为中铁电气化局一处三段招收的首批农民工。铁路接触网是一个技术密集型工种，看到纵横交错的电线、电杆、接触网以及一张张犹如“天书”的技术图纸时，巨晓林脑袋蒙了：“我能行吗？”

“不懂，就一点一点学，不信有搬不开的石头！”巨晓林暗暗给自己鼓劲打气。白天，他跟在师傅身后兢兢业业地学，晚上也不浪费时间，追着师傅询问。营地熄灯后，他偷偷打着手电学习。无论工地搬到哪儿，他都会带上书和笔记。他还买了《机械制图》《接触网》等上百本专业书，前后做了 70 多本工作笔记。只要功夫深，铁杵磨成针。巨晓林终于摸到了技术门道。

1989 年的一天，在山西北同蒲铁路工地，巨晓林和工友们进行放附加线作业。一次，先爬上电杆操作的巨晓林突发灵感：能不能把滑轮放到地下先和电线扣合，再拉上去固定住？按照这个方法一试，果然又快又省劲。看到自己琢磨出来的技术方法得到了认可，巨晓林心里油然生出一种成就感：只要肯努力善钻研，就能干出名堂来。他要做一名有知识、有文化、有技能的农民工。

追梦路上，巨晓林越干越有信心、越干越出成绩。2006 年 3 月，他来到迁曹线铁路施工。在菱角山站施工中，由于线路没有铺通成型，接触网施工没法推进。面对困难，巨晓林带着工友在工地上反复测量、演算，终于研究出了“正线任意取点平移法”，抢回 19 天工期。

“我是 2008 年 9 月在迁曹线铁路施工现场加入党组织的。能亲手建造世界一流的高速铁路，为铁路电气化事业贡献自己的力量是我的梦想；在实现梦想的舞台上，同时实现了自己的政治追求，成为一名共产党员，是我一生的荣光。”巨晓林自豪地回忆道。

信念不移：“当好工人，既要苦干实干，又要巧干会干”

参加工作 30 多年，巨晓林研发和革新工艺工法 143 项，创造经济效益 2000 余万元，编写的“大国工匠工作法丛书”《巨晓林工作法：接触网施工》，成为我国高速铁路接触网安装新技术学习及培训的教材。

“当好工人，既要苦干实干，又要巧干会干。”2008 年 4 月，我国第一条具有自主知识产权的高速铁路京沪高铁开工建设。按照最初设计，它的最高速度为 380 千米每小时、运营速度为 350 千米每小时。在这样的高速下，任何一丝失误，后果都不堪设想。巨晓林和团队发明了新的测量尺，将接触网安装误差精准控制在 3 毫米以内，在施工全线被推广使用。

随着铁路的快速发展，一批又一批农民工来到铁路电气化工地。“看到新来的工友学习接触网技术有点吃力，便萌生了把自己积累的施工经验和方法编成书的想法，便于工友们能够尽快掌握技术和提高技能。”谈到编写该书的初衷，巨晓林说。这本总结了 27 项革新工法的书，被工友们奉为必备“工具书”。

2011 年 11 月，人力资源和社会保障部授予巨晓林“中华技能大奖”，同时颁发了“巨晓林技能大师工作室”标牌。在巨晓林的带领下，工作室积极开展技术攻关、发明创造、合理化建议等活动，培养了一大批青年技术骨干，在企业转型升级中发挥了引领示范和带动作用。

在巨晓林参加工作的这些年里，中国电气化铁路实现了从普速到高速、从国内走向世界的技术跨越。截至 2021 年底，中国电气化铁路运营里程突破 11 万千米，高铁运营里程突破 4 万千米，稳居世界第一。对此，巨晓林表示："作为一名铁路建设者，我倍感自豪。"

责任在肩："将心比心，我知道农民工需要什么"

"当了 30 多年的农民工，将心比心，我知道农民工需要什么。"对农民工，巨晓林始终饱含深情，念兹在兹。2014 年，巨晓林被补选为第十二届全国人大代表。成为全国人大代表后，巨晓林提交的第一份建议，就是《适应依法治国，加强依法维护农民工合法权益》。从此以后，他所提的建议也大多与维护农民工权益有关。

2016 年 1 月 17 日，巨晓林当选为中华全国总工会兼职副主席。巨晓林倍感责任重大、使命光荣。他在党的十九大"党代表通道"接受中外记者提问时说："维护农民工合法权益是工会义不容辞的责任……各地应多建立维权平台，让农民工更直接、更便捷地维护自己的合法权益。"

在日常工作和生活中，巨晓林总是多方了解农民工和一线职工的心声，陆续撰写了《关于农民工社会保险问题的调研报告》《维护农民工社会保险权益突出问题调研方案》等报告，积极为农民工权益鼓与呼。每次出差乘坐火车，巨晓林都会选择坐硬座，"选择坐硬座，不仅能节省差旅费用，还能广泛接触农民工朋友，了解他们最真实的想法"。

时代不会辜负每一位奋斗者，巨晓林以实际行动证明，新时代是奋斗者的时代，业绩都是实干出来的，奋斗的人生闪闪发光！

（执笔：张世永　龙伟　丁兆丹）

贾立群：B 超神探

贾立群，男，1953 年 11 月出生，中共党员，首都医科大学附属北京儿童医院超声科名誉主任，党的十九大代表。曾获全国优秀共产党员、全国先进工作者、全国道德模范、时代楷模、新中国成立 70 周年“最美奋斗者”、全国医德标兵、全国医药卫生系统先进个人、中国好医生、北京市优秀共产党员等荣誉称号和白求恩奖章。

贾立群是我国儿童超声领域拓荒者，医德高尚、医风严谨，始终如一地为患儿服务。他以精湛的技术、勇于担当的精神，以耐心、细心、精心、关心对待患儿，把全部的精力奉献给了自己热爱的儿科医学事业。他是患儿家长心中的“B 超神探”，从事 B 超检查 40 余年，练就“火眼金睛”，共接诊患儿 30 多万名，确诊 7 万多例疑难病例，挽救 2000 多个急重症患儿的生命。

医术精湛的“B 超神探”

在北京儿童医院，很多患儿家长点名要做“贾立群牌 B 超”。做完了，有的还指着 B 超机问：“大夫，您做的是‘贾立群牌 B 超’吗？”这位医生笑着说：“这台机器加上我就可以叫‘贾立群牌 B 超’了。”家长们这才明白“贾立群”不是 B 超机的牌子，而是一位 B 超医生的名字。

好口碑，源于贾立群炉火纯青的B超诊断技术。自1977年进入北京儿童医院工作以来，他通过在自己身上反复试验，从回声高低、液体清浊、血流性质和流速、脏器大小和形态中，摸索出了儿童超声图像的特点和规律，成为我国儿童超声领域的拓荒者。医院平均每天的门诊量达8000人次，有1/10的患儿需要通过B超检查。外科大夫每当碰到疑难病例时，首先想到的就是“让贾立群给看一下”。

2008年2月，贾立群连续检查出几十例“肾结石”患儿。他和临床医生敏锐地发现，这些孩子均有三鹿奶粉喂养史，遂向上级报告。同年9月，三鹿奶粉事件曝光。贾立群凭借对这类患儿的超声检查经验，在短短3小时内便制定出了“毒奶粉肾结石”的全国诊断“金标准”。

40余年里，贾立群共接诊30多万名患儿，确诊7万多例疑难病例，挽救2000多个急重症患儿的生命，无一漏诊、误诊，被大家称为“B超神探”，他的名字成了品牌。“既然有了‘贾立群牌B超’这个品牌，我就得一辈子对这个品牌负责。”贾立群说。

疑难杂症难逃“火眼金睛”

贾立群曾接诊一个重度肝肿大患儿。患儿只有2个月大，肝上布满小结节，外院的检查认为是良性肝脏血管瘤，治疗后就是不见好。贾立群分析，孩子的病有两种可能，一种是良性肝脏血管瘤，另一种是恶性肿瘤肝转移。奇怪的是，这两种病在B超图像上的表现几乎没有区别，唯一的不同点是，恶性肿瘤肝转移会有一个原发瘤。

贾立群拿着探头一遍遍地在患儿腹部滑过，终于在无数小结节中发现一个黄豆大小的小结节——孩子哭闹时，它不随肝脏移动。贾立群意识到，这就是元凶：左侧肾上腺神经母细胞瘤，肝转移。最后的手术和病理结果证实了他的诊断。这是一种恶性但可以治愈的肿瘤。及时的治疗，挽救了孩子的性命。

没过多久，这位孩子父母又带来了患儿的孪生妹妹。两个孩子病情一模一样，贾立群怎么也找不着孪生妹妹的原发瘤。一连几天，贾立群都把自己埋在文献堆里。终于，他找到了答案：这个肾上腺的小肿瘤不但本身肝转移，还通过胎盘转移到了另一个胎儿的肝脏。换句话说，姐妹俩得的是同一种病，只是“元凶”不在妹妹身上，而在姐姐身上。这种病情在中国仅此一例，世界上也非常罕见。孩子父母给贾立群送来锦旗，称赞他：“火眼金睛缉病祸，孪婴奇疾被侦破。求实进取讲奉献，医术精湛称楷模。”

24 小时随叫随到

贾立群一家“蜗居”在与北京儿童医院一墙之隔的只有 40 多平方米的职工宿舍里，贾立群是真正能随叫随到的医生。曾有人问他，为什么不换房，他回答道：“我怕住远了，出急诊时赶不回来。”不仅住得近，贾立群下班后的生活半径也局限在医院周边 5 千米的范围内，上班和下班的界限十分模糊。他曾向医院承诺，只要在北京，24 小时随叫随到。

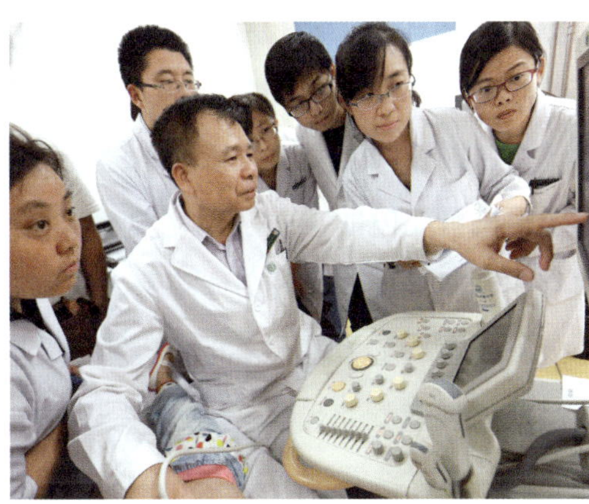

北京儿童医院是我国规模最大的综合性儿科医院，每日 B 超申请单动辄数百张。由于超声检查需要空腹进行，为了少让患儿因为 B 超检查挨饿，贾立群就挤出吃午饭、午休

的时间连续工作，多检查 8~9 个患儿，这一坚持就是 20 多年，有时甚至带病坚持工作。时间久了，他竟养成了不吃午饭的习惯。由于长期作息不规律，一些疾病逐渐找上门来。有一次，他肚子疼得直不起腰来，但看到诊室外挤满了病人，他就一只手捂着肚子，一只手为孩子做检查，直到晚上诊断完所有病人才到医院就诊。医生给他做了急诊手术后，毫不客气地说："亏得自己还是医生呢！来这么晚，阑尾都穿孔坏疽了，太危险了！"贾立群回答说："看到孩子们期盼的眼神，我于心不忍啊！"

廉洁从医的"缝兜大夫"

多年来，不少患儿家长为表示感谢，总想给贾立群红包，他总是一次次谢绝。"塞红包"的事最让他头疼，拒绝的过程劳心费神，还耽误看病。有一次，和家长推来挡去的，两个兜都被撕得耷拉下来了，贾立群索性全撕了下来。之后，他将白大褂兜口缝死，让家长无处可塞。想塞钱的家长发现怎么也塞不进去，贾立群笑着说："兜缝着呢！您把钱用在给孩子看病上吧！"患者家属感慨地说："还真是第一次见您这样的'缝兜大夫'。"从此，"缝兜大夫"的绰号便在家长间传开了。

衣兜被缝死了，可还是有家长想出各种方法感谢贾立群。有把红包夹在报纸、杂志里的，有趁他洗手时硬别在他腰带上的，还有给他的手机卡充值的……然而，他每次都能巧妙地"完璧归赵"，或是拿着红包直接给患儿去交住院费、检查费，或是等下次复查时悄悄塞进孩子衣兜，总之就是不收。"作为共产党员，就得守住底线。穿着缝死衣兜的白大褂上班，我心里踏实！"贾立群说。

（执笔：韦冬妮）

彭永臻：为把污水变清波

彭永臻，男，1949年2月出生，中共党员，北京工业大学环境科学与工程学科首席教授、博士生导师，兼任北京市污水脱氮除磷处理与过程控制工程技术研究中心主任，中国工程院院士。曾获全国优秀共产党员、全国先进工作者、全国模范教师、全国优秀科技工作者、国家教学名师、北京市创先争优优秀共产党员等荣誉称号。

瘦瘦高高的个子，棱角分明的脸上架着一副黑框眼镜，说起话来逻辑性很强，思维严密又不失风趣，透出一股知识分子特有的睿智。这位共和国的同龄人，就是致力于北京水环境科学研究的中国工程院院士彭永臻。

精益求精的名师

2000年，彭永臻从哈尔滨工业大学调到北京工业大学。正如他的名字“永臻”一样，他将自己积数十年教学、科研养成的追求尽善尽美的作风，一路带到了北京。

彭永臻对教学的精益求精是出了名的。他将排水工程和水质工程学两门本科生课程，讲成了国家级精品课程。从教40年，这两门课对彭永臻来说，不知讲过多少次，可他不松懈、不止步，每次上课前还是会认真备课，用学科前沿知识更新课件内容，思考着怎样用心讲好每一堂课。他讲课内容深刻，形式生动，常常吸引其他教室的学生前来旁听、蹭课。一名本科生在课程评价中写道："彭老师的多媒体课件做得很生动，动画效果很吸引我们的眼球。在课下做题时，用到某个原理或者公式，我们马上会很清晰地记起相应的幻灯片和上面的每一行字。"正是讲台上几十年如一日的付出，深奥的科学原理变得简单易懂。彭永臻在讲台上娓娓道来，让晦涩难懂的概念、公式等变得好学好记、入脑入心。

彭永臻对科研的严谨也是出了名的。他创造出指导研究生的"过程控制"法：从论文的选题到研究方案制定，从开题报告撰写到实验进展把握，从实验方案修改到研究工作小结，从创新点提炼到论文的最终形成，彭永臻都要全过程参与，每个环节都与学生互动。有一次，一名博士生在实验中发现了一个国内外都没有报道过的现象后，又重复实验了一次，觉得可以把新发现写成论文发表了，但彭永臻却严肃地告诫她："请你再重复一次。"直到一年后，该论文才在国际知名杂志上发表。

通过"过程控制"法的长年实践，彭永臻交出了一份满意的成绩单。截至2016年，他共培养62名博士、101名硕士；他指导的博士论文有2篇获全国百篇优秀博士学位论文，4篇获全国百篇优秀博士学位论文提名。如今，他的学生中已有12人成为教授、博士生导师、教授级高工或研究员，他们在不同的工作岗位上传承着彭永臻严谨治学的作风。

创新不懈的院士

2008年北京奥运会前后，彭永臻成功地解决了北京市酒仙桥、方庄污水处理厂污泥膨胀和上浮等问题。后来，他又根据膨胀后水质有所改善的实际情况，创造性地提出了"活性污泥微膨胀节能理论与

方法”。经北京市科学技术委员会鉴定，部分研究成果已达到国际领先水平。

彭永臻常说：“学科建设是高等学校和学科发展的生命线。”20 年来，他带领北京工业大学环境工程学科先后建立了博士点、博士后流动站，国家级教学团队，北京市重点实验室等。他带领团队成员夜以继日地坚守在一排排污水试管和实验设备旁，常年不得不闻着一股常人难以忍受的污水臭味，甚至在实验室里解决一日三餐。奋战到深夜，被楼里的管理员“撵走”更是习以为常的事情。

据 2016 年不完全统计，彭永臻领导的课题组完成包括重点项目在内的 20 项国家自然科学基金项目、5 项国家“863 计划”项目、2 项国家“十五”科技攻关项目等 30 余项国家级和多项省部级科研项目，曾 3 次获得国家科技进步二等奖，获授权发明专利 150 余项。2015 年，彭永臻当选中国工程院院士。

面对成绩，彭永臻异常低调。他说：“我一生最大的愿望，就是城市污水再也不会污染河流，让所有的河湖水系都还清。”怀揣着这样的理想，年过古稀的彭永臻依然带领科研团队奋战在国家重大项目的最前沿，奔跑在北京水环境科学研究、实验和城市污水治理之路上，矢志不渝攻克卡脖子技术。

亦师亦友的博导

在北京工业大学环境科学实验室的墙壁上，画着一棵树，上面贴着学校环境工程研究所教师和学生的照片，旁边用英文写着“我们的家”。彭永臻在教学科研之余，关心学生的学习和生活，把自己的科研团队经营得像一个温暖的家庭。

每当学生毕业，彭永臻总是主动向用人单位推荐，详细地介绍学生的品行和业务能力。一批又一批博士、硕士在他的举荐下找到了满意的工作。2007 年，彭永臻的一名毕业多年的硕士生辞去工作求助于他。他多方推荐，最终帮助该学生找到了一份满意的工作。

彭永臻经常说的一句话就是“先做学生的朋友，再做学生的老师”。2008 年，他与一名来自甘肃贫困山区的博士生第一次见面，便亲切地问：“你的家在哪里？有什么困难吗？”当了解到学生家庭的困难情况后，他边帮这名学生安排宿舍，边硬塞给学生几百块钱。这名学生十分感动，常用“父爱如山”来形容自己的导师。

有一段时间，他每周都会和学生打两场篮球，这一方面是为了劳逸结合，锻炼身体，更主要的是增加对学生的了解，营造良好的师生关系。而这看似平常的生活互动，也有利于形成学生与导师共同攻坚战斗的科研氛围。

（执笔：韩勤英）

宋学文：走到哪都要带着党员的责任感和自我担当

宋学文，男，1982 年 7 月出生，中共党员，京东物流北京鼎好营业部负责人。曾获全国优秀共产党员、全国劳动模范、全国“最美快递员”等荣誉称号和全国五一劳动奖章。

2022 年初夏，宋学文带着几件换洗衣物从北京抵达上海，顾不上休息，立刻在这个对他来说有些陌生的城市投入了工作。为了保障当地居民的物资配送，他主动报名响应公司的援沪召集令，和 60 多位从华北区域集结而来的京东小哥们一起，加入了援沪队伍。

这已经不是宋学文第一次在被需要的时候站出来了。“不管走到哪，党员都要记得自己身上有一份责任，能顶上的时候一定要顶上。”心中的责任感驱动着他，让他在一次次挑战面前迎难而上。

“做好本职工作，就是为人民服务”

宋学文老家在内蒙古赤峰市，大专毕业后，他当过工人，看过鱼塘，干过个体户，做过物业主管。2011 年，为了“多劳多得”，有五险一金，让家人过上稳定的好日子，宋学文成为京东物流中关村鼎好营业部的普通一员，走上了快递员的岗位。

对不少都市白领来说，宋学文披星戴月的工作无疑是辛苦的。然而，在日复一日的工作中，他感受到了快递员这个岗位对老百姓的价值。“什么事都能找他解决”，在周围人的眼中，宋学文就像一个“百宝箱”，更像一颗“定心丸”。

一个下雨天，一位客户非常着急，因为要参加会议需要半小时内把货物送到。不巧的是，那天来货特别多，站点堆得满满当当，要从中找到这件货物非常困难。得知需求后，宋学文没有抱怨这一突然事件打乱了自己的送货节奏，一件件翻找着，硬是从2000多件货品中找到了。顾不上打伞，骑上电动车就走。送完物品回来时，他全身已经湿透。可顾客满满的感激让宋学文觉得，“不管淋多少雨，吃多少苦都值得”。

在旁人看来，他似乎从来不知道累，很多并非快递小哥分内的事，他都主动承担。在给一些公司送复印纸时，他会随手取出几摞放到外面，方便他们取用。在给一位公司客户配送礼品时，接收人需要把六大箱礼品分发到几百名员工的工位上，宋学文二话没说就帮对方挨个分发了一遍。“我多搭一把手，人家可以腾出更多的时间去忙自己的工作。”

从小就爱看共产党员先进事迹的宋学文，一直憧憬着成为一名共产党员。2016年，他递交了入党申请书，2018年，经过两年的培养考察，宋学文终于实现了自己的心愿，成为一名党员。

“做好本职工作，就是为人民服务。”宋学文说不出什么惊天动地的感言，但大多数人嫌麻烦、不愿意做的事，他坚持了10年。

10年间，在配送一件件快递的路上，宋学文行走了超过30万千米，配送了超过30万件的快递包裹，还保持了零误差、零投诉、零安全事故的纪录。

“干一行爱一行，就是要不忘初心，时刻保持对工作的热心，在最平凡的岗位上把自己的价值发挥到极致。”宋学文说。

美好生活从奋斗中来

坚守在快递行业多年，宋学文一路从快递员、站点助理做到了站长。如今他虽已身为站长，但仍旧奋战在一线。每天第一个到岗，最后一个离开，遇到太过忙碌时来不及回家，就在站里的货架上凑合睡一晚。节假日，他也总是主动上岗，让其他快递员优先调休。

不只有苦干和热情，爱动脑的宋学文还擅长用心，用“巧劲”。

不少新手快递员常常遇到这样的场景：搬着沉重的货物爬到六楼，发现客户不在家；办公楼里，公司下班时间不一样，送货要求也各异。爱琢磨的宋学文慢慢找出了规律，他把配送范围里写字楼、居民楼里收货人的上下班时间、特殊情况都记下来，并依据这些安排上门配送：在教育机构做培训的小李，上班期间不方便接电话，那就等到下课时再送上门；一家做语音客服的公司员工上班不能带手机，给他们直接送到工位上最方便……这样的信息，宋学文密密麻麻记了一笔记本。他需要记住几十家、上百家公司的情况，甚至部分员工、居民的姓名，然后根据客户的购物特点和生活习惯，掌握他们的实际需求，对配送时间和配送方式进行优化。

慢慢地，宋学文成了附近片区的“活地图”。把满足客户的需求当成最大的工作目标，宋学文把快递工作做成了一门学问。

靠着勤劳工作和用心

付出，宋学文带着一家人在北京扎下了根，买了房，还开上了公司奖励的汽车。

随着物流业的高速发展，智能设备及技术逐渐在行业中得到应用。前两年，宋学文还主动申请学习了4个月的无人机配送操作，希望将自身多年的经验和技术积累投入到日常工作中，更好地为消费者服务。

“走到哪，党员就该在哪担当”

2022年4月，上海市京东快递徐汇区汇成营业部，每天早上7点，宋学文就赶到这里准备开始工作。米、油、肉、蛋、牛奶，营业部里近期经手派送的这些热门货物，全是关乎当地市民日常补给的生活物资。他们要和上海的同事一起，尽快把货物送出去。作为京东援沪人员的领队之一，除了分拣货物外，宋学文还要负责部分支援人员的后勤保障、防疫防护等工作。

疫情防控要求下，每天做一次核酸检测、两次抗原检测，工作时穿上防护服、鞋套，戴上口罩。初夏的上海，气温不断攀升，每天脱下防护服时，宋学文的衣服早已湿透。

上海疫情保供、北京疫情保供、北京冬奥会物流服务……在一次次重要事件中，宋学文的身影总是冲在前头。“我们比不了高精尖行业的人才，能作出特别的贡献，但是只要在一些重要时刻，哪里需要我们，身为党员，我们就要起带头作用。走到哪，都要带着党员的责任感和自我担当。”对于自己的选择，宋学文的解释很朴实。

“你去？那我也去！”在宋学文这样的党员先锋带动下，身边的年轻后辈们也受到了他不计较得失、冲锋在前的精神的感染与鼓舞。

2021年七一前夕，宋学文被评为“全国优秀共产党员”，成为全国一线快递小哥的骄傲。7 月 1 日，宋学文作为观礼嘉宾，在天安门广场参加了庆祝中国共产党成立 100 周年大会。

其实，这不是宋学文第一次来到天安门广场参加党和国家的重大活动。2019 年 10 月 1 日，宋学文就出现在庆祝中华人民共和国成立 70 周年群众游行“美好生活”方队中。他骑着电动车，背着快递箱，在万众瞩目下骄傲地驶过天安门广场。

心中有信仰，脚下有力量。“刚入行时，我真没想过一名普通的快递员也能入党，甚至获得现在这样的认可与荣誉。成为共产党员之后，我越发意识到党员身份的背后是更多的责任与担当，我要时刻以一名共产党员的标准严格要求自己，以身作则，甘于奉献。”宋学文说。

（执笔：孙奇茹）

方秋子：打造首都高速公路高品质服务亮丽名片

方秋子，女，1987 年 10 月出生，中共党员，北京市首发集团“秋子服务”品牌带头人，党的十九大代表。曾获全国优秀共产党员、全国劳动模范、全国三八红旗手、感动交通十大人物等荣誉称号。

“蓝图已绘就，奋进正当时，我们要不为风险所惧，不为干扰所惑，勿忘昨天的苦难辉煌，无愧今天的使命担当，不负明天的伟大梦想……”

宣讲台上，一名年轻又干练的“80 后”正在同大家分享学习贯彻党的十九届六中全会精神所思所想。她，就是扎根运营一线 16 年，用实际行动践行共产党员初心和使命，打造出首都高速公路高品质服务亮丽名片的方秋子。

坚定不移心向党

学生时代，方秋子就从课本和长辈的口中听到过江姐、刘胡兰、董存瑞等革命先烈的英雄故事，也从新闻和报纸中了解了时传祥、张秉贵等时代模范人物的事迹。他们都有一个共同的身份——中国共产党党员。耳濡目染下，方秋子的入党情缘悄然结下。

2006年8月，在参加从事高速公路收费工作的第一时间，她递交了入党申请书。她憧憬着站在党旗下那神圣而庄严的场景。

2008年，方秋子成为一名“奥运服务大使”。8月的北京，酷暑难耐。回想起那些时日，方秋子总是笑着说：“脖子都晒脱皮了，但是保障会务的精气神可全都在。”同年11月，方秋子光荣地加入了中国共产党。在面对鲜红的党旗举起拳头宣誓的时刻，激动的泪水流过她的面颊。“我会一心一意去坚守，一言一行去践行，用行动诠释共产党人的责任担当。”这是方秋子21岁时的真挚誓言。

方秋子认真做党的声音的传播者。2017年，她当选为党的十九大代表，光荣地出席了党的十九大。大会闭幕后，她加入北京市国企宣讲团，赴多家市属国有企业，面向各个行业领域党员、群众开展党的十九大精神宣讲，累计30余场次，受众人群超过7000人。方秋子笑称，自己就是传播党的声音的“小喇叭”。党的十九届五中全会、六中全会结束后，她都在第一时间用基层员工听得懂的语言和翔实的案例阐述和解读全会精神，“我要让更多像我一样的基层员工都了解到，党中央的政策精神离他们并不远，希望可以通过与大家推心置腹的交流，让大家更加清晰地体会到新时代的我们所肩负的使命和责任”。

扎根一线守初心

爱一行，干一行；干一行，专一行。16年如一日地坚守在收费岗亭，方秋子坚信只要付出切实努力，就能创造无限可能。

方秋子清晰地记得2006年第一次走上工作岗位的情景。“当时，我的业务不熟，工作时手忙脚乱，只能不停地跟司乘人员道歉。之后，我狠练业务，练习点钞时，手指被割破了，我就缠上创可贴接

着练。为了提高判别车型的准确率，我整理出了一套详细的车型分类记录。不管什么样的车型只要驶进我值守的车道，我就能准确地判别出来。”方秋子练就了“服务咨询一口清”的本领，为过往司乘人员展示出最美的“八颗牙”微笑。方秋子发挥传帮带作用，带头编制“秋子服务”系列教材，为学习、复制、实践、发展、创新“秋子服务”的理念和做法提供了有效支撑。

近年来，科学技术的发展日新月异，高速公路通行的缴费方式也发生了质的改变。于是，方秋子尝试探索从窗口向后台服务转变，投身于“秋子热线”和“秋子服务线上平台”建设，多渠道与车主建立联系，提高咨询服务的转化率、满意率，致力于让“秋子服务”更广泛、更深入地服务每一位车主。“我觉得人民的需求在哪里，我们的服务就应该在哪里。”方秋子是这么说的，也是这么做的。

对于这么多年依然坚持扎根一线，方秋子表示：“身处一线，服务人民更为直接，我珍惜与车主的每一份情谊，它让我体悟到了什么是幸福，这就是我多年来坚持扎根一线的原因。”质朴的话语透露出方秋子全心全意为人民服务的真挚情感。

服务社会暖人心

“一枝一叶总关情，件件实事暖人心。”2011 年，方秋子带头组建“秋子志愿服务队”，在节假日和特殊保障时期，走上高速公路收费站和服务区，为过往的司乘人员提供免费饮水、指路、修车、应急救助等延伸服务。“每次秋子姐都会比我们来得早，提前做好服务台的准备工作，不管多累，她总是微笑着……”“秋子志愿服务队”的成员这样评价说。

说起志愿服务过程中印象最为深刻的事情，方秋子说：“记得是2019年10月2日，一辆出租车和一辆社会车辆在距离我们志愿服务台不远的地方发生了交通事故。当时距离事故现场比较近，我第一时间跑了过去，协助两名司机拨打了120救护和122报警电话。发现出租车后排一名女乘客头部划破，脸部都是鲜血后，我和同事拿来医药箱为其清洁面部，我们全程陪护在受伤女子身边安抚她的情绪，直至120救护车到来。几天后，那名受伤女乘客和家人到站区对我们表示了感谢。”

就是在收费员这样平凡的工作岗位上，方秋子带领“秋子志愿服务队”在10年间共开展志愿服务500余次，先后组织开展了“大手拉小手”帮扶活动、“走进太阳村——爱是坚持和奉献”慰问活动、“走进798美化家园”、“夕阳天使　与爱同行”敬老院义演和“爱满京城”敬老爱幼等公益活动。2020年，方秋子带领的“秋子志愿服务队”荣获“首都最佳志愿服务组织”荣誉称号。

16年的高速公路服务，多少风雨兼程，多少执着坚守，多少次逢年过节失去和家人团聚的机会，支撑方秋子的是她对党的坚定信念。她说，面对新时代新征程，要坚守初心不改，永葆对党忠诚的政治底色，切实践行“为人民服务”的诺言，以奋发有为的干劲做新时代的追梦人。

（执笔：齐潇）

王克荣：艾滋病患者的知心大姐

王克荣，女，1963年7月出生，中共党员，首都医科大学附属北京地坛医院“红丝带之家”办公室主任、护士长，党的十八大、十九大代表。曾获全国优秀共产党员、全国先进工作者、新中国成立70周年“最美奋斗者”、全国三八红旗手标兵、北京市先进工作者等荣誉称号，以及贝利·马丁奖、南丁格尔奖等奖项。

自1984年参加工作以来，王克荣已先后护理过数以万计的霍乱、乙肝、出血热、非典、艾滋病等27种传染病患者。特别是1997年投身艾滋病人的关爱支持护理工作以来，她在艾滋病护理和人文关怀方面作出了突出贡献，被喻为“艾滋病患者的知心大姐”。

从艾滋病人的情感回馈中找到工作价值

1984年，王克荣从北京护士学校毕业。毕业分配时，老师找到担任团支部书记的王克荣说：“传染病医院需要2名护士，你考虑一下能否到传染病医院工作。”王克荣没有犹豫就来到了北京地坛医院（原北京第一传染病医院）报到。

1997年，王克荣所在病房开始收治艾滋病患者。王克荣接触的第一位艾滋病患者是老李，他因为救同事造成烧伤，由于输注了含有艾滋病病毒的血浆，造成了艾滋病感染。听了老李的故事，王克荣深受感动。她暗下决心，要为艾滋病患者多做些工作。

自 1997 年投身于艾滋病人的关爱支持护理工作以来，王克荣用高超的护理技术为许多传染病患者减轻了痛苦，以质朴和爱心赢得了患者的信任。许多她护理过的患者都亲切地称她为“王姐”。

艾滋病患者自卑、封闭，易受歧视。改变这种现状，需要一个漫长的过程。王克荣对艾滋病患者的关心，不仅体现在日常的护理与照顾上，而且体现在共情和理解上。一次“红丝带之家”搞活动，中午吃饭时，患者李德指着自己的饭盒说：“护士长，我不吃肉。”王克荣听了，随手就把他饭盒里的肉夹过来吃了。李德惊呆了：“王姐，我们家的人都不敢这样！”这件小事后来被广为传诵。王克荣笑着说：“消化道不传播艾滋病。”

用手机架起生命热线

王克荣说：“这么多年，我一直不敢更换号码，就怕患者找不到我。”她的手机里，存储着近 700 名患者的电话号码。她的手机从不离身，24 小时开机，病人及亲友无论是白天还是晚上，无论平时还是假日，都能在第一时间找到她。

2010 年 3 月，艾滋病患者小夏因一场车祸造成了股骨粉碎性骨折，被紧急送至最近的一家二甲医院治疗。然而，在大家为他准备各项手术措施时，一张术前例行检查的化验单让在场的所有医护人员停下了手中的工作。“患者是 HIV 阳性”，而这里的医护人员从没有为艾滋病患者做过手术！

小夏清楚，自己在这所医院获得救治的可能性已经微乎其微。于是他强忍着疼痛，拨通了王克荣的手机。接到电话后，王克荣仔细询问了小夏的病情，经初步护理评估后，马上与医院医务科取得了联系。最终，在上级部门的协调下，地坛医院紧急成立专家救治小组，及时为小夏成功实施了干髓内针固定手术。出院的前一天，小夏来到王克荣的办公室，高兴地对她说："等我的腿完全康复后，我要成为一名志愿者，去帮助更多的人。"

爱是可以传递的

"我们是医护人员，有责任让艾滋病患者感受到爱。爱是可以传递的。艾滋病人得到一点点尊重和照顾，就想着帮助他人。"王克荣说。

2002 年 8 月，地坛医院在河南的艾滋病高发村建立医疗点后，王克荣是第一批走进村里开展艾滋病调研、治疗、教育和综合支持工作的人。短短 14 个月内，王克荣 13 次来到这里。治疗团队不仅有效地遏制了村里患者的死亡率，还和当地的感染者建立了深厚的友谊。

从 2001 年到现在，王克荣先后 50 多次到河南、云南、新疆、广东、广西、四川等地的艾滋病高发地区工作。

"帮助艾滋病患者，仅靠我一个人的力量是不够的，需要更多的人参与其中。"王克荣说。2005 年 1 月 6 日，北京第一家正式以关怀支持艾滋病患者为主的社团组织——北京红丝带之家注册成立了。红丝带之家办公室主任王克荣是这个"家"的大家长。

位于医院门诊一楼的红丝带之家，每天的热线咨询电话响个不停。值守这个热线电话的都是红丝带之家的志愿者，他们中的许多人就是艾滋病感染

者或者是曾经的患者。杜先生在2005年被确诊为艾滋病患者时，一心只想寻短见。如今已成为志愿者的他说：“要不是王姐的开导和嘘寒问暖，我现在的生活很难想象。王姐帮我走出了困境，我也要像她一样帮助其他患者走出困境。”

近20年来，王克荣带着团队做宣传、下基层，大力推动艾滋病防治宣传工作。在她的带领下，红丝带之家的工作开展得有声有色，志愿者达2万余人。每年，红丝带之家都要接待来访患者及家属万余人。

作为中国性病艾滋病协会专家组的一名护理专家，王克荣将自己的工作从病房护理拓展到红丝带之家，从对患者的心理咨询、艾滋病科普知识宣传拓展到对全国各地艾滋病护理队伍的培训、督导，每年多次到大学、中学、社区传播艾滋病防治知识，受益人数高达5万余人。作为艾滋病防治宣传大使，王克荣的足迹遍及中国25个省区市，培训艾滋病基层护理人员万余人，培训志愿者2万余人，挽救了许许多多艾滋病患者的生命。

作为艾滋病防治的护理专家，王克荣积极探索艾滋病社区护理新模式，总结出了一套适合中国国情的“生理支持监测—心理情感支持—社区关怀管理”的艾滋病门诊护理模式，受到世卫组织及我国疾控专家的认可推广。她是中国第一位荣获“贝利·马丁奖”的护士，也是第四十四届南丁格尔奖的获得者。

新时代新征程，王克荣希望自己为健康中国、为艾滋病防治事业特别是在艾滋病反歧视方面作出更多努力，通过动员社会各界力量，让更多的人投入到艾滋病防治工作中去，为健康中国奉献自己的一份力量。

（供稿：北京地坛医院党委）

段小龙：护好首都生命之水

段小龙，男，1974 年 3 月出生，中共党员，北京市密云区密云水库综合执法大队溪翁庄执法分队队长。曾获全国优秀共产党员、全国渔政执法先进个人等荣誉称号和全国五一劳动奖章。

湛蓝如镜的密云水库，几艘快艇划破平静的水面。段小龙眯着眼睛，仔细盯着岸边的可疑情况。

段小龙是密云水库综合执法大队溪翁庄执法分队的队长。2016 年密云水库联合执法大队组建时，原本在区水产局渔政监督管理站工作的段小龙进入水上分队，继续守护密云水库。2020 年 7 月初，段小龙调任溪翁庄执法分队，带领 11 名执法队员与 400 名网格保水员开始新一轮的奋斗。二十七载初心不变，段小龙始终发挥共产党员的先锋模范作用，战斗在保水一线。

共产党员就得冲在最前方

1995 年，年仅 21 岁的段小龙进入密云水产局工作，负责巡查密云水库违法捕鱼情况。十几个人，要负责 188 平方千米水面的执法工作。

对抗违法分子，危险如影随形。段小龙回忆，当时正是禁渔期，他带着队员开车到库区检查，远远就发现了一辆可疑厢式货车和一辆小车。“凭经验判断，我们的第一反应就是，这两辆车有问题，很可能就是违法车辆。”段小龙迅速赶过去将车辆截停，没想到，对方竟拿着棍棒下车向他发起攻击。段小龙当场就倒在了地上，对方见状趁机逃跑。后来，经过公安等多部门配合协作，锁定了3个违法犯罪嫌疑人并将其抓获。

这次危险的经历并未让段小龙后退。病休半年后，他依然在执法中冲在最前方，不惧艰险、不畏强势，没日没夜地奔波在保水路上。

2011年，段小龙如愿成为一名共产党员。“从那个时候起，我就给自己树立了一个目标：继承老一辈保水人的精神，坚定理想干好本职工作。共产党员，就得冲在最前方。”段小龙说。

2016年8月，密云区从密云水库管理处、生态办、农业局、环保局等7个部门抽调90名执法人员，组建密云水库联合执法大队。段小龙自此成了水上分队的队长。

最热的夏天里，水面无遮无挡，不少队员们脸上晒得脱了皮。入冬后，水面结冰，渔船进不来，钓鱼的人却多了。段小龙和同事们踩着冰面上库巡查，寒风刮到脸上生疼不说，还要时刻提防掉进冰窟窿。春秋季节也一样不省心。密云水库有开渔期，全区一共有200多条持证可合法捕捞的渔船，遇到每条渔船，都要查捕捞证与船上人员是否一致，渔网的网眼是否大于14.5厘米，渔船是否加挂了发动机，每天都得查百十来条船。

在保水最前线，段小龙一干就是20余年。如今，段小龙成为溪翁庄执法分队队长，保水的重任依然扛在他的肩上，刻在他的心里。

草丛里一蹲就是整夜

与狡猾的违法者斗智斗勇，是段小龙的主要工作。除了日常的巡查外，夜查、突击查、埋伏等待等，都是必不可少的手段。

天亮前、太阳下山后，都是偷钓多发的时段——偷钓者喜欢用黑夜打掩护。执法队员每天 5 点开始第一轮巡查，晚上天黑之后再对重点水域突击检查。

密云水库四面环山，且上游汇入的支流众多，随着水库的水量不断提升，雨水充足，一些小河道也能通行小型船，虽然有围网且各进出口把守严密，但执法管控压力依然很大。旺盛的市场需求使得一些人在禁渔期依然铤而走险。

为了确保突击检查的效果，一般 19 点队员们才知道行动方案，大家对于这样的突击行动已经习以为常。怕打草惊蛇，有时选择步行前往检查。“执法船虽然速度快，但动静大，有时候偷钓者远远看见就跑了。”为了跟违法人员斗智斗勇，队员们往往深夜赶往现场，在草丛里一蹲就是一整夜。

一次突击行动，队员 12 人兵分两路，从两个方向奔着 10 号坝出发。夜晚的山路更加难走，为了不暴露自己，队员们的手电筒只能往自己脚下照，用了足足 2 个多小时才到达预定地点。黑夜中，万籁俱寂，蚊虫的嗡鸣声都显得十分清晰。不一会儿，前方传来脚步声，伴随着手电筒的光亮逼近，两队会合，沿途都没有发现异常情况。

他们也不是每次都能抓到违法者。段小龙说，自从非法电鱼行为入刑后，敢开船进入库区的人少了，偶尔发现钓鱼的，按照规定罚款、没收渔具，违法者基本都很配合。

回到基地，已是天明。这一次行动，他们的行走步数已逼近2万步。

坚守初心护净水

在这样日复一日的工作中，段小龙和众多的共产党员一样，肩负着自己的职责，坚守着自己的初心，默默地奉献着。如今，随着密云水库一级保护区内394个监控探头安装完毕，环库监控全覆盖，密云水库“人防”“物防”“技防”三位一体的保水工作体系进一步完善。同时，水务、生态环境等部门加强联动，市区协同、京冀携手联防联建，一个密云水库“保水共同体”已经形成。

2020年密云水库建成60周年时，密云水库的建设者和守护水库的乡亲们给习近平总书记写了一封信。很快，收到了总书记的回信。总书记在信中说，当年修建密云水库是为了防洪防涝，现在它作为北京重要的地表饮用水源地、水资源战略储备基地，已成为无价之宝。并嘱托大家再接再厉、善作善成，继续守护好密云水库，为建设美丽北京作出新的贡献。

看到这封回信，段小龙激动不已：“从参加工作算起，我已经在密云水库工作了27个年头。眼看着水位越来越高、水质越来越好，心里感到无比自豪。未来我一定遵照总书记嘱托，坚守初心，做密云水库最坚定的守卫者，护好首都的生命之水。”

（执笔：王可心）

蔡　瑞：因为热爱　所以全力以赴

蔡瑞，男，1984 年 7 月出生，中共党员，北京市消防救援总队天安门地区消防救援支队故宫特勤站党支部书记、政治指导员。曾获全国优秀共产党员、全国“人民满意的公务员”、全国应急管理系统一级模范英雄、最美应急管理工作者等荣誉称号，荣立个人二等功 2 次、三等功 5 次。

蔡瑞曾参加过 3000 余次灭火救援任务，完成了近千次重大消防安保任务。“每周一故宫闭馆时，我们都会进行一次消防演练。”蔡瑞说。

心里一张图

如何在占地面积达 72 万平方米、建筑面积约 15 万平方米、拥有殿宇宫室 9000 多间的故宫，实现两分钟赶到现场，是 2014 年蔡瑞初到故宫特勤站上任时思考最多的问题。“现在故宫任何一个角落出现火情，消防队都能在 2 分钟内赶到现场,5 分钟内完成处置。”蔡瑞说。

为了提高处置速度，故宫成了蔡瑞熟悉的“家”：100 余个消防栓、5000 余个摄像头、3000 余个灭火器的具体位置，他了如指掌。蔡瑞的办公室里摆放着一张张消防作战图，上面用不同的线条、颜色对建筑的整体结构、水源点位、消火栓管径、消防车线路图一一进行了细致标注。

“怎么才能再快一秒呢？”一次次巡查中，蔡瑞不断寻找解决方案。为了建立一套科学高效的救火系统，蔡瑞带着特勤站队员用了半年时间，详细调研了故宫的殿宇宫室。蔡瑞带领队员根据建筑规模和危险源分析研究，将故宫划分为 10 个区域 55 个重点院落，并为每个宫殿都制定了不同的火灾扑救预案。每周一选定一个预案进行实战演练。

“演练是为了实战。战士们心里都有一张图，当各种火情出现后，都知道怎么处置。”蔡瑞说。

“在故宫工作是一场没有硝烟的战斗，必须用百分百的努力去防范百分之一的火灾隐患。”特勤班班长郑浩说，这是蔡瑞常对他们说的一句话。

为了提高处置速度，蔡瑞带领队员们反复研究测试，成功研发了适合故宫消防工作的肘式水枪。这种水枪可以对着火点实施精准射水，以往消防员一次最多只能拿 3 盘消防水带，而利用蔡瑞和大家一起制作的重叠式水带推车，可以实现一次性放置 7 盘水带，大大提升了人力长距离铺设水带供水干线的速度。

脚下一条路

每天 6 点，蔡瑞都会和队员们一起进行“故宫跑”。

沿着故宫外墙内侧通道跑圈，一圈下来 3 千米，队员们每天要跑 4 次。训练中，队员们身穿消防战斗服，背着呼吸器，双手抱着水带，全套消防设备有 40 公斤重。37 岁的蔡瑞在特勤站年纪最大，但他的训练量一点都不少。“我只有更加严格要求自己，队员们才能严格要求自己。”蔡瑞说。

17 点 30 分结束训练后，蔡瑞会带着队员们对故宫进行每日巡查。

2021年11月下旬，一场强风来袭，金黄的树叶铺满地面。蔡瑞带着队员们及时清除故宫院内的落叶和可燃物，还将10余万平方米的植被湿化，防止着火。“这是我们保留的古代留下来的防火传统——秋清叶。”蔡瑞说。除了秋清叶，夏天时，蔡瑞会带着队员往太平缸里注水。太平缸离宫殿很近，作为救火的“第一桶水”，能解燃眉之急。

2019年故宫举办的“紫禁城上元之夜”文化活动，对特勤站来说是一次新挑战。这是故宫博物院首次举办夜间参观活动。为确保消防安全，一接到任务，蔡瑞便带领队员们进行部署，对相关活动区域的消防水源位置、消防设备配备情况、用电情况等进行调研，形成初步应急预案。“活动前，蔡指导员带领我们进行了多次演练，根据演练，又对预案进行调整。”郑浩说着拿出了那年的消防预案手册，上面详细地记录着各个活动区域的信息以及消防路线、消防车的停放位置等。

身边一队人

“我志愿加入国家消防救援队伍，对党忠诚，纪律严明，赴汤蹈火，竭诚为民……”2021年11月9日9点，在习近平总书记向国家综合性消防救援队伍授旗并致训词3周年之际，党支部书记蔡瑞带领25名队员来到人民英雄纪念碑前，重温国家综合性消防救援队伍入队誓词。

“党建工作是铸魂生根的龙头统领，党支部必须将党建工作全面融入消防队员的工作、生活。”蔡瑞说。在特勤站办公室的外墙上，贴着“对党忠诚 纪律严明 赴汤蹈火 竭诚为民”的标语，蔡瑞要求队员们像爱护自己的眼睛一样珍爱标语，每天要将标语擦一遍，看一遍，想一遍。“这件事情虽然小，但它的作用却不小。对党忠诚怎么体现？就是要让队员们从日常小事做起，潜移默化地树立这种观念和意识。心中有信仰，肩上才能有担当，脚下才会有力量。”蔡瑞说。每逢重大安保活动，党支部都会深入开展战时党建活动。“6月30日13点20分，从特勤站院内出发，13点35分到达北侧P2停车场……”蔡瑞拿出一本写着“建党100周年庆祝大会消防安保战时党小组工作手册”的笔记本说道。

作为队伍的“领头雁”，蔡瑞探索“党小组一线工作法”，以“我执勤、我发现，我为队站作贡献”“我的岗位我负责，我的工作请放心”“一岗一诺”等活动为载体，通过赠送政治生日贺卡、上好战地微型党课、填写战时安保日志、开展“三亮三评三比”等党日活动，丰富组织生活的内容和形式，激发党员的战斗力、凝聚力。在蔡瑞的带领下，特勤站先后荣立集体一等功1次、二等功2次、三等功3次，受到上级表彰200余次，被应急管理部评为“全国119消防先进集体”。

“故宫大美。在这里，我和全站队员做的不仅仅是消防工作，还是对我们美好家园的共同守护。”蔡瑞笑着说。

（执笔：徐玲玲）

夏　虹：我要带更多的残疾人“走出来”融入社会

夏虹，女，1977 年 2 月出生，中共党员，北京夏虹公益促进中心党支部书记、理事长。曾获全国优秀共产党员、最美慈善义工、北京榜样等荣誉称号和北京市三八红旗奖章、北京青年五四奖章。

2021 年 6 月 23 日，北京市昌平区霍营街道，100 幅包含了建党领袖人物、百年重要历史事件、新中国建设楷模人物的剪纸作品悬挂在展厅里，将一个 300 多平方米的空间填满。

“多亏了我们的夏老师，跟着她学剪纸，我们没有学不好的。”一位六旬老人站在一幅一米多长的《中华人民共和国万岁》剪纸作品前拍照，转头和同伴说着。

老人口中的“夏老师”，就是北京夏虹公益促进中心理事长夏虹。在展览现场，身材娇小的她，穿着白色上衣，活跃在人群中，两侧的袖子空空地下垂着。

很难想象，她是这些复杂剪纸作品的指导老师。活动现场，她又一次“拿”起剪刀，左脚大拇指和第二趾掌控住剪刀柄的空圈，右脚两个脚趾捏住叠好的红纸，剪刀细微开合转动，一分多钟后，一串花间蝴蝶跃然纸上。

幼年因意外失去双臂，自学 9 年考上大学

1977 年，夏虹出生在黑龙江绥棱县一个普通的农民家庭。她 7 岁那年，和姥爷去邻村看运动会，回家的路上被一辆大卡车撞倒，命运就此改变。车祸之后她虽然保住性命，但双臂截肢。

一个原本活蹦乱跳的孩子，生活突然就变了样。夏虹记忆中最明显的变化是很多事都无法独立完成了，“没有胳膊后，失去平衡，突然就不会走路了，练习了两个月才重新开始走路”。

出事那年在 9 月，原本计划上小学的夏虹生活被打乱。她用一年时间学习一些原本自己熟练掌握的生活技巧，困难不言而喻。夏虹知道，自己是被“逼”出来的，吃饭、喝水、写字、穿衣服等等都要重新学，不同的是，这些动作她都要用双脚去完成。“光是用脚指头握笔这事，我练了两个月才会”。

小学就在本村，距家 10 里路，夏虹努力克服困难完成了学业。但初中要到镇上就读，这对一个无臂女孩来说有诸多实际困难，她无奈之下，只好辍学。

可是，夏虹没有停止学习。通过借阅课本，9 年时间里，她自学完了初中和高中的课程。在此期间，她参加了两次黑龙江残运会和一次全国残运会，获得过 800 米、400 米和跳远 3 个项目的 3 枚金牌。

“我发现，其实自己能做的事还挺多。”1999 年，夏虹考入了黑龙江省三江美术职业学院。

“经常忘记自己是个残疾人”

“我经常忘记自己是个残疾人。”夏虹如是说。用脚学习做一件

新事，比用手难得多。可是她习惯了用脚来操持一切。

进入大学后学习广告设计，在没有任何绘画基础的情况下，她开始用脚画画，后来又用脚来敲打键盘使用电脑。

2010年，夏虹被选中代表黑龙江省参加了上海世博会。为此，她开始接触并学习剪纸。为了练习脚趾的张合度，她买了大大小小各种剪刀，磨得脚趾都是茧子。“但我相信自己没问题，我的脚就是我的手。”她给自己施压，投入更多的时间来弥补脚部和手部动作的差异。没有老师教，她就在家里剪了一个月的报纸，看着网上的儿童剪纸视频，渐渐地，月牙纹、锯齿等图案都熟练地掌握了。

当年6月，在上海世博会生命阳光馆进行才艺表演的夏虹赢得了很多观众的掌声和好评。

也是从那年起，夏虹来到北京找工作，并开始参加志愿服务。“最初是为一家培训机构做义务培训教师，教聋哑人学习平面设计知识。2011年开始在昌平区、朝阳区、东城区温馨家园给残疾人做剪纸志愿老师，再后来到社区给老年人、小学生、特教机构等教授剪纸课程。”在这些经历、帮扶活动中，夏虹获得了认可，找到了自己的价值。2013年，她加入北京市慈善义工协会，有空就会去北京近郊的疗养院、福利院等社会福利机构做义工。2015年，夏虹自己注册成立了公益组织“北京夏虹公益促进中心”，为残疾人做技能培训、公益义卖、助老敬老。2020年新冠肺炎疫情发生后，她积极筹备各类抗击疫情的物资，捐给工作在一线的人员和残障家庭、环卫工人等特殊群体。

带领残疾人融入社会

实际上，做公益的想法根植于夏虹的内心，与一位爱心人士有关。

1995 年，夏虹的励志故事经过黑龙江本地媒体报道后被很多人知晓，一位北京的陈伯伯与她建立书信往来，经常鼓励她自强自立。1999 年考上大学后，每年 5000 多元钱的学费对于夏虹的家庭来说压力不小。陈伯伯对夏虹说："我能帮你圆这个大学梦。"一个月后就收到了陈伯伯分两次寄来的 18000 元汇款。从那时起，夏虹心里就想，自己有能力后也要帮助别人。

夏虹说，作为一名肢体残障者，她特别能理解残疾人，尤其是肢体残疾者的苦衷。从 2017 年起，她开始组织残疾人出游，一起去看展览、逛展会，目的就是让他们走出来，不要自卑，敢于正视自己的缺憾，融入这个社会。大家在一起相处久了，很多人受到鼓舞："你看夏虹可以，我们有什么不行的呢？"

夏虹记得，有一次在社区办剪纸培训的时候遇到一位大姐。大姐告诉夏虹，她 8 年前因为意外事故从手腕处截肢了，8 年来一直没有走出来，来听课就想来看看，"一个没有双臂的人怎么可以剪纸"。那天的短暂交流后，大姐发生了变化，慢慢开始用没有手的胳膊压着纸，另一只手拿起剪子尝试去剪。"这是一个正视自己和融入生活的开端。"夏虹说。

虽然没有双臂，但夏虹却觉得自己很幸运，因为她得到过别人的帮助，还可以做很多事情来帮助更多的人，"有父母的爱，有陌生人的爱，所以我理所应当要将这份爱传递下去"。

2012 年，夏虹加入了中国共产党。对于全国优秀共产党员这个巨大的荣誉，夏虹说："这对我来说是莫大的鼓舞，是对过去成绩的肯定，也让我对未来更有干劲和责任感。"

（执笔：张静姝）

第二篇　一心为民　奋发有为

杨　平：居民的小事都是大事

杨平，女，1969年9月出生，中共党员，北京市通州区玉桥街道玉桥东里社区党总支书记、居委会主任。曾获全国优秀共产党员、全国先进工作者、中国最美社工、全国民政系统抗击新冠肺炎疫情优秀城乡社区工作者、北京市优秀党务工作者等荣誉称号。

早晨一到社区，杨平和同事先开个碰头会，梳理一天的工作重点。顾不上坐下歇会儿，说完最后一件事儿，她立马出门去找物业，一起查看地下室夜间扰民的情况。到底是哪响，她和物业溜溜转了半天查找原因，转眼就到了中午。

“书记，上午周阿姨找您说‘五老带六小’的事儿。”“毛叔说他们智囊团又想出了几个社区议事的好点子。”“下午您别忘了业主委员会的筹备组会议。”……社区事务繁杂琐碎，杨平的一天总是安排得满满当当。居民的需求在哪儿，她就在哪儿。

调动多元主体参与　让基层治理“活”起来

从2003年来到玉桥东里社区，杨平每天围着居民的生活转，经常忙得脚打后脑勺，这一晃19年了。十九载寒来暑往，从青涩的“小杨”变成了已有些许白发的“杨书记”，青春挥洒在社区生活的“柴米油盐”里，见证着社区的点滴变化，让杨平更加明白，搞好基层治理，就要“相信群众，依靠群众”，只有调动多元主体参与，基层治理才能有源源不断的动能。

不少街坊邻里都知道，认真负责的杨书记还是个“点子大王”。为了创新社区治理，杨平没少琢磨。如今，玉桥东里社区打造了不少品牌项目，成立了 17 个社会组织。“五老带六小”口碑皆知，荣获北京市未成年人思想道德建设十大品牌，并在全北京市进行推广；“指南针”文明引导队，守护学校周边安全，在街道 8 个社区得到复制推广。

靠组织调动力量，靠机制解决问题。在玉桥东里社区，杨平牵头搭建起的“四方联席会机制”，为解决居民的事畅通了渠道。所谓“四方”即“党组织 + 居委会 + 物业 + 居民代表”，机制以居民诉求为“哨声”，通过整合、调动相关资源，尽可能地把居民的烦心事、难事解决在家门口。而对于“四方联席会机制”解决不了的事情，社区就反馈给街道，由其启动“街乡吹哨，部门报到”机制，“吹”来相关职能部门参与解决，形成“党员带动、群众联动、多方互动”的共建局面，实现“小事不出社区，大事不出街道”。

“我们把党史学习教育的焦点落在‘为民办实事’上，围着群众转，奔着问题去，更好地为居民服务，为城市副中心服务，让群众家门口的操心事、烦心事、揪心事，有人办、马上办、能办好。”有着近 20 年社区工作经历的杨平，始终怀着“为民”的初心，将党建引领作为指导社区发展前行的“灯塔”，让社区的每个人都成为社区共建共治共享的“舵手”。

一个党员一面旗帜　为居民筑牢“防疫墙”

2020 年的春节是一个特殊的春节，正月初二吹响抗疫号角，杨平作为社区书记第一个顶了上去，半小时内就将玉桥东里社区全体社工集结完毕。一直到 4 月 30 日，3 个多月的时间，51 岁的杨平一直坚守在社区，没有回过一次家，加班到深夜成为“标配”。她和居委

会工作人员一起，为居民筑起一道坚固的“防护墙”。

正月初三晚上，一户隔离人家出现确诊病例，家中6岁的孩子如何安置成为全家人最担心的问题。杨平一边耐心安慰孩子家长，一边协调有关部门。开始提出的多种方案都被否决，最后临时紧急联系把孩子的姥姥请来了，杨平和同事们帮孩子姥姥订了房间，又联系做核酸检测等，安顿好一切后已是凌晨2点，在居委会办公室稍事休息后，杨平接着就又继续投入到了紧张的工作中。

为了能及时解决百姓之急，杨平的电话就是居民的24小时求助电话，最多时，她一天要接打上百个电话。凌晨，居家观察人员的母亲需去医院看医生，急得找杨平寻求帮助；社区里的出国留学生返京不了解防疫政策手足无措，杨平要帮忙解决。“疫情给很多人的生活带来了影响，居民们有情绪，这都可以理解，而这也对我们社区工作者的工作提出了更高的要求。”杨平说，她的办法就是将心比心，站在居民的角度考虑问题，竭尽全力解决他们的难题。

基层党组织好的带头人，不光自己要能在关键时刻冲锋在前，更要能凝聚力量，发挥出基层党组织的战斗堡垒作用。疫情之初，玉桥东里社区按照“三区一门”的党建工作模式，建立起了社区、小区、楼区、楼门的四级防控模式，做到全社区189个楼门排查不留死角、防控不留死角、宣传不留死角。同时，突出党建工作协调委员会作用，要求5家物业、86家底商拉起安全防线。社区党员、在职党员、下沉干部全面行动，亮身份，冲锋在前，从6点到22点，党员接力不空岗。在杨平的带动下，党旗在社区抗疫一线高高飘扬，社区党总支成了百姓的“主心骨”，更让焦虑的居民吃下了“定心丸”。

做足楼门文化　把民情图装在心中

“幸福艺居小区第四网格9号楼共有10个单元，有党员4人，志愿者5人，残疾人4人，退役军人3人，居民代表4人，租户8人……”为了尽可能准确详细地掌握居民的基本情况，玉桥东里社区按照网格绘制了11组“民情图”。一张张“民情图”都装在了杨平心中，成为居委会撬动楼门微治理的重要抓手。

为了深挖党建工作的服务职能，杨平带领社区建立起以“楼门客厅化　立体四合院”为理念的楼门文化。走进玉桥东里社区的楼门，就会发现各有主题、各有特色，在书法、手工艺品、手绘海报等的装饰下，每个楼门都像一个大客厅，温馨而舒适，而楼门里的各户居民，也自然拉近了距离，成了“家人”。

在此基础上，杨平进一步借助楼门工作，建立了楼门议事体系，充分发动社区党员的积极性，组建由楼门长、治安委员、调解委员、卫生委员等组成的楼门服务小组，通过不定期开会、研究，沟通楼门内的问题和情况，同时组织楼门生日会、饺子宴等活动，将党建的触角深入到社区每个角落。玉桥东里的“楼门文化”工作也获得北京市终身学习品牌。

“坦白说，社区工作非常的琐碎，但每一个居民的诉求、居民的每一个诉求，对于我们来说都是大事，为了办好居民的事儿，我们不光要一心为了群众，还要建机制讲方法，将治理的触角扎到最深，工作做到最细，才能不负群众的信任，不负一名党员的荣誉。”杨平坚定地说。

（执笔：陈冬菊）

张春山：把心思用在为群众办实事上

张春山，男，1974 年 1 月出生，中共党员，北京市怀柔区杨宋镇综合行政执法队队长。曾获全国“最美公务员”荣誉称号。

早春时节，春寒料峭。在怀柔区杨宋镇的香水大街上，两名身着制服的综合行政执法队队员正在巡查。戴着眼镜，腰杆笔直地走在前面的，是杨宋镇综合行政执法队队长张春山。

定期对餐饮经营单位的餐厨垃圾分类、门前三包、疫情防控以及主要道路的店外经营、占道经营等情况进行执法检查，是综合行政执法队的主要工作内容。张春山带领综合行政执法队解决了大量涉及人民群众利益的棘手事，群众纷纷为他点赞：春山，真办事儿！张春山说：“把心思用在为群众办实事上，解决老百姓的难事、急事、琐事，是我们穿这身制服的意义。”

“把心思放在群众身上”

接诉即办工作中，很多事情都是生活中的琐事。在处置现场，很多时候事情本身不是什么难题，却往往因为当事人情绪激动导致事态进一步激化。张春山说：“我们的工作不仅要解决群众诉求，更要举一反三，防止类似问题重复出现。”

近几年，杨宋镇建筑工地较多，工地扬尘、运输车辆道路遗撒、施工噪声扰民的事情时有发生。2021 年 5 月的一天，执法队接到 12345 市民服务热线的派单后，张春山带领队员第一时间赶到了现场。

“施工的声音那么大，马路上都是渣土车撒的土，你们快来管管吧。”刚一下车，他们就被情绪激动的居民团团围住。“大家别着急，我们一定会解决问题。”张春山耐心安抚群众，安排施工方迅速清扫了现场。

现场问题解决后，张春山及时组织队员全面排查杨宋镇 21 处施工工地及周边道路，并对施工方提出使用正规运输车辆、运输渣土必须苫盖等要求。

张春山认为，工作需要讲究方式方法，讲原则但又不能太死板。“有些事情摆事实讲道理能解决，有些则需要劝说双方理解让步，把大事化小，小事化了。”

2021 年 5 月，有市民投诉某小区的一位住户院内有违章建筑，影响了自家采光。被举报人是位 60 多岁的大妈。张春山来到她家，刚说明来意，老人就吼了起来：“我就搭了个花棚，又没妨碍谁，凭什么举报我！”张春山好言安抚，直到老人平静下来才放心离开。

张春山了解到，本是邻居的两家人因为安装栅栏、摄像头等小事闹得不愉快，引发了很深的矛盾。张春山随即联系专业人员到现场查看，认定不存在违法建设行为，但是投诉人对这个结果不满意。张春山两边做工作，3 次到被举报人家里开导老人，又给投诉人打电话沟通。经过张春山耐心细致的劝说，被举报的居民降低了花棚高度，投诉人也不再计较。“把心思放在群众身上，把自己当成诉求人，才能用真心解决问题。”张春山说。

“执法不仅要有力度，还要有温度”

2020 年初，执法队接到市民投诉称，仙台农贸市场外有人在摆地摊卖菜，既不符合疫情防控规定，又影响交通秩序。“现在疫情这么严重，怎么会出门摆摊了呢？”张春山到现场后，先向摊主讲明了管理要求，并仔细询问了违规摆摊的原因。一聊才知道，摊主夫妻二人是农贸市场的商户，有营业执照。受新冠肺炎疫情影响，农贸市场按相关要求暂时关闭。“库存的蔬菜卖不出去，时间一长就坏掉了，我们要赔不少钱。没了收入，我们一大家子人靠啥吃饭呀？”

面对既要落实防疫要求，又要解决一家人生计困难的难题，张春山意识到处罚和劝离不是目的，想办法帮助解决无处卖菜的实际困难更重要。他联系镇市场监管所、市场管理处，最终在市场附近一家商铺找了个临时售卖地点。这样一来，占道经营的问题解决了，摊主的菜能卖出去了，还方便了周边居民买菜。摊主向张春山连连道谢。

2021 年 7 月，执法队接到市民举报，反映某工地运输车辆有带泥上路的情况。张春山深入建筑工地了解情况，发现工地一般只有一个出口建有冲洗平台，但由于多种原因，运输车有时候需要从其他出口驶出。每个出口建一处冲洗平台周期长、成本高，不太现实。张春山帮助施工方想了个办法：买个小型气吹设备，

在应急的情况下，用少量的水就能将车轮上的泥土冲洗干净。施工方采纳了他的建议。

张春山说："执法既要有力度，更要有温度。我们工作的目标是更好地维护公平正义，保障公民的合法权益。"

"跑现场，现场看、现场办"

接诉即办工作开展3年多来，张春山带领队员们为杨宋镇16个村3.3万常住人口以及上百家企事业单位累计办理群众诉求1500多件，解决率达93%，满意率高达99%。一次次跑现场，通过现场看、现场办，张春山为民服务的沟通能力和解决问题的能力越来越强。

2020年9月，有市民举报某企业为节约成本私自将垃圾填埋在院子里。张春山立刻带队实地勘查核实。出人意料的是，现场是一片荒地，长满了野草，并没有发现填埋现象。"难道是虚假举报吗？"张春山找来几把铁锹，带领队员返回现场。挖了一米多深后，塑料、三合板等垃圾露了出来。在事实面前，涉事公司承认了违法行为，将非法填埋的垃圾全部挖出来，转运到正规处置点，并接受了行政处罚。

在杨宋镇工作的6年多时间里，张春山跑遍了杨宋镇的大街小巷。哪条街上有几个商户、经营什么买卖，他都了然于心。"尽心尽责地干好本职工作，既是我的良知本心，也是我对党组织、对人民群众发自内心的坚定承诺。"

（执笔：张丹　侯田田）

刘　黎：用法治守护人民美好生活

刘黎，女，1977年6月出生，中共党员，北京市朝阳区人民法院党组成员、政治部主任，审判委员会委员、审判员，党的十九大代表，曾任朝阳区人民法院奥运村法庭庭长。曾获全国优秀共产党员、全国先进工作者、全国模范法官、全国三八红旗手、北京市优秀共产党员等荣誉称号和全国五一劳动奖章。

自2002年进入北京市朝阳区人民法院工作以来，刘黎一直坚持在基层法治一线，从最简单的案子开始，坚持法明、理透、情深的工作方法，用法理明辨曲直，用真情点亮人心，努力让人民群众在每一个司法案件中感受到公平正义。她扎根基层法庭17年，共审结民事案件5000余件，涉及当事人万余人，被称为“百姓信赖的最美基层法官”。2017年5月3日，习近平总书记到中国政法大学考察时，刘黎作为全国唯一的法治工作者代表，在座谈会上向总书记汇报法治实践。

坚守公正司法，赢得百姓信赖

刘黎始终坚持程序正义和实质正义并重，注重维护和尊重当事人权利，努力做到案结、事了、人和，实现政治效果、法律效果与社会效果的统一，彰显人民司法的公信力。

她曾经审理过一个“一房二卖”的案件。卖房人因为房价大幅上涨拒绝履行合同，将房屋转手卖给他人。为彰显人民司法对严重违背诚实守信的惩治，她主动邀请媒体全程跟踪报道案件，依法认定卖房人恶意违约，将其违约转卖房屋的180余万元收益全部判给了原告。判决之后，媒体均以“不诚信要付出代价”为题进行了报道，取得了良好的社会反响。

她妥善审理了大量涉外案件，如标的额达50亿的涉外离婚案件、《变形金刚5》广告植入纠纷案、某国驻华大使之子侵权纠纷案，展现了中国司法的权威和首都法官的良好形象。在案件审理中，她发出了国内首例人身安全保护令，推动了我国反家庭暴力立法。2019年，该案例作为“改革开放40周年40个重大司法案例”之一入选《伟大的变革——庆祝改革开放40周年大型展览》。她总结的审理道路交通损害赔偿案件8条规则，被最高人民法院司法解释吸收采用，对将成熟的司法实践经验上升为制度安排做了生动诠释。她向中国保监会发出司法建议，促成保监会专门出台了《关于综合治理车险理赔难的工作方案》，简化了理赔手续，使千万“有车族”从中受益。因业务突出，她被评为“北京市审判业务专家”，受聘担任中国人民大学法学院校外法律硕士导师。

秉持司法为民，情系百姓冷暖

作为法官，刘黎对群众始终怀有深厚感情。她管群众身边事、解百姓心中结，全心全意为辖区群众排忧解难，让群众切身感受到司法的温暖，以实际行动诠释了人民法官的真正含义。

刘黎曾经审理过一个小区50名业主起诉开发商逾期办理产权证的案件。开发商依据优势合同条款拖延2年不给业主办证，业主多

次集体抗议，双方矛盾很尖锐。一边是合同条款，一边是群众利益，法与理时常有冲突。她坚持群众利益至上，依法认定违约金封顶条款无效，要求开发商限期为业主办理产权证，并按日支付违约金。案件宣判后，开发商主动履行了判决，还为其他500多户没有参加起诉的业主也办理了产权证，小区群众向法庭送来了感谢锦旗。

在办案中，刘黎发现北京市朝阳区来广营北路连续发生恶性交通事故，给群众造成重大损害。她多次到现场调研，向市交管部门提出规范道路标线设置的司法建议，使事故频发的“伤人之路”变成“平安之路”。她总结办理民事案件的经验，编写了《身边的“法律讲堂”》维权手册，向当事人和社区群众免费发放，被群众称为“维权宝典”。有一次冬天开庭，法庭内很冷，细心的当事人坚持把自己的棉衣给她披上。一位因事故失去丈夫的大姐带着7岁的儿子向她鞠躬，大姐对孩子说：“你要记住，这是咱们家的恩人。”一名死者的父母在她的帮助下打开了心结，被驳回诉讼请求时还向她深深地鞠了一躬，说在北京遇到了好法官。这些都是群众对刘黎的褒奖。

夯实法治根基，回应百姓期待

刘黎在递交给党组织的入党申请书中写道：“加入党组织，成为一名优秀的共产党员是我的政治选择和前进目标。”

担任政治部主任后，刘黎坚持党对法院工作的绝对领导，全面加强党的政治建设，积极发挥党建引领作用，将锻造绝对忠诚、绝对纯洁、绝对可靠的基层法院队伍作为工作重点。在党史学习教育中，她带头讲授专题党课，以上率下做好学习引领，为干警上好“思想淬炼课”“红色传统课”“英模示范课”；推出“旗帜工程”党史学习教育特色项目，开展微党课、经典诵读、短视频拍摄等系列活动；排演原创话剧《星星之火》、诗朗诵《致敬！亲爱的党》等，以多种形式表达法院干警对建党百年的祝福和听党话、感党恩、跟党走的决心；建立“一点两线四融合”办实事机制，制定《“我为群众办实事”实践活动工作指引》，真正做到为群众办实事、解难题。

作为党的十九大代表，刘黎牢记党代表神圣职责，积极宣传贯彻习近平新时代中国特色社会主义思想和党的十九大及历次全会精神，并结合司法工作实际，传播法治声音，凝聚法治力量。她组织广泛宣传报道朝阳法院审理的民法典“自甘风险”适用第一案，大力弘扬民法典精神，“典”亮群众幸福生活。她先后主持了服务保障“六稳”“六保”10 项工作机制及相关典型案例、医疗美容纠纷、涉老年人权益保护等方面的新闻通报会，讲好法院故事，传播法治声音，让法治声音传遍社会角落，让法治思维浸润百姓心间。2019 年，她被评为“全国基层理论宣讲先进个人”。

（执笔：刘欣欣）

仉振亮：为村民耕出幸福大道的“老黄牛”

仉振亮（1928 年 5 月—2015 年 1 月），男，中共党员，北京市房山区人大常委会原副主任，曾任窦店村党支部书记、党总支书记、党委书记，窦店农牧工商总公司董事长，党的十五大代表。曾获全国劳动模范、北京市劳动模范、北京市优秀共产党员等荣誉称号。

到过“北京最美的乡村”房山区窦店村的人，都会赞赏这是个现代化的美丽家园：这个村堪称京郊“优质生活社区”，2/3 的村民搬进了住宅楼；这里引进了 50 多家企业，形成四大工业产业集群和三大现代农业园区；这里科教发达、经济富裕、和谐宜居，全体村民笑语欢歌。村民们说，今天的美好生活，要感谢老书记仉振亮。1956 年至 2000 年，他带领村民走上了小康大道。

甩掉“破街烂镇穷窦店”的帽子

时间回到 20 世纪 50 年代。1955 年 8 月，27 岁的仉振亮加入了中国共产党，因为他相信“共产党，为人民”。那时，血气方刚的他不知什么叫困难，只知一心跟党走，一心按照党的要求去做。1956 年 1 月，28 岁的仉振亮被推选为窦店村党支部书记。从此，他的一生紧紧与窦店村相连，直到生命的最后一刻。

窦店村曾是一个远近闻名的穷村——“破街烂镇穷窦店”，花钱靠国家救济款，吃饭靠国家救济粮，农民劳动日值仅有一毛九分七。看着这个1000多户4000多口人的大村如此贫穷落后，仉振亮非常心痛，下决心要改变这种状况。于是他带领群众苦干，办起了农业初级合作社、高级合作社。但是，苦干了3年，窦店村的落后面貌依然如故，甚至连温饱问题也没有解决。

窦店村几千亩地，有一半是偏坡溜岗，存不住水。改造窦店到底应该从哪儿入手？仉振亮终于从迷惑中清醒，改造窦店必须从打井入手！于是他派人外出学习，回来后自制打井工具，成立村打井队，经过40多天的苦干，打出来窦店村的第一眼井。这一眼井，不但打出了水，也打出了窦店人的信念、力量和希望。20世纪60年代，仉振亮领导全村群众在窦店村打了57眼井，平均不到百亩地有一眼井，使全村耕地变成了水浇地，改变了村民靠天吃饭的老传统。

耕地的用水问题解决了，可是由于土地不平整，57眼井浇上去的水，全部流到沟里，顺着沟底流跑了。仉振亮下定决心，这4000多亩地一定要在他这一代平整完。从1969年到1977年，每年冬春，全村调动400个劳动力，一人一辆小推车、一把铁锹、一把镐，大干苦干。经过连续8年时间，全村4000多亩土地按计划被平整完毕，全部浇一遍水只需要5天，为窦店粮食高产稳产奠定了坚实的基础。此后，窦店村连续10年蝉联北京市小麦单产冠军。

摘得首届星火奖桂冠

“要改变家乡的穷面貌，没有科学技术不行。”这是仉振亮在长期实践中体会到的真理。1976年，仉振亮调整出全村最好的200亩地，从北京市农林科学院请来专家和技术人员搞试验。9名科技人员在窦店开展的41项科学试验共取得了30多万个数据，试验成功了生长期短、早熟、高产的“京单403”和“京早7号”玉米新品种，亩产达千斤。在此基础上，他们于1978年又进行了耕作制度的改革，改“三种三收”为“两茬平播”，当年亩产从1977年的767斤提高到1232斤，亩增465斤。这项科研成果很快在北京市全面推广，并在80年代末90年代初推广到北方十几个省市。1988年12月，由国家科委主办的国家首届星火奖把唯一的金质奖章颁发给了窦店村。

传统耕作制度的改革和优良品种的更迭，使仉振亮看到了科技的力量，于是仉振亮开始了一个更大胆、更宏伟的计划。窦店村投资300多万元，购置大型配套的农业机械，实现了从耕地到收割的全过程机械化，将96%的人从大田里解放出来，从此结束了多少年来窦店农民“面朝黄土背朝天”的繁重体力劳动。这是窦店村历史上一个大的转折，一次产业结构的大调整。

就在“两茬平播”粮食大幅增产之后，仉振亮请来北京市农林科学院专家对窦店村土壤肥力的各种指数进行测定。测定结果表明，由于粮食产量逐年提高，土壤有机质含量逐年下降，肥力明显不足。仉振亮认为，增加有机肥就要大力发展畜牧业，没有畜牧业的农业是不完整、不稳定的农业，必须走农牧结合秸秆“过腹还田”的农业生态良性循环之路。于是，在20世纪80年代，窦店村就建起了肉牛育肥场，14个农场都建起了自己的肉牛场，每年从内蒙古、山西各购进1000多头架子牛，异地育肥、科学饲养，总共存栏3000多头，

同时还建起了20万只的蛋鸡场、存栏300头的奶牛场等养殖场。在全国大力推广“秸秆还田”的时候，窦店村已经将4000多亩地上生长的800多万斤秸秆全部做到了“过腹还田”，再加上养殖场的粪肥，窦店村的土地一年比一年肥沃，粮食年年增产。此后，在仉振亮的带领下，窦店村建起了清真肉联厂，“窦店”牌清真牛肉产品销往全国各大中城市，市场占有率越来越大。窦店村形成了肉牛饲养、育肥、屠宰、加工、销售完整产业链，实现了农业的产业化经营，带动了当地畜牧业的大发展，增加了农民的收入。

此后，服装厂、砖厂、瓦厂、大型水泥构件厂、建筑集团公司等如雨后春笋般出现，窦店村的集体经济快速发展起来。这些企业不仅安排了窦店村所有剩余的劳动力，还吸纳了附近地区和外省市的劳动力，真正实现了农民离土不离乡，进厂不进城。村民的生活水平得到了显著的提高，共同富裕的道路越走越宽广。仉振亮也因此在1989年、1995年两次被授予“全国劳动模范”荣誉称号。

（执笔：闫长禄）

彭兴利："草帽书记"

彭兴利，男，1961年1月出生，中共党员，北京市怀柔区喇叭沟门满族乡中榆树店村党支部书记。曾获全国劳动模范、全国农业劳动模范、北京市优秀共产党员、北京市劳动模范等荣誉称号。

1989年，彭兴利被选为中榆树店村党支部书记。在他的带领下，中榆树店村搞玉米制种、壮大肉牛养殖、做强乡村旅游，完成了“产业发展三部曲”，让村里发生了翻天覆地的变化，一步一步从昔日的贫困落后村，一跃成为北京最美乡村、全国文明村镇、全国生态文化村、全国乡村旅游重点村、中国少数民族特色村寨。

探路——甘当振兴领头雁

作为农村干部，最大的压力就是发展产业，带领群众致富。最开始，中榆树店村的产业是玉米制种，辛苦不说，而且靠天吃饭，收成没保障。彭兴利早就惦记着找别的出路了，受书籍启发，计划发展肉牛养殖，可很多村民犯怵，怕赔本。面对村民的质疑，他决定自己先试试。2000年，他怀揣着包地挣的5万块钱，到河北丰宁拉回来19头牛犊，当年就赚了7万元。

看到养牛确实能赚钱，越来越多的农户也开始养牛。随后，村里建起两个养殖小区，发展集体养殖，母牛、牛犊一起养。高峰时，存栏 400 多头，能安置 20 多个村民就业，“牛书记”的雅号也应运而生。6 年养牛，村民富了，集体也有了 100 多万元的存款。

2006 年，中榆树店村按照政策要求腾退了肉牛养殖。随后几年，彭兴利又想方设法，带着村民尝试种植京白梨、太平果、树莓等，发展特色果品种植产业。到 2012 年，民俗旅游成为村里的主导产业，村民吃上了绿色环保的旅游饭。

拆房——舍了小家为大家

如今的中榆树店村，一排排崭新的民居整齐划一，家家灰墙红瓦小门楼，喜庆气派。谁曾想到，2011 年之前可不是这样，中榆树店村的老宅大多是老石头垛的，大梁、檩子、椽子有些都烂了，修都没法修，漏雨很常见。一到汛期，彭兴利的心就提到嗓子眼儿。尤其是下雨天，他总是第一个往孤寡老人家跑，生怕房子塌了伤着人。

2009 年，彭兴利抓住市里出台的险村搬迁政策，打算拆旧建新，建设新农村。可是，拆迁工作是个难题。为了消除村民的顾虑，头一个月，他天天组织开会，党员会、村民代表会、户主会……大家说问题、提建议，彭兴利带着村“两委”班子逐条研究，最终制定了一套让大家都认可的方案，除了国家补贴，村集体出资 500 万元支持建房，保证每户村民都能盖新房：家里一口人的，一户补贴 3.2 万元；非农户国家不补，村里一间房补一万元；两年内盖的新房，一次补贴 5 万元；塑钢门窗、全砖房的房屋，视情况补贴。

彭兴利带头先把自家才住了不到两年的新房子拆了，这房子当时是全村最好的，花了自己养牛 10 多年挣的所有的钱。拆迁政策一确定，全村 89 套院子，只用了两个月就全部签订拆迁协议。村民一看书记家这么好的房子都拆了，也纷纷开始行动。短短一个多月，全村基本拆迁完毕。

2010 年 2 月 18 日，正月初五，中榆树店村新村建设正式启动。当年 11 月 15 日，全村喜迁新居，创造了当年拆迁、当年建设、当年入住的奇迹。

让客——“肥水”流进百姓家

2011 年，中榆树店村凭借优越的地理位置，开始着手发展民俗特色旅游接待产业。整治村容环境，建设文化墙。道路两侧栽植景观树木，还修了健身公园、文化广场、环河木栈道。2012 年 6 月 22 日，汤河川满族风情节开幕，中榆树店村借势迎客。彭兴利家和其他 33 户村民一起，成为首批民俗户。

彭兴利家就在主街上，门口收拾得干净敞亮，院里窗明几净，尤其院当间那块菜地，应季蔬菜青翠欲滴，很多游客看见了就不想走。可只要彭兴利在家，一有客人来，他先往外推：“您先去别人家看看，条件都比我这儿好！”一回两回，次数多了，媳妇不乐意了。“我是书记，不能跟大伙儿抢，有钱得先尽着大伙儿挣。”彭兴利跟妻子解释。

凭借喇叭沟门优良的生态环境和满族乡特色，中榆树店村民俗旅游生意红火。2019 年，全村旅游收入 360 万元。截至目前，全村 115 户共有乡村旅游经营户 65 户，包括 8 户精品民宿，27户市级四星级、五星级民俗院。村民捧起“金饭碗”，吃上“生态饭”，真正尝到了“绿水青山就是金山银山”的甜头。特别是近两年，许多在外打工的年轻人返村，装修房子，拾掇小院，开民俗户，吃上旅游饭。

本色——初心使命勇担当

对于彭兴利来说，童年记忆里最深刻的就是饥饿和贫穷。作为家中的长子，彭兴利14岁就辍学进生产队干活，挑起家中大梁。“挨饿时，乡亲们接长不短地送吃的用的，是大家伙儿把我养大的……”时至今日，彭兴利依然铭记在心，并从小立志，希望有朝一日能回报这份恩情。

彭兴利的质朴和任劳任怨得到了村民的一致认可，23岁任村主任，28岁开始书记、主任一肩挑。吃苦受累、被误解、被埋怨，彭兴利也有心生退意的时候，但面对村民的信任和重托，他深受鼓舞，让乡亲们过上好日子的信念更加坚定。

头雁领航群雁飞。如今，在彭兴利的带领下，中榆树店村乡亲们撸起袖子加油干，村民们富了，穿着打扮也越来越讲究，可彭兴利永远是戴着一顶草帽，拿着一部老人手机，开着一辆破旧的四轮农用车，穿着一身满是草渍的旧衣服，脚下是一双不怕踩泥蹚水的黄胶鞋，一天到晚忙碌在田间地头、大街小巷。30余年来，“草帽书记”彭兴利用行动换来了全村百姓的信任和拥护，只要看到那顶草帽，父老乡亲的心里就特别踏实。

（执笔：孙越）

于　凯：用精湛的驾驶技术真心服务宾客

于凯，男，1960年1月出生，中共党员，出租汽车司机，曾任北京首汽（集团）股份有限公司第三运营分公司党委副书记，北京市第九次、第十次党代会代表，北京市交通运输工会常委。曾获全国劳动模范、全国旅游系统劳动模范、北京市优秀共产党员、北京市劳动模范等荣誉称号和全国五一劳动奖章。

20多年里，他驾驶出租车累计行车100多万千米，做到了“零事故”“零投诉”；他创立的“超前服务”“无痕迹服务”模式成为运输行业的学习典范；以他个人名字命名的“首汽于凯车队”2005年8月被中宣部、中央保持共产党员先进性教育活动领导小组办公室、建设部、交通部和中共北京市委联合推举为全国先进典型；他2008年光荣当选为奥运会火炬手并作为优秀代表赴雅典参加圣火交接仪式。他，就是首旅集团的于凯。

真心为宾客，努力树立“流动窗口”的良好形象

出租汽车行业是国内外宾客了解北京、认识北京的第一站，是北京的文明窗口。于凯说，每一辆出租车、每一趟活儿，都是流动的广告，司机素质的高低、服务的好坏直接影响着首都的形象、祖国的形象。因此，他牢记“车净、人和、不砍价”这一出租汽车司机必须

遵守的职业道德，把自己和首都北京的形象联系在一起，他说，什么是职业道德、什么是职业形象，它们都是具体的。只有在具体的服务中，才能体现出来……

他用精湛的驾驶技术和细致入微的无痕迹服务赢得了宾客的信任。乘客们称赞于凯是个“守规矩的人”，是一个能“让人放心睡大觉的技术精湛的优秀出租车司机”，是服务到了家还要送进门的热心人。

在企业改革和发展中发挥劳模的表率带动作用

作为一名劳模，于凯时时处处严格要求自己，最大限度地为企业分忧，成为广大员工的表率和楷模。

1996 年，首汽集团根据市场需要，决定将高级豪华车改换为低档夏利车。改革方案一出台，立即在车队引起强烈反应，不少司机表示不能接受，而于凯却带头换了夏利车。当时于凯还不是劳模，但他人缘好、威信高，在他的带动下，其他司机都换上夏利车很快上路了。

2003 年非典流行时，社会上人心惶惶，许多司机不知所措，躲在家中不敢出门。随着非典疫情的发展，有的职工甚至找到车队、公司，要求停车。这时，于凯等党员带头坚持出车，并在抗击非典最严峻的时期，向集团递交请战书，表示随时听从调遣，到抗击非典最需要的地方去。这一请求极大地鼓舞了广大司机的士气，仅半天时间，就有近 300 名司机在请战书上签名。在非典期间，首汽的出租车没有停驶。

由于疫情影响，市场疲软、运营困难，集团下调车份。而于凯等党员再次带头发出倡议，表示要多交车份，以实际行动与企业共渡难关。在他的带动下，仅5月份党员们就多交车份55000余元，表达了大家与企业同甘共苦的意愿和心声。在非典疫情最严重的四、五月份，首汽的党员没有一个交车停运的，没有一个完不成任务的。

不断创新，追求鲜明的服务特色

于凯认为，开出租车不难，但要开好出租车，就不那么简单了。在服务上他不满足于传统的内容和模式，一直在琢磨着如何进一步提高服务水平，使其具有鲜明的时代特色和地域特点，以适应不断发展变化的社会需求。

于凯阅读了大量的社会心理学、消费心理学方面的书籍给自己充电，自觉提高服务的理论水平。他利用与乘客接触的机会征求他们的意见，了解同行的做法和心得。给他触动最大、印象最深的是和伦理学家李春秋教授的一次谈话。通过那次谈话，于凯对"真心为宾客"的服务宗旨有了更深的理解。他说：服务的最高境界是超前的无痕迹服务，真诚、自然的，不带任何功利目的服务乘客，让乘客在不知不觉间感受到真诚。虽然本人可能得不到表扬，甚至连名字都不记得，但是乘客的心里却记住了一个国家、一个城市和一个企业。

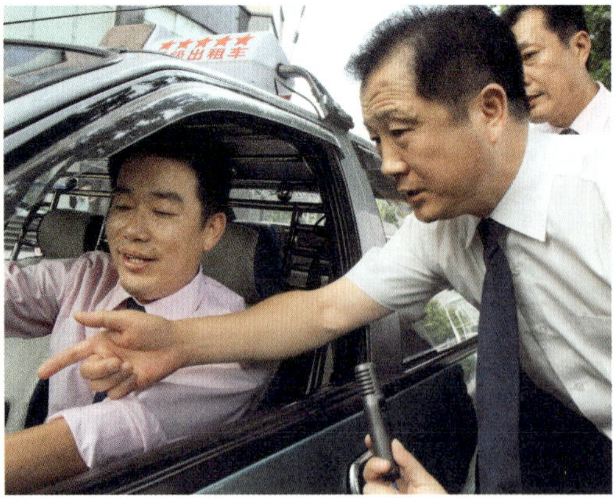

为了达到无痕迹服务的境界，于凯注意观察、总结、记录不同性别、不同年龄段、不同社会层次乘客的乘车习惯，在具体的服务过程中尽可能地弱化"为您服务"的痕迹，让乘客在不知不觉中得到

他想要的服务。有位乘客对于凯说："坐您的车总感觉和别人的不一样，也没见怎么客气，就是觉得那么舒服。同样的路程，同样的时间，让我感觉路变短了，时间变快了。"

随着北京城市建设的加快，新小区如雨后春笋般涌现，给出租运营和乘客出行带来不便。在于凯建议下，出租车司机自己编印了一本《北京新建小区行车指南》，既方便了司机，又服务了乘客。

2007 年 2 月 6 日，于凯作为全国出租汽车行业的代表到中南海，参加了国务院主要负责同志召开的《政府工作报告（草案稿）》征求意见座谈会。

2008 年 1 月，首汽（集团）调于凯等人到北京奥组委交通部，负责首都机场 T1、T2、T3 交通服务团队的筹建、培训和赛时运行的管理工作。于凯以强烈的责任感、使命感，靠着对事业的热爱和对工作无私的奉献，克服了许多难以想象的困难，出色地完成了奥运服务任务。

踏踏实实做人，稳稳当当开车。在出租车司机这个平凡的岗位上，于凯没有豪言壮语，没有惊人之举。他身上那些看似微不足道的细节处处体现了服务的最高境界：毫无私利的无痕迹服务，真诚、自然的服务。从这些平凡的细节中，我们看到了一个高大的劳动者形象，一个真实的劳模形象。

（执笔：余翠平）

高宝来：警察就像一棵树

高宝来（1956 年 9 月—2015 年 5 月），男，中共党员，北京市公安局海淀分局恩济庄派出所驻区民警。曾获时代楷模、全国道德模范、全国公安系统一级英雄模范等荣誉称号。

高宝来，一位普通的人民警察，一生都在平凡的岗位上默默奉献。从警 30 多年，他就像一棵树，深深地扎根在人民群众中，为人民群众分忧；他像老黄牛一样不知疲倦，为警徽添彩；哪里有困难，哪里就有他忙碌的身影，即便是身患绝症，也要当群众的保护神！

为孩子保驾护航

2011 年，北京市公安局推行民警驻区制度，54 岁的高宝来主动请缨，成为北京市公安局首批驻区民警。

刚上任，细心的高宝来发现，辖区紧邻西三环的海淀区实验小学门前，由于交通流量大，每遇早晚高峰，总是拥堵，尤其是每天早晚接送孩子时，车辆临时停靠，学校门前道路堵得水泄不通，孩子们在车流中穿梭，险象环生。观察几天后，高宝来想出了一个办法：设流动岗，在学生们上下学时间，到学校门口拉车门、疏导交通。

于是，从 2011 年开始，无论刮风下雨，只要孩子们上课，高宝来就会准时出现在海淀区实验小学校门口。送孩子的汽车一到，他便会上前一步拉开车门，接下孩子，取下书包，将孩子送到校门口的安全区，然后再走向下一辆车。整个过程7秒钟，一气呵成。正是因为这一次次的7秒钟，有效缓解了周边道路的拥堵。

5年，900多个上学日，每天6点30分，高宝来都会准时出现在校门口，累计早起1800多个小时，40多万次拉开车门接送孩子，保证了3000多名小学生每天平安走进校门，从未在他值守时发生一起交通事故。放学的时候，亦是如此。雨天，他把伞撑在孩子头上，不顾自己的警服被淋透；雪天，他早早地来到学校门前清扫积雪，生怕孩子滑倒；每当发现因伤病行动不便的孩子，他都会背起来送进学校……学校老师早就把他当成了家人，家长和孩子们更是把他当成了亲人，孩子们总是亲切地叫他“警察爷爷”。

为百姓遮风挡雨

在校门口站岗，其实并不在高宝来的职责范围。他的本职工作是社区民警。高宝来负责的3个社区都是老旧小区，人员流动性大，治安形势复杂。驻守社区的第一天，高宝来就立下了军令状：创建群众满意的平安和谐社区。

高宝来每天都要在社区巡逻，很多时候直到4点才回家。他管理服务的辖区内，几乎每个群众手上都会有一张警民联系卡，上面写着“社区民警高宝来，电话……”，这些都是高宝来主动分发给大家的。邻里纠纷、丢失物品、老人走失，各种各样的事情他随叫随到。他说：“一个警察就像一棵树，扎根在哪儿，就要撑起一片天，为百姓遮风挡雨。”

有一次下雪天，3位老人专程来向高宝来反映自己家“没暖气”

的问题。这件事其实跟警察没关系，但老高一皱眉：这个老旧小区管道比较陈旧，居民家中大多有老人和小孩。刚下过雪，老老小小这么多口决不能冻着。“这件事交给我吧。”经过高宝来多方协调，当天17点，供暖管道抢修完毕，居民家供暖恢复正常。

社区有个叫王萍的女士，50多岁，患有精神疾病，发病时见着谁都要絮絮叨叨地哭诉，弄得很多居民不堪忍受。高宝来驻区后，有的居民要求他把王萍送进医院。高宝来到王萍家家访，发现了她孝敬母亲的事迹。她每天都要伺候年近八旬、常年卧病在床的老母亲，即使自己发病时，也会准时回家照顾母亲。几次家访后，老高弄清了王萍患病的原因。高宝来带着居委会工作人员，挨家挨户解释，希望大家能多多包容王萍，还保证，王萍发病时自己一定赶到，承担起“陪聊”的责任。高宝来还把王萍孝敬母亲的事迹汇报给民政部门，得到“海淀区孝星”荣誉的王萍，心理得到抚慰，犯病的频率都明显低了。

担任驻区民警以来，他先后写了9个笔记本90余万字的工作笔记，记满了社区的大事小情，U盘存满了各种电子资料，每个单位、每栋楼、每个单元、每个住户的情况和群众遇到的困难、需要调解的纠纷，他都了然于心。高宝来对社区工作乐在其中，“社区民警干的是良心活，老百姓认可是最大的成就”。

在高宝来的推动下，社区新增换500多个高清摄像头，基本实现了全覆盖。他统一调动单位保安

参与社区巡逻防控，组建起一支60多人的专职巡防队，保障社区治安。2014年，他驻在的社区侵财案件同比降幅达到85%。

为工作鞠躬尽瘁

2014年11月左右，高宝来感觉身体不适，但并没有离开工作岗位。2015年2月22日，他被确诊为肺癌晚期。当得知高宝来生病的消息后，社区群众、学校师生及家长等纷纷前往医院探望，并自发捐款。

住院期间，高宝来还不断接听群众电话，叮嘱同事们帮他落实未完成的工作，并一再请求医生让他再去学校门前站一班岗。在生命的最后时刻，他最放心不下的还是那片社区和海淀区实验小学的孩子们。

2015年5月22日，高宝来永远地离开了这个世界。5月26日6点50分，载着高宝来遗体的灵车缓缓驶过海淀区实验小学门前。学校路边，学生们打出了“爷爷永远活在我们心中”“高警官我们永远怀念您”的横幅。小学生手捧白花，和数百名民警、老师、家长一起，向灵车行礼，为多年义务护送小学生上下学的老民警送行。

（执笔：丁洁）

梁会兰：老人们的专职“社区女儿”

梁会兰，女，1976年4月出生，中共党员，北京市朝阳区八里庄东里社区家政服务员。曾获全国劳动模范、全国最美志愿者、全国孝亲敬老之星、北京市创先争优优秀共产党员等荣誉称号和全国五一劳动奖章。

1995年5月8日，河北农村长大的梁会兰来到北京，成为国棉二厂一名纺织女工。梁会兰学雷锋照顾社区孤寡老人，成为全国劳模，老人们还给她起了个名字“社区女儿”，正是这个名字，让她一直带领着“会兰孝亲敬老服务队”走在助老公益之路上，引领社会新风尚。

改制下岗后，为照顾老人多次放弃稳定工作

进了国棉二厂之后，梁会兰被分配到细纱车间，跟着师傅学卡头、包粗纱。不到3个月的时间，她就独立顶岗了，工资从每月195元涨到了600元左右。那时候，厂子里每个月都有技能考试，勤奋的梁会兰成绩一直不错，每个月也能多拿些工资，在北京的打工生活逐步走向正轨。

当时厂子所在的朝阳区八里庄东里社区里有很多老人，他们大多是纺织厂的老员工，好多都是孤寡、残疾、失独、空巢的老人。车间团支部成立“学雷锋小组”，帮助居委会为老人做实事。当时身为团支部委员的梁会兰经常组织小组成员去为老人服务，除了打扫卫

生、做饭，更多的是陪伴老人，不让他们感到孤单。

转眼就到了2006年，因企业改制，梁会兰下岗了。“在工厂里学的技术在外面用不上，当时真是两眼一抹黑。”孩子在老家，家里人也提出过让她回老家找工作。但真回去了，梁会兰最放不下的就是那些她一直照顾的老人。

下岗以后，“学雷锋小组”的成员们有的回老家，有的嫁人，只有梁会兰一个人还在坚持为老人做服务，春节的时候一天要跑四五家。这一坚持就是10年。2006年至2016年，忙于照顾老人的梁会兰一直没有稳定的工作，这期间，她放弃了好几次工作的机会。拮据的生活也没能打消她为老人服务的念头，她放不下那些需要照顾的老人，而老人们更离不开她。老人们还给她起了个名字——“社区女儿”。

失独家庭叶宗琦老人总是说：“我们虽然没有孩子，但是我们享受到了有子女般的照顾。有句话常说，有困难找警察，我们是有困难找会兰，没有她办不到的事。”十几年来，不管是叶老的老伴生病住院，还是料理后事，梁会兰一直像亲生女儿一样，忙前跑后的全是她。

成立服务队，孝亲敬老不再孤军奋战

给老人做服务多年，梁会兰自己也摸索和总结了很多经验。她说：“每个老人都不一样，他们有自己的性格、特点、生活方式，我们去服务，不能去改变老人，不能要求老人怎样，而是老人愿意让你怎么做，让老人家舒服是最重要的。”比如，在和老人聊天的时候，要做个倾听者，不要打断他；打扫卫生的时候就要做服务者，听老人的吩咐，让老人舒心满意。

2011年，梁会兰获得了全国五一劳动奖章。为了帮助更多的老人，在社区的帮助下，“会兰孝亲敬老服务队”正式成立，社区的党员、骨干都加入队伍中来，从最初的几个人发展到现在的200多人。

有了团队，梁会兰就不再是孤军奋战了，而且可以服务到更多的老人。除了日常的照料、打扫卫生，帮老人取药，陪老人去医院看病，还可以组织更多丰富的活动。服务队组织过带老人登天安门城楼的活动，天安门的志愿者为老人开放了电梯，老人开心地说自己享受到了国家领导人的待遇。服务队还组织过老人坐地铁、去电影院看电影的活动，很多老人都是第一次去。

服务队伍规模壮大的同时，衍生出了团队管理问题。由于很多志愿者都是自愿来做服务的，他们不是专业的护工，很多也没照顾老人的经验，身为队长的梁会兰就先得培训志愿者，有时候还要处理一些矛盾。有的志愿者开始的时候不愿意做一些帮老人擦洗身体的服务，但这又是老人非常需要的，她就会引导志愿者像医生、护士一样，客观地看待自己的服务。有的志愿者可能会遇到一些脾气古怪的老人，容易产生误会，工作做不好，心里也委屈，梁会兰就会给他们做一些心理辅导。

其实，她自己也受过委屈。“做服务这么多年，周末的时候经常忙活到 23 点多才回家，走在路上就想，别人都休息了，自己还忙忙碌碌的，图什么呢？但是我又很心软，看到老人们这么需要我，自己的累，受过的委屈，就全都抛到脑后了。我也不求回报，老人们的一个笑脸，就是我最大的收获。”

做专业社工，引领助老公益成为社会新风尚

2012 年，梁会兰进入中国劳动关系学院社会工作劳模本科班学

习，老人也都很理解和支持她。2016年1月，她取得了本科毕业证书。那年正好八里庄街道招社工，她顺利地通过了考试，在八里庄街道社会组织基地有了自己的工作，成了一名专业的社工，管理和培育社区居民自治组织。

让梁会兰更欣慰的是，来北京这么多年，即使是自己没有正式工作，家里生活拮据，家人都没反对她的做法，爱人还会和她一起做志愿服务。女儿之前一直在老家读书，有时候寒暑假来北京的时候，梁会兰还会带着她一起去养老院，或者跟着她的团队做些志愿服务。有一次，一位独居的老太太晚上急性肺炎发作，正赶上梁会兰在外地，她只好让女儿和爱人送老太太去医院，一直守着老人。“我很感谢家人对我事业的大力支持，我去为老人服务的时候，尤其是给老人修脚、理发时，其实心里挺不是滋味的，我自己的父母我都没有好好地照顾他们。”

2015年，梁会兰被评为全国劳动模范，在北京落了户，有条件把女儿接到北京来读书。梁会兰觉得，这也算是对女儿的一种补偿。“我也经常回家看父母、公婆，他们年纪大了，需要更多的照顾。”

朝阳区八里庄街道办事处为“会兰孝亲敬老服务队”提供了一间“爱心小屋”，依托这间小屋，服务队能够更好地发挥传、帮、带的作用。“有了这么好的条件，我的干劲更大了！”梁会兰说，她想带领志愿者们把助老公益一直坚持下去，让“奉献、友爱、互助、进步”志愿服务精神成为社会新风尚，让文明之光更加闪耀！

（执笔：孙艳　供图：彭程）

张润秋：一张展示铁路人风采的“名片”

张润秋，女，1979 年 8 月出生，中共党员，中国铁路北京局集团有限公司北京南站售票车间党支部书记。曾获全国劳动模范、北京市创先争优优秀共产党员等荣誉称号。

2022 年 2 月 4 日，在举世瞩目、万众期待中，五星红旗在北京冬奥会开幕式上冉冉升起。这面凝聚着国家力量和人民祝福的五星红旗在升起前，经历了国家功勋人员、56 个民族代表和各行各业工匠精英的手手相传。全国劳动模范、中国铁路北京局集团有限公司北京南站售票车间党支部书记张润秋，是这些人当中的一员。

多年来，张润秋在不同的岗位上服务八方旅客，是旅客眼中最美的“铁路花朵”，也是铁路客运服务领域当之无愧的一面鲜艳旗帜。

过硬的技能：把地图和时刻表印进大脑

1999 年 8 月 1 日，刚刚参加工作的张润秋被分配到老北京南站售票车间。那年月，旅客为买票，跑好几趟车站，甚至连夜排队都是常事。张润秋很是心疼，觉得旅客出个门不容易，便经常主动帮助那些年纪大、腿脚不便的旅客跟踪余票信息，尽最大努力为他们买到期待的车票。看到旅客拿到车票时脸上洋溢的激动与喜悦，张润秋全心全意为旅客服务的初心更加坚定。2006 年 5 月 10 日，老北京南站封站改造，张润秋被分配到北京站售票车间，主盯值班主任窗口。事事上心的张润秋很快熟悉了业务，练就了一手售、改、退的全活儿。很多旅客都喜欢挑她的窗口买票。

2008 年 8 月 1 日 12 时 35 分，C2275 次列车从北京南站缓缓驶出。从这一刻起，中国正式跨入高铁时代。张润秋回到熟悉而陌生的新北京南站担任值班站长，负责处理乘车候车事宜。线路越来越复杂，时刻表越来越多，客运高峰期，北京南站一天最多到发 400 多趟列车，张润秋硬是凭借着惊人的毅力，将这些时刻表以及 20 多条公交和 2 条地铁线路信息刻进脑子里。她用双脚对站区 76 部电扶梯、35 部无障碍电梯、8 个卫生间、24 个站台“量”了一遍又一遍，把站内饮食商业、银行 ATM 机，周边景点、酒店、医院、体育场馆等尽收心底，把自己练成了“活地图”和“活时刻表”。随着外籍旅客和求医客流比例持续上升，张润秋又自费报班提升英语和手语水平，还到红十字会学习急救知识。高铁开通仅两周，张润秋便为新北京南站赢得了第一面锦旗。

响亮的品牌：让暖心服务在车站生根发芽

2010 年 11 月 24 日，以张润秋的名字命名的“润秋服务组”正式成立。“润秋服务组”成员更新快，平均年龄维持在 20 岁左右。为了让组内成员快速、规范地掌握服务要领，张润秋总结出了“三勤三到”服务经：勤微笑、勤问候、勤观察；眼到、语到、手到。这一套服务经在全站得到推广，“润秋服务组”逐步成为北京南站的育人基地，服务组成员屡获殊荣。

2011 年 6 月，随着京沪高铁开通运行，需要帮助的重点旅客也

越来越多，“润秋服务组”每天服务重点旅客1000人次以上，日均为旅客解决问题1500余件，接受咨询上万次。

2017年7月26日，刚刚结束伦敦残疾人田径世锦赛征程的中国轮椅竞速名将周洪转，在北京南站坐车回老家沧州。偌大的北京南站人来人往，显示屏上的列车信息密密麻麻，对于轮椅上的周洪转，多多少少有些不方便。全国劳动模范、北京南站值班站长、“润秋服务组”组长张润秋穿着干净整洁的制服微笑着来到周洪转面前，为她送上一杯温水，一系列贴心的服务让她心里充满了温暖。

服务组从旅客需求出发，开辟出老幼病残孕重点旅客爱心候车专区、润秋服务台、儿童娱乐区和独立的母婴哺乳室，先后添置了大黄页、放大镜、玩具、爱心小推车、工具箱和小药箱等，还增设了为旅客送水、送药的流动服务车，只要旅客能用到的设备设施应有尽有。服务组先后开设“润秋热线”“润秋博客”“润秋微博”，创新开展预约服务、咨询服务、引导服务、“站车”联动服务等爱心服务，总结提炼出高铁车站“六式六心”服务法，为不同群体的重点旅客提供“私人定制式”专属服务，实现了让旅客体验更美好的目标。

闪光的印迹：在感动旅客中升华自己

一次，一位60多岁的老大娘哭喊着朝润秋服务台跑来，张润秋见状急忙上前安抚并询问情况。原来，老大娘是来京接10岁且患有自闭症的孙子回天津的，可稍没留意，孩子就不见了。张润秋听后立即根据孩子的体貌特征，用对讲机联系广播，组织大厅和站台工作人员帮助寻找。一番寻找后并没有发现孩子，老大娘急得号啕大哭，张润秋心里也焦急万分。她一边安慰老人，一边分析，觉得孩子很有可能是跟着检票人流上了车。她与刚出发列车的列车长取得联系，请求帮助。经过列车工作人员的仔细寻找，终于在列车到达天津站前找到了孩子。张润秋请列车长安排折返列车把孩子送回北京南站。1 小时 20 分钟后，从列车长手里接过孙子时，老人一把抱住孩子老泪纵横，一旁的张润秋也禁不住掉下了眼泪。

一名军人旅客从秦皇岛坐车到北京南站换乘去福建，到达南站才发现车票丢失，无奈中来到服务台向张润秋求助。张润秋了解情况后，想了很多办法为军人旅客找到了丢失车票。军人十分感动，在踏进车厢的那一刻，向张润秋敬了一个标准的军礼。

这些故事，都是张润秋职业生涯中的一个个闪光点。张润秋说，服务旅客、为旅客排忧解难的同时，自己也无时无刻不被感动着。

如今，成为北京南站售票车间党支部书记的张润秋，正在努力把每一个售票窗口都打造成具备最美铁路人风采和润秋精神的品牌窗口。让更多的旅客从“走得了”到“走得好”，让他们在北京南站体会到家的温暖，是张润秋不变的追求。

（执笔：赵思远　供图：彭程）

常洪霞："大1路"最美驾驶员

常洪霞，女，1978年1月出生，中共党员，北京公共交通控股（集团）有限公司第四客运分公司第一车队驾驶员，技师。曾获全国劳动模范、全国交通技术能手、北京市"青年岗位能手"等荣誉称号和全国五一劳动奖章。

1路是新中国成立后北京市最先恢复运行的公交线路之一，被首都市民亲切地称为"大1路"。在许多人心中，"大1路"就是北京公交的代名词。帅气地开着公交车行驶在首都宽阔的马路上是常洪霞儿时就有的梦想，而当上"大1路"公交车驾驶员，对常洪霞来说更是一种莫大的荣耀。

从一到冬天就冻手尖、脚尖、鼻尖俗称"冻三尖"的黄河通道车，到扮靓中华第一街的纯电动通道车"中国红"，常洪霞在一线运营服务的岗位上，一干就是21年，安全行车近50万千米。如今，她是"大1路"全国级"青年文明号"车组组长，被誉为全国"十大最美公交司机"。

百姓出行的贴心人

作为"大1路"驾驶员，特别是一名女驾驶员，每天驾驶着长达18米的通道车穿梭于长安街上，需要更加辛勤的付出。常洪霞不仅要练好技术，还要用心服务，安全行车，“稳”字当头。她处处留心、细之又细、苦练本领，哪怕是踩刹车的动作都潜心研究，反复测试。她对1路全线的55个路口和28个红绿灯如数家珍，练就了“算红绿灯”的本领。每当她驾车平稳滑行到路口时，红绿灯总是由红变绿为她“让路”。经常有乘客微笑着对她说“你开车真稳”“坐你开的车真舒服”。她总结出“一静、二稳、三让、四心”安全行车法（一静即冷静，无论天气怎样变化，道路交通怎样复杂，都要保持良好的心态、冷静的头脑，准确判断、措施果断、以慢克乱；二稳即起步停车稳，中途行驶稳；三让即你抢我让，你违章我让，空当小我让；四心即地静人稀要小心，拥堵路段要耐心，通过路口要细心，服务乘客要热心）。她驾驶的车，老人起身不晃，年轻人走动不摇，孩子喝水不洒，乘客们都能感受到“稳稳的幸福”。真情服务，见微知著。追求完美的常洪霞永远不满足于现状，她把服务做到极致，想乘客之所想，急乘客之所急，不仅满足乘客日常需求，还针对乘客的“特殊需求”，提出了“十心实意”服务法（十心即同心、关心、精心、热心、耐心、虚心、爱心、恒心、信心、忠心），并通过一个个创新举措将“十心”理念、“实意”服务落地，打造有品质、有温度、有真情的公交服务。常洪霞捕捉到乘客需求的小细节，在车厢中设立“暖心箱”，为乘客提供充电宝、方便袋、纸巾、免洗消毒液、口罩、一次性手套等20余种应急物品，让乘客感受到“暖暖的幸福”。为此，常洪霞收获了一个“粉丝团”。他们经常乘坐她的车，并亲切地称她为“暖心姐姐”。

团队创新的引领者

2010年，常洪霞参加了北京市总工会举办的第一届职工职业

技能大客车专业比赛。从8000多名选手中脱颖而出，她最终成为前10名选手中唯一的女选手，从一名中级驾驶员直接晋升为高级驾驶员。

2014年，常洪霞加入1路“创新工作室”，并成为骨干队员。2019年，常洪霞接过1路车队“创新工作室”的大旗，成为“洪霞创新工作室”的领头人。秉承“传承—创新—超越”的理念，她以“小发明、小创造、小革新、小设计、小建议”为突破口，带领工作室成员，围绕生产经营中的热点、难点以及企业改革发展的重点工作创新攻关，研发出防冻液加注机、过滤水再利用装置、公交车玻璃封窗器等7项成果，完成导游式服务、文明行车语言、安全行车四步法等10余项课题，多项创新成果在公交系统推广应用，提升了公交行车安全和服务水平，累计为企业节省开支300余万元。

围绕“接诉即办”，她提出了“让服务在线”的工作理念，设计开发了“电子意见箱”，乘客可随时用手机扫描车厢中的二维码提出意见建议，工作人员第一时间处理反馈，高效精准地实现了“民有所呼，我有所应”的社会承诺。

安全文化的传播人

如今，作为岗位建功、逐梦奋斗青年代表的常洪霞，已经成为享誉公交系统内外的“宣传大使”。她是全国劳动模范，也是北京交通广播电台的“安全宣传大使”；她是北京市“青年岗位能手”，也是北京交通运输职业学院的校外德育辅导员。她先后加入北京市交通委“绿色出行　畅通北京”交通宣讲团、全国公交劳模宣讲团等，向交通人和乘客传递北京公交的企业文化和时代精神。2019 年，她受邀参加了国务院新闻办公室举办的“‘五长’说交通　共话 70 年”中外记者见面会，讲述北京公交故事，畅谈北京公交发展变化。多年来，常洪霞累计宣讲 140 场次 200 余小时，生动地展现了新时代北京交通人的风采。

（执笔：黄晨）

王琳娜：候车室里最美的微笑

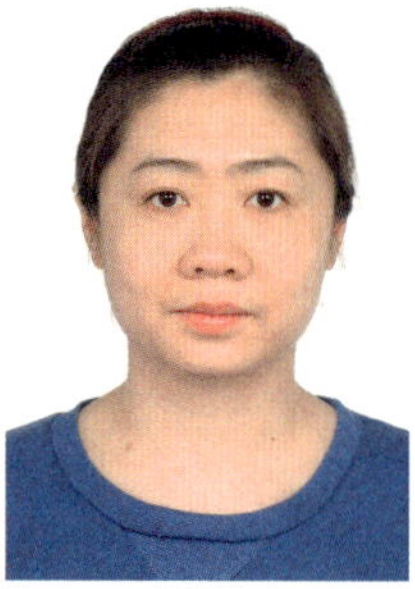

王琳娜，女，1983年1月出生，中共党员，中国铁路北京局集团有限公司北京西站客运车间业务指导，技师。曾获全国劳动模范、全国铁路劳动模范等荣誉称号和全国五一劳动奖章、首都劳动奖章。

王琳娜2002年8月参加工作，一直在北京西站036爱心候车室从事重点旅客服务工作。多年来，她在客运服务中秉承036“诚心待客、热心服务、真心助人、实心爱岗”的“四心”精神，用真诚赢得了旅客的赞誉，用业绩获得了干部职工的一致肯定。

寻幽入微工作，传承品牌精神

036原是20世纪70年代北京北站客运服务员李淑珍的胸牌号，李淑珍以真心待客、热诚服务赢得了广大旅客的认可和赞誉，036号码也在旅客中盛传。1995年，第二代036客运服务员、北京市劳动模范宋敏娟从北京北站调到北京西站工作，带来了036服务的好传统、好作风和好方法，使036精神在北京西站生根发芽，036候车室也因此命名，一代代的036人不断完善服务方法，将036精神薪火相传。

王琳娜是036精神的第五代“传承人”，这个身份对她而言不仅是一份荣誉，也是一种责任。

相从勉讲学，事业在积累。身为共产党员，王琳娜明白只有保持清醒的政治觉悟，努力加强理论学习才是做好客运工作的根本。“要做好服务工作就得把旅客放在心上，旅客的事即使再小也是大事。”师傅王凤莲挂在嘴边的这句话王琳娜牢记心底。18 年来，王琳娜坚持微笑服务、温暖服务的工作标准，以学问思辨的态度认真学习，使自身素质、服务水平节节攀高。她先后荣获“全国五一劳动奖章”“全国铁路劳动模范”等多项荣誉。

王琳娜不断扩大 036 品牌辐射作用，把精神注入品牌，让品牌引领服务工作。她制定 036 班组岗位作业指导，提高了本班组职工间工作配合度；改进班组工作机制，提高人员利用率，使接送重点旅客的数量由每班 70 多人次上升至平日每班 100 多人次、高峰期每班 150 余人次；参与改进扶梯盯控人员呼唤应答机制，有效解决了盯控难题。在她的带领下，036 班组获得“北京市劳动模范集体”“全国巾帼文明岗”等荣誉称号，所带徒弟有 10 多名获得集团公司级“服务明星”“先进个人”称号，为全面提升班组服务质量作出了突出贡献。

用科技带动效益，探索创新服务模式

“有困难找 036”，是北京西站 036 客运服务向广大旅客作出的郑重承诺，其爱心帮扶的品牌形象已深入人心。

加强品牌建设必须做到与时俱进，王琳娜带领班组成员探索多种创新型服务模式：建立北京西站微博特殊旅客预约窗口，推送 036 微博，解答旅客疑难问题，并在北京西站公众微信号中加入 12306 特殊旅客预约菜单，方便旅客进行特殊情况预约。同时，推出服务反馈卡，形成旅客服务的闭环反馈机制。窗口自设立以来，共接受重点旅客预约工单 8000 余次，得到社会各界的充分肯定和主流媒体的广泛宣传。

创岗建区干在前，从实做细争先锋

王琳娜工作的036候车室，是北京西站老幼病残孕等重点旅客专用候车室，要求高、任务重、责任大。工作中，她始终走在前、干在前，凭借满腔热情和无私奉献，为每一位旅客送去温暖与关怀，被广大旅客称为“爱心天使”。“不忘初心，牢记使命，交通强国，铁路先行”这一信念不仅被王琳娜铭记在心里，更体现在她的行动中。

2018年1月22日，王琳娜接到G666次列车的求助通知。一名出生13天的小婴儿患有先天性心脏病，必须使用电动制氧机才能维持生命，下车后，需要在断氧5分钟之内，从列车上护送到广场的救护车上，否则婴儿将有生命危险。接到通知后，王琳娜一边安排候车室跑得最快的小伙子去接旅客，一边提前到北广场接应救护车，为婴儿开通绿色通道，在列车到站、制氧机断电后不到3分钟的时间里就安全地将婴儿送上了救护车。

这样的爱心坚守，在王琳娜的日常工作中不胜枚举。

王琳娜通过创建036售票窗口、036爱心通道、036服务台等载

体，心系旅客、冲在最前，形成了以点带面、比学赶帮的良好态势，大力提升了北京西站客运服务水平。为强化对特殊旅客的服务，她积极创新管理手段，从实做细，尽职尽责，真正做到把“勤微

笑、勤问候、勤观察”的“三勤服务法”落实到细节，将“一扶、二问、三引导”的“全程服务法”贯穿于始终，切实关爱每一个需要帮助的旅客，实现了大厅迎送引导、重点旅客登记、特殊需要预约、英语哑语双语服务、接力式畅通服务等工作的制度化、人性化。

新冠肺炎疫情期间，王琳娜主动请缨、冲锋在前。总结在非典工作中的预防经验，监督保洁人员对候车室设施定时消毒、督促班组职工落实设备“一客一消毒”制度、严格盯控换乘旅客测温，发现问题第一时间报告，第一时间阻隔传染源，保障乘车旅客安全。发挥“王琳娜创新工作室”作用，根据车站实际编写疫情防控宣传手册，免费发放给过往旅客。她经常利用工作间隙巡视检查重点候车区、轮椅等设备的消毒情况，排查薄弱环节和安全隐患，全力打好抗击疫情阻击战。

20年如一日，王琳娜将力量奉献给班组，将爱心奉献给旅客。不忘初心，紧跟党走，她用实际行动诠释了共产党人的信仰；提升能力，服务好广大人民群众，她在为人民服务的路上一往无前；真心奉献，敢于担当，她用爱心架起了铁路工作者与旅客之间信任、理解的桥梁，让客运员这一平凡岗位变得不平凡。

（执笔：宋濛）

张义标：为首都奉献的最美快递员

张义标，男，1987年2月出生，中共党员，北京顺丰速运有限公司快递员。曾获全国劳动模范、“2018年北京市社会好人榜”年榜人物等荣誉称号和全国五一劳动奖章、首都劳动奖章。

在2020年全国劳动模范名单中，有一位“80后”快递员，他叫张义标。他还获得过首都劳动奖章、北京榜样提名奖和全国五一劳动奖章。提起获得的各种荣誉，张义标说：“这些既是荣誉，也是一种责任，更是一种动力。这些荣誉最大的意义，就是要更严格地要求自己，做一些正能量的事，激励身边的人，影响身边的每一个人。”

刻苦钻研业务，勤奋铸就精英

2015年3月，只有高中文化程度的张义标入职顺丰速运，成为一名普通的快递员。为了弥补自己学历的不足，他勤学上进、刻苦钻研，仅用了一个月的时间，便熟悉了公司的电脑等各项终端操作设备及业务推广技能。2015年至2017年，他一直荣获公司快递操作零失误奖励、新业务推广奖励以及快递收派实名认证百分百等多项奖励。看到张义标对工作的无限热爱和执着，公司将他从一线快递员晋升为管理层面的仓管员，完成了从一名普通外来务工人员到基层管理者的岗位蜕变。

张义标诚实朴素、淳朴厚道、团结同事、乐于助人，深得网点员工信任，是大家的知心人。快递行业收派业务高峰时期，张义标利用自己的休息时间给大家做饭，让一线小哥及时补充体能，更好地服务客户；他帮扶网点家庭困难员工，积极向公司提出申请，帮助他们渡难关，使广大职工感受到了同事的团结互助。

热心公益事业，善良传递真情

2016 年 10 月，张义标在派送快件时，遇到了一位独居的孤寡老人。因做过脊椎手术，老人半边身体瘫痪，行动很不便，生活起居非常困难。老人窘迫的生活现状，深深地触动了乐于助人的张义标。自 2016 年起，他一直默默照顾这位孤寡老人，就连老人的家人都不知道。送快递是张义标的本职工作，照顾孤寡老人是他的善良举动，他用实际行动向社会践行了“老吾老以及人之老”的真情。当他的善举被公之于众的时候，感动了全网 40 万顺丰人，2018 年公司年会上，顺丰总裁王卫为张义标颁发了“社会责任奖”。

张义标热心于公益事业。2018 年 5 月，他报名参加了“顺丰莲花助学，爱在路上”壹点公益基金活动，克服恶劣的天气和环境影响，前往位于甘肃偏远贫困山区的 6 个家庭进行走访。当张义标走进困难家庭时，映入眼帘的是破旧的房屋、孩子们渴望的眼神和家长们期盼的目光。看着这一切，张义标更加坚定了自己的公益梦想，他希望用自己的一点点力量来帮助这些家庭的孩子。此后，张义标坚持走在公益的一线，深入基层，不惧艰苦，为他人送去温暖。通过参加公益活动，张义标提升了服务社会的思想境界。2018 年 5 月 4 日，张义标向党组织递交了入党申请书，志愿加入中国共产党，期盼早日成为一名光荣的共产党员。“为什么入党？”对他而言，就是要求自己不断提升素质，能做更多的公益，能服务并帮助更多的人；就是要坚定信念，紧紧跟着党走，实现自己的人生价值和追求；就是为党的事业，奉献出毕生的精力。

传播榜样的力量，牢记初心使命

作为顺丰快递的一名普通员工，张义标凭借着刻苦钻研、勇于攀登的求知欲望和脚踏实地、兢兢业业的做事态度，创造出在部门内名列前茅的业务水平，为身边的人起到了非常好的模范带头作用。张义标有着高度的协作精神和团队意识，在完成本职工作的同时，还把自己的工作经验毫无保留地传授给其他同事，提升身边同事的业务能力，得到公司领导和同事的一致肯定和好评。

2019年10月1日，张义标荣幸地代表全国快递业300多万快递小哥参加了新中国成立70周年庆典活动。作为一名快递行业的普通员工受邀成为观礼嘉宾，他是那么荣幸和自豪！这不仅是他个人的荣誉，也是整个快递行业劳动工人的荣誉。典礼正式开始、国歌响起的那一刻，张义标热血沸腾，民族自豪感充满全身。受阅部队铿锵的步伐，机群飞过的宏伟场面，令他激动地流下了热泪。张义标深切感受到祖国的强大。参加新中国成立70周年盛典，是他终生难忘的记忆。

2020年的春节，由于新冠肺炎疫情的突袭，这

个节日变得十分特殊。作为一名预备党员和优秀职工代表，张义标主动承担党组织、各级领导分配的各项工作任务，坚决服从公司指挥，大年初五就放弃未休完的假期，返回工作岗位，主动冲到防疫第一线，为辛勤忙碌的快递小哥提供后勤服务。

受疫情影响，原本有35名快递员的网点当时仅有12人在岗。收送件量不断上升，每名快递小哥每日送派量高达200件左右，收件量也在100件左右，同比增加了3倍以上，一线快递员的工作量大大增加。为了保障同事高效开展工作，张义标每天7点钟就早早到岗，对场地和操作设备进行全面消毒，并准备好口罩、体温计、手消液等抗疫物资。待快递小哥上岗后，逐一对他们进行体温测量和登记，并不断叮嘱大家勤洗手、勤消毒、戴口罩。他还为每一位到网点自提快件的客户做好取收快件服务，对每个进出件做好消毒工作，并向客户进行疫情安全知识宣传。无论面对多少困难，张义标始终不忘初心、牢记使命，始终坚守在岗位上。长时间没有回家的他无暇顾及妻子和年幼的孩子。他心中只有一个信念：疫情期间，防疫工作一刻也不能放松，抗击疫情就要不畏艰险，冲锋在前。

（执笔：耿天成）

吴喜军：首都公路守护者

吴喜军，男，1976年12月出生，中共党员，北京首发公路养护工程有限公司第一养护管理中心维修班班长，高级技师。曾获全国劳动模范、全国优秀农民工、全国交通技术能手、北京市劳动模范等荣誉称号。

吴喜军是首发公路养护工程有限公司第一养护管理中心维修班班长。23年来，不畏寒暑，坚守在高速公路养护抢险一线，为群众平安出行保驾护航；创新升级“伸缩缝微创法”“清障五步工作法”等技术工法，将养护效率提高了10倍，解决了一大批道路养护难题；自主研发的吊装融雪剂操作平台、组合式机械化边沟清理套装等设备，大多在业内处于领先水平，为首都公路运输事业作出突出贡献，被誉为“首都公路守护者”。

“风里来，雨里去”，守护群众出行安全

吴喜军农民出身，原是一名道路保洁员。随着北京公路体制改革，他被选调进入首发公路养护工程有限公司道路维修班，跟着师傅学习道路维修技能。刚接触技术工种，吴喜军感到很吃力，但是他吃苦耐劳、踏实肯干、积极进取。他在公路病害修复现场忙碌穿梭，和工友们推着沉甸甸的无尘切割机、沥青洒布机等，精心修补破损路

面；大雨滂沱时，他们挥动铁锹疏通涵洞、清理水沟；暴雪突至时，他们驾驶铲雪车连续工作十几个小时，甚至连上个洗手间都要一忍再忍……就这样，吴喜军练就了一身道路维修本领，还考下了焊工操作资格证，实现从农民向技术工人的转型。

在北京 18 条高速公路上，以吴喜军为代表的道路养护人年均检测高速公路总里程 7000 余千米、桥涵 2200 余座、隧道 38 个，修复 400 余千米。为当好群众出行的安全“保卫员”，吴喜军 23 年如一日，每天在高速公路上巡查，既是“环境美容师”，将高速公路清理干净，又是“公路医生”，巡检桥涵，发现道路病害、修补路面坑洞等。对他而言，“风里来，雨里去”是家常便饭。2005 年 7 月的一场暴雨过后，北京西五环衙门口桥积水严重，他主动穿上防护装备，跳进齐腰深的水中，摸索前行 300 多米，把排水口的遮挡物清除干净，根治了积水问题。

敢“啃硬骨头”不断突破，把难点变亮点

高速公路养护技术和管理的升级换代日新月异，在吴喜军看来，为了群众出行安全，养护技术工人要有“啃硬骨头”的精神，不断突破前沿技术。近几年，“吴喜军公路养护工首席技师工作室”“吴喜军劳模创新工作室”相继成立，吴喜军既是团队带队者、核心技术骨干，也是技术工人的教练员。

吴喜军带头发明完善的“伸缩缝四步十八要点施工法”，将以往 20 多个小时才能完成的工作缩短到两三个小时，维修效率提高近 10 倍；针对桥梁方钢护栏支座螺栓极易生锈的问题，他跳出传统方式，采取喷洒特殊除锈剂的办法，让作业效率提升了 4 倍以上；他发明的“安装伸缩箱维修桥梁伸缩缝钢轨断裂技术”，不仅有效地解决了病

害，还节约了70%的维修费用；他利用雨刷器工作原理制作的“摇旗机”，极大地降低了养护作业人员占路作业的安全风险；研制出的吊装融雪剂操作平台，防止了吊装融雪剂时人员不慎坠跌事件发生；简易箭头灯、桥梁伸缩缝止水带剔除机等被北京高速公路养护系统广泛应用，累计节约养护费用1000余万元。

吴喜军带领创新团队坚持以问题为导向，以首发公路工程师学院为平台，推进校企合作技能革新，形成了一支学习型、知识型、创新型管理团队，全方位提升了道路养护质量。他们自主研发的道路作业车辆碰撞预警装置、灯杆粉刷机器人、组合式机械化边沟清理套装、全自动移动式导改区等项目，先后获得20余项实用型专利、5项发明专利。

只争朝夕加油干，不负韶华再出发

在国家公路大检查、“一带一路”国际合作高峰论坛、庆祝新中国成立70周年等重大活动保障工作期间，吴喜军带队连续24小时保障备勤值守；在新冠肺炎疫情防控期间，吴喜军带头坚守岗位，制定疫情防控“一闻、二查、三问、再叮嘱”工作法，以实际行动鼓舞着首都公路养护人献身岗位、奉献社会。

“许许多多无怨无悔、倾情奉献的无名英雄，他们以普通人的平凡书写了不平凡的人生。”国家主席习近平在2020年新年讲话中，用温暖的话语鼓舞着无数像吴喜军一样的时代奋斗者，他们用汗水浇灌收获，以实干笃定前行，用自己的点滴奉献，汇聚成决胜小康的磅礴力量。

面对新时代新征程，吴喜军信心满满。撸起袖子加油干！他常说：“我为养护作业工作感到光荣！我要尽全力为首都养好每一条路，让这些路成为老百姓的幸福路、安全路、小康路！”

（执笔：梁怡）

吕锦叶：加油站的“金字招牌”

吕锦叶，女，1972年9月出生，中共党员，中国石化销售公司北京石油朝阳分公司十里河加油站站长、朝阳分公司第二党支部副书记（兼），高级技师。曾获全国劳动模范、北京市优秀党务工作者、北京市劳动模范等荣誉称号和全国五一劳动奖章。

从2004年来到中石化加油站，吕锦叶兢兢业业扎根基层，18年来坚持奋战在加油站一线，她带领十里河加油站全体员工以优质、便捷、高效的工作服务着来往客户，打造了中国石化服务窗口的金字招牌。

勤奋学习，不断提升自我

工作伊始，吕锦叶发现，在向顾客提供服务时，尤其是在向顾客推荐新业务、新商品时，顾客总是向她提出不少问题。通过观察，吕锦叶发现，顾客是否愿意体验新业务、新商品与服务人员的回答有着密切的关系。回答问题时能贴近顾客需求，顾客的购买欲望就强烈；相反，回答的不能令顾客满意时，顾客的购买意愿就大大降低。为能够做到有问必答，使顾客满意，做员工的榜样，吕锦叶认真学习油品、非油品、顾客心理、营销学等知识。用她自己的话说：“学习不仅丰富知识，还能提高自身能力和素养。”

作为站长，她熟练掌握油品常识和最新的营销理论知识，成为满腹经纶的加油站通。她还利用班前会、站务会时间组织员工学习，亲自讲授销售技巧、油品知识、安全常识等，将自己的所学和工作经验生动地讲解给员工，把工作技能和油站知识传递给每位员工，不仅提高了员工业务技能和服务水平，加油站的经营管理也得到进一步提升。

严格管理，铸就金字招牌

多年的站长从业经验告诉吕锦叶，加油站管理不能有一丝马虎，只有严格执行规章制度，才能保证各项工作的有序进行。

工作中，吕锦叶是个严肃认真、一丝不苟的站长，在制度面前她不讲面子，不走过场。一次，一个班组未进行卫生交接工作就下班了，吕锦叶对该班组人员进行了严厉批评，并责成其完成卫生工作。事情虽然不大，但是通过这一次，站里没有再出现过卫生不交接的情况。在每次站务会上，吕锦叶都要带领大家学习规章制度，讲解现实案例，让员工明白遵章守纪的重要性。正是严格的管理，使得十里河加油站的管理水平始终位于分公司前茅，顾客对该站的管理也是赞不绝口。

作为一线服务窗口，十里河加油站地处繁华地段，客户多、车流量大，这就要求不论是油品、非油品的现场服务和销售，还是加油站站容站貌、货品摆放等，各项工作都不能有疏漏。为了保证加油站现场服务水平，吕锦叶每天盯现场，亲自示范，有了站长的监督和亲自示范，员工的服务水平和现场开口营销能力显著提升。吕锦叶处处从实际工作着手，对场地人员安排，车辆引导、停放等每个细节都仔细斟酌，力争发挥最大效果。她合理调配人力，在繁忙时段安排专人指挥车辆，确保加油站现场不拥堵。正是人性化的服务和细致入微的管理，十里河站得到客户的广泛好评。

打造“家文化”，营造和谐氛围

员工们在十里河加油站工作和生活，当好员工的大家长可不是简单的事。吕锦叶说：“我在这里工作，这里就是我的家，作为家长我要把这个家撑起来，让员工都喜欢这个家。”她说到了，也做到了。

十里河加油站在北京石油倡导的“3+3 家文化”建设中一马当先。关爱员工方面，吕锦叶在坚持开展“五必谈、五必访”“六个一”的基础上，坚持“五公开”“五经常”“五增强”“五小聚”，让员工充分感受到家的温暖和来自企业的关怀。加油站绝大多数是外地员工，新员工到站，吕锦叶亲自讲解工作职责、安全要求，了解其家庭情况，指定经验丰富的老员工带领新员工，让其顺利度过实习期，进入工作角色。吕锦叶定期与新员工的家人沟通情况，使家人放心、员工安心。谁的衣服破了，她就帮忙缝缝补补。员工过生日，她就会送上一个大蛋糕，组织站里员工一起给他过生日。加油站里氛围融洽，员工对企业满意度不断提升。

党建引领，发挥带头作用

作为一名基层党务工作者，吕锦叶带领朝阳分公司第二党支部围绕党建质量提升目标，在政治引领、责任担当、经营发展等工作中想在前、干在实、求进步。

党支部坚持抓好“三会一课”制度，让党员大会、党课流动起来，开到加油站工作现场，开到一线党员身边，让组织生活离党员更近。党支部注重发挥党员先锋作用。党支部辖区博大路加油站在降价初期，因受到人员用工的制约，影响到经营和服务。收到问题反馈后，吕锦叶组织支委商量，决定由辖区党员和优秀员工到站帮忙疏导车辆、推广“易捷加油”注册。方案发布后，得到积极响应，党员争先恐后要求参与。在博大路加油站降价期间，通过党员到站帮扶，加油站的客户服务满意度提高，销量增速显著。

在庆祝新中国成立 70 周年期间，吕锦叶坚守在一线岗位，放弃休息和陪伴家人，带动辖区各站党员坚持 24 小时值守，每天对加油站设备设施进行安全检查和隐患排查，不放过任何细小环节，用行动保障加油站的安全。在全国人民抗击疫情的关键时期，吕锦叶充分发挥党员先锋作用，坚守岗位，严格落实防控措施，周末加班加点值守在一线，把初心和使命落实到“为美好生活加油”的生动实践中。

（执笔：孙越）

任素永：扎根交管事业　书写无悔人生

任素永，男，1973年5月出生，中共党员，北京市公安局公安交通管理局中心区交通支队副支队长。曾获全国劳动模范、北京市优秀共产党员等荣誉称号和全国五一劳动奖章、首都劳动奖章，荣立个人一等功一次。

他是那个总是带着微笑、颇有耐心的交警，他是那个在早晚高峰执勤时总是小跑、汗水湿透衣背的交警，他是那个冒雨执勤、帮助司机更换轮胎的交警。他是劳动模范，用实际行动诠释扎根首都交管事业的春夏秋冬；他是人大代表，每一年的市人代会上，都会有“金点子”频频亮相。他，就是人民交警任素永。

坚持精确指导，致力疏堵治堵

1998年，任素永在崇文门三角地站岗执勤的时候，总结出了“四勤四看”指挥法，一班岗打6000多次手势，喊3000多句话，来回跑动近10千米。通过跑步指挥，变换执勤位置，控制多处车流交叉点，路口交通拥堵得到了很大缓解。他，被群众誉为“活的红绿灯”。

2004年，北京市提出“改善交通‘微循环’，重点整顿崇文门路口等交通拥堵点段”。任素永思索着自己怎样为改造路口贡献一份力量。经过近两个月的调查、学习、研究、规划，他对路口规划提出了

9 项改进建议，最终有 6 项被采纳。特别是经过认真调研后，他提出了铲平 111 路、108 路电车总站外的隔离带，增画一条出站电车专用车道的建议，建议被采纳后，一度困扰交管部门的电车出站问题得以解决，提高了由南向北车辆的通行能力。崇文门路口改造后，交通流量提高了 11%，交通事故下降了 24%。

2006 年，受相邻道路的影响，崇文门外大街由南向北机动车交通流量持续增加，高峰时达到每小时 3080 辆。任素永和战友们从查找“堵源”入手，从交通设施、信号灯配时等方面挖掘潜力，对崇文门路口和三角地路口采取削减绿地、变更护栏、重新施画标线、更新标志、增设两条机动车道、增设电子监控设备、调整信号灯配时等措施，使崇文门路口每小时南北向放行率提高了 17%，拥堵报警率下降了 34%。

坚持扶危助困，热心帮助困难群众

工作中，任素永牢记全心全意为人民服务的工作宗旨，认真对待困难群众，及时扶危助困，体现了当代人民警察亲民、爱民的良好品质。

一次高考时，正赶上下雨，又逢周一早高峰，给许多考生赶考带来了不便。任素永在前门东站上完勤务刚要离开，一个女孩向他跑过来：“叔叔，我要到 15 中参加高考，已经等了 20 分钟都打不到车。”她的母亲一直站在路边冒雨打车。眼见一辆辆出租车都是客满，母女俩急坏了。任素永立即通过手台向支队请示，获批后，他迅速让母女俩坐进警车，开启警灯，急速向学校驶去。将母女俩准时送到考点后，小姑娘边跑向考场边向他道谢。事后，小姑娘和她母亲专门将一面写有“热心相助，重在解难”的锦旗和一封感谢信送到交警大队领导手中，对任素永热心相助、护送考生的行为表示感谢。

由于工作成绩斐然，任素永不仅走上了新的岗位担任北京市交管局中心区交通支队副支队长，还被选举为北京市人大代表。在北京市人代会上，身为交警的任素永围绕着交通、交管话题，带着议案上会。他建议北京市应进一步推广“社区交警”，帮助解决居民“家门口”的交通问题；他建议充实首都交警铁骑队伍，实现交通警情的快速响应；他建议关注人民警察权益保护；他建议持续开展“文明驾车，礼让行人”社会化宣传活动……一份份沉甸甸的议案，体现了他肩上的使命担当。

任素永说，人大代表是一个光荣的称号，更意味着一份沉甸甸的责任。人大代表要依法履职、担当作为，在宣传党的路线方针政策和宪法法律、反映人民群众呼声愿望要求、推动经济持续健康发展和维护社会和谐稳定等方面，发挥重要作用。任素永依法履职、担当作为，深入基层，走近群众，了解基层的真实情况，把握人民的真实需求，摸准真实问题，充分发挥人大代表了解民情、反映民意、汇集民智的作用，提出了许多有现实针对性和可行性的高质量议案。

坚持勤政务实，严格落实“一岗三责”

工作中，身为北京市交管局中心区交通支队副支队长的任素永，严格落实“一岗三责”，严格履行廉洁自律各项规定，树立正确的权力观、政绩观、利益观，坚决做到不该拿的不拿，不该用的不用，不该收的不收，不谋私利、不搞特权，树立了党员领导干部的良好形象。特别是冬奥安保期间，他充分发挥党员领导干部顽强拼搏的优良传统和无私奉献不怕吃苦的优良品质，严格落实“四个在一线”要求，主动为交警替班替岗。冬奥会开幕式当天 8 点，任素永便到达长安街执勤点位，为参加开幕式活动的内外宾做交通服务保障工作，直至 23 点开幕式结束，内外宾全部安全抵达住地，他才返回单位休息。在极寒天气中连续奋战 15 个小时，他用实际行动体现了舍小家、顾大家、无私奉献、顽强拼搏的优良传统。

在分管的一、二中队，任素永围绕“发展抓党建，党建促发展”的思路，把党建工作摆上重要位置，狠抓党组织建设和廉政风险防控，与中心工作一起谋划、一起部署、一起考核。指导分管中队的党支部开展支部委员会、党员大会、战时党课、主题党日活动等 170 余场次，不断强化思想发动，激发队伍士气，提升队伍战斗力；组织中队支部开展对交警的家访、慰问等活动 80 余次；在每月听取分管支部对交警思想状况分析的基础上，利用工作中与交警共同执勤的时间，见缝插针与在岗交警进行谈心谈话 175 人次，全面深入了解队伍状况，进行正面引导，确保队伍始终保持最佳状态。

作为首都交警，任素永始终牢记“内宾面前代表首都，外宾面前代表中国”，严格落实“理性、平和、文明、规范”的执法要求，始终做到警容形象严整、指挥标准规范，主动为安保对象提供优质高效服务，积极回应社会群众期待需求，树立展现了首都交警的一流素质形象。

（执笔：闫长禄）

张惠领：守护群众平安的“神探亨特张”

张惠领，男，1962年7月出生，中共党员，北京市公安局海淀分局民警。曾获全国先进工作者、全国公安系统二级英雄模范、全国优秀人民警察、中国好人榜身边好人、北京市优秀共产党员、北京市先进工作者等荣誉称号。

2012年，电影《神探亨特张》红遍大江南北。其中，男主角“亨特张”的原型就是北京市公安局海淀分局“张惠领劳模创新工作室”的负责人张惠领。在30多年的警探生涯中，张惠领打掉了340多个犯罪团伙，抓捕了2800多个小偷。他是小偷们公认的“克星”，他被京城百姓誉为“神探”。数十年来，他带着“天下无贼”的梦想，成为警界传奇；他的传奇背后，是神圣的使命感在驱动。

创立“打击街头犯罪工作法”

“贼又不是傻子，等着你去抓。你想做好反扒工作，就得花时间去琢磨案子，把它的来龙去脉搞明白，才能知道怎么破案。”钻研案件这个习惯，是张惠领20世纪80年代末刚参加反扒工作时开始养成的。当时他什么也不懂，只是有着警察的情怀，就报考了北京市公安局海淀分局，成为一名人民警察。

彼时的西三环北路地区，几乎没有高楼大厦，大杂院多，人口构成也复杂，到处都是乱哄哄的。大杂院的门往往是开着的，公用的水龙头就在院中间，随便什么人都能进去喝口水。这种情况下，顺手牵羊的事也就少不了。小到锅碗瓢盆，大到自行车，物件被盗是常有的事。居民接二连三跑到派出所报案，张惠领一边记下案情，一边总结警情规律。白天他去现场勘查、巡逻反扒，夜里回到派出所反复翻阅案卷。有一次他跟踪一个贼，走了近 30 千米的路，人都快虚脱了，直到人赃俱获才肯罢休。他甚至还曾在跟小偷搏斗的过程中伤了左踝骨，导致骨裂。

2003 年，张惠领担任双榆树派出所便衣探组探长。他认真分析犯罪规律、特点，找准重点发案区域、时段，强化地区阵地控制，采取弹性工作方法重点巡逻布控，使防范压力巨大的派出所辖区拎包扒窃案件明显下降，治安状况有了明显改善。工作中，张惠领摸索出了一套行之有效的“打击街头犯罪工作法”，不仅成为海淀分局一线民警培训教材，而且作为典型经验推广到全市。从业以来，张惠领铺开的那张法网总共抓捕了 2800 多个小偷，打掉 340 多个犯罪团伙。最多的时候，他一个月抓了 24 个小偷，几乎成了反扒界高产的“劳模”。“爱民模范”之类的奖杯摆满一张桌子。他的故事在 2012 年被知名导演高群书拍成电影《神探亨特张》，人们从银幕上领略了这位普通人民警察的职业追求。

带病工作，只为群众平安无忧

张惠领患有哮喘病、糖尿病、高血压。出警时他总带着治疗哮喘的喷雾药剂——喘不上气的时候就对着嘴里喷几下。他还随身带有降压药、降糖药，每次抓捕时都是冲在最前面。他对联防队队员说：“我是警察，是老大哥，我先上！”便衣探组成员没有一个人受伤，而他本人却多次受伤。由于严重的糖尿病，他腿上的伤一直很难痊愈，伤痕斑斑点点。一次抓完盗窃嫌疑人回所审问时，他哮喘病突发，幸亏战友发现及时把他送到医院救治。此后不久，他又一次病倒在岗位上——肺内感染出血，高烧达 41℃，再次被送往医院抢救。然而，术后未愈，这个老警察、老共产党员，又出现在便衣打扒的最前沿。

一次媒体网络访谈中，网友问他为何对抓贼那么执着，张惠领说："我最看不了百姓钱被偷后的眼泪，滴滴都像剜心一样。这辈子我就和打扒拗上了，为的就是让百姓不哭！"愿天下无贼，这是一个普通首都公安民警的梦想和追求。

做好传帮带，发挥牵动引领作用

2014 年 6 月，张惠领编写了培训教材《派出所便衣打击组工作之街头拎包扒窃案件打击技巧》。

扒窃拎包违法犯罪嫌疑人，上身多穿干净整洁的休闲装或运动服装，下身多穿牛仔裤或休闲裤，脚上多穿旅游鞋或系带休闲鞋，结伙作案的违法犯罪嫌疑人穿着打扮往往相似。系带休闲鞋不仅跟脚而且便于得手后迅速逃离现场，注意鞋的特征有利于侦查人员及时发现并确认嫌疑对象，因为衣服常换而鞋不会常换……

一本厚厚的书，其中的每个技巧都是张惠领多年工作经验的总结。2015 年 1 月，张惠领"杰出民警工作室"成立。海淀公安分局在张惠领"杰出民警工作室”组织师徒结对仪式，张惠领与中关村大道沿线 7 个派出所的 10 名打击办案队副队长、青年骨干正式结成师徒，将 30 多年的工作经验传授给青年民警。

为了更直接地保卫百姓财产安全，张惠领建立了“中关村大道反扒志愿者联盟”微信群。群里有周边派出所便衣力量、社会志愿者、公安院校学生、媒体记者、被盗事主等各类人群，定期开展安全防范宣传和警民共建活动。

2016 年，“张惠领劳模创新工作室”成立，工作室会聚了海淀公安分局民警谭飞、“锁王”黄永强等各级劳动模范。他们进社区、进校园、进工厂……现场发放安全宣传防范资料、演示锁具选用技巧，并在安全防范座谈会上为群众讲述电信诈骗、入室盗窃、扒窃等社区高发案件的防范知识。

30 多年来，张惠领把群众安危装在心中，把自身安危置之度外。对张惠领来讲，力保一方平安，守护百姓安全，既是警察崇高的天职，也是一份难得的幸福。正因如此，当 2006 年辖区选举人大代表时，200 多位地区百姓联名要求提名张惠领；当 2010 年公安部开展全国公安机关爱民模范网络评选时，他获得了 320 多万张选票。2010 年，张惠领被公安部授予二级英雄模范荣誉称号、全国公安机关爱民模范。2011 年，张惠领荣获首届“我最喜爱的首都人民警察”称号，并荣获个人一等功。2012 年，以张惠领为原型拍摄的电影《神探亨特张》公映。2013 年 12 月，张惠领获得第四届首都道德模范提名奖，被评为 2013 年 CCTV 十大法治人物。2015 年，张惠领获得全国先进工作者称号。

（执笔：闫长禄）

王志勇：以“信”立身、以“访”济民的温暖法官

王志勇，男，1980年1月出生，中共党员，北京市海淀区人民法院综合审判庭负责人。曾获全国先进工作者、全国社会治安综合治理先进工作者、全国法院先进个人、全国法院国家赔偿审判与司法救助工作先进个人、北京市模范法官等荣誉称号。

法院信访部门处理的是诉讼程序已经走完、当事人仍然不服的案件，不仅难出成绩，且每天都要面对“负能量”，是年轻人一般不愿去的部门。作为一名“80后”法官，王志勇政治立场坚定，扎根最艰苦的基层法院信访岗位，一干就是10年，办理信访案件1000余件。他始终不忘初心、牢记使命，坚持“俯下身子接访、卷起裤腿走访”，走遍全国近30个省市区的140多个县市，真正用双脚践行群众路线。在化解信访矛盾的过程中，为法治护航、为群众解难，王志勇用奋斗谱写了一曲新时代的“青春之歌”。他的先进事迹多次被中央电视台、《人民日报》、《长安》、《法治日报》、《人民法院报》等媒体专题报道。

走进群众，崇法明理，法亦有情

办理信访案件，王志勇一直牢记习近平总书记“法安天下，德润人心”的教诲，既尊重事实和法律，又换位思考，将心比心，法理

情交融，用这把钥匙打开了一把把“心锁”。

信访人杨某与女儿早年因故生隙，矛盾不断，多次诉至法院要求女儿支付赡养费，并上访到中央政法委、最高人民法院。为了化解此案，王志勇四赴河北农村走访，钻树林、爬墙头，终于寻到躲在院中的老杨。他与老杨坐在院中促膝谈心，终于找到了老杨常年上访的心结——渴望亲情。他像对待父亲一样对待老杨，又用真诚帮助老杨父女融化了 20 年的情感坚冰——一家人其乐融融地在一起拍下了全家福。

王志勇办理信访案件一直坚持走群众路线，深入田间地头、坊间炕头。他认为，只有真正深入基层，与民交心，才能掌握案件的第一手材料，体味信访人的生活甘苦和心路历程，打通交流和理解的渠道，真正解决信访难题。

由于缺乏证据，陈某代 60 多个农民工讨薪的案件始终无法立案，为此信访 10 余年。为化解此案，王志勇于春节前赴山东临沂市两县的农村，冒雨挨家挨户走访了在老陈手下干过活的二十几个农户，了解了老陈垫付民工工资的情况，接着又马不停蹄在山东蒙阴县和北京两地间继续为其协调用工公司，帮助双方达成和解，并迅速落实了补偿事宜。信访 10 余年的老陈不仅彻底息诉罢访，还亲自给法院写了感谢信：

通过这件事情的经历，我老陈一定要重新认识我自己。人生路上要靠自己勤劳的双手去度过自己的一生……

勇于担当，持续创新，建章立制

王志勇在信访工作实践中大胆创立了信访“专办制”的全新模式，即信访案件不再转回原责任庭室办理，而是由信访工作部门主

动承担起案件的复查、化解、救助、终结等实质性工作。将“分散”办案变为“集约”办案，有效整合利用了信访工作资源。机制运行近 10 年来，化解了大量信访硬骨头案件，促成了海淀法院信访工作质的飞跃，使海淀法院荣获第二届“全国法治信访进步奖”，成为全国法院系统和北京市的唯一获奖单位。

以“专办制”为核心，王志勇总结创立了以“一种精神、两个理念、三项原则、四步技巧、多种方法”为主要内容的“一二三四多”信访工作法，这是一套从宏观到微观，立体、有机、极富实用性的信访工作方法。其中，“追击溯源”“以点带面”“以调代审”等 18 种化解方法受到中央政法委主办的《长安》杂志高度评价。这些工作法也随着他在国家信访局和北大、清华、人大、法大等高校及河北、福建、四川、安徽、新疆等各地党政机关的上百场授课传遍全国，成为北京法院在全国闪亮的一张名片。

2020 年疫情期间，他带领党支部一边支援社区、化解矛盾、捐款捐物，一边坚守岗位、创新工作方法，首创“云救助”模式，为疫情期间的困难群众及时送去温暖。

精准帮扶，热心公益，点亮希望

让司法救助成为点亮困难群众新生活的火种，这是王志勇一直坚持的工作原则。在办理国家司法救助案件的过程中，他创立了以

“用脚走访调查、用脑研判创建、用手扶危济困、用心关爱温暖”为主要内容的司法救助“四体”工作法，引入“精准扶贫”理念，与社会救助对接，将“输血式”救助变为“造血式”救助，既救助人身，更救助人心，用司法救助助力脱贫攻坚。

王志勇两次深入大巴山区为受伤致残的“90后”小伙办理司法救助，鼓励他重新燃起希望，还用救助款支持小伙办了彩票站、养殖场，买了新房，为当地解决了一家贫困户的脱贫问题。他冒着 -20℃的严寒赴黑龙江农村走访，并创造性地用有限的救助款为没有生活来源的老人买来 13 只小羊和草料，为生活陷入困境的信访老人重新点亮生活的火种。老人不仅息诉罢访，还成为养羊专业户。

除了做好本职工作，王志勇还发起成立公益组织“海法爱心社”，延伸司法职能。曾先后组织“衣旧有大爱”捐旧衣、“海之角”捐书等活动，得到全院干警的积极响应，将物品捐赠给内蒙古、四川凉山等地的困难群众、贫困小学、边远法院，获得了良好的社会效果。

以“信”立身、以“访”济民，这是王志勇对信访的理解，也是他对信访的理想。

（执笔：黄晨）

胡　辛：精研涉外警务的外事民警

胡辛，男，1983年3月出生，中共党员，北京市公安局西城分局出入境管理大队副大队长。曾获全国先进工作者、北京榜样·最美警察、北京市政法系统优秀共产党员等荣誉称号和全国五一劳动奖章、首都劳动奖章，荣立个人二等功1次、三等功3次。

2018年初，全国各大主流媒体客户端及众多网站纷纷转发了一则外籍人员在京吸毒被抓的短视频。视频中，一位操着一口流利英语的民警得到众多网友的点赞。这位民警，就是北京市公安局西城分局出入境管理大队副大队长胡辛。

“在外国人面前，我们代表着中国，执行的是中国法律。我们的样子，就是中国警察的样子。”从警十几年来，胡辛用钻研、热情和认真，把每项工作都做到极致，赢得了外籍当事人的认可。在胡辛看来，每一封感谢信、每一面锦旗、每一句褒扬，都是对中国的赞美。

政治过硬，高度敏感，妥善处置案件

“我们的样子，就是中国警察的样子。”——师傅曾经的话，成为胡辛坚守的信条。他始终保持“旗帜鲜明讲政治、扛起责任敢担当、追求卓越争首善”的政治本色，把“忠诚、干净、担当”落实在每一起涉外案（事）件的处置中。在近5年的各类专项涉外安保工作中，胡辛始终工作在打击涉外违法的第一线，带领所在的值班组处置涉外案（事）件683起，查获各类“三非”（非法入境、非法居留、非法就业）外国人338人，处置外籍人阻碍执行职务致交警受伤、外籍人员贩毒团伙、外籍惯偷盗窃青年旅社、外籍公民持用伪造出入境证件和外籍人自杀、精神病人滋事肇祸等涉外案（事）件，多次及时处置涉及外籍官员的事件，及时稳妥处置美、日、英等外籍公民非正常上访、境外媒体采访等敏感涉外事件。在公安部原移民管理局部署开展的专项行动中，他克服了非法就业线索在单位内部不易获取、证据不易收集等困难，依靠深入细致的基础工作、调查走访，破获非法就业、非法居留案件76起，非法聘用外国人案件13起。

严谨细致，精研专业，竭诚服务群众

胡辛始终以“尊重事实、尊重现场”的态度，在执法和服务的最前线研究和解决问题。他常年总结跨文化执法技巧，积累涉及社区走访、宣传防范、企业核查、询问讯问、媒体应对、俚语术语等警务英语多达百万字，他编著的《用英语办案》一书已经成为中国人民公安大学的重要教学辅导材料。他通过实地核录，积累样本，编制出分局层级的《“外管通”App工作规范》，细化探究以智慧警务支撑“打三非、查违住”专项工作的方法，通过培训将科技信息化应用与内勤登记、社区走访、旅店业检查、打击办案、巡逻控制、警卫勤务等逐一结合，全年核录外国人2万余人次，人工排查各类警示信息6000余人次，查获各类违法人员225人，其“固化于执法流程、活用于现场处置”的方法用于实际工作中后，为多次查获无数据、无轨迹或无任何警示信息的非法居留外国人提供了便利。他制作万余字的《涉外饭店安保及登记工作指南》等课件，不断更新完善，有效地防控了全

区旅店业“漏登记”“错登记”问题，并成为其他省市区的培训样本。他落实出入境类案件“全过程管控”，从调查走访、证据搜集、人员到案到“三室”（候问室、讯问室和询问室）询问、呈请报送、处罚、执行、遣返，对全流程、各环节不断进行检视总结和改善提升；针对不同查处对象，在警力着装、任务分工、警戒控制、搜索询问、拍照取证、上车带回、向群众作出解释等各环节作出安排，确保每一起“三非”案件处置都是一次实战练兵和现场教学，执法行动依法依规、安全稳妥、开展有序。他凭借过硬的专业能力配合刑侦、禁毒等单位及时抓获涉嫌盗窃、故意伤害、涉毒、涉电信诈骗的外籍嫌疑人。他多次在出警期间用积累的专业知识，将外国药瓶上标注的效果反应、禁忌警示等信息准确提供给救护人员，及时救助数名服用安眠药、抗凝血剂、安非他酮等欲自杀的外籍当事人。他牢记“西城无小事，外事无小事”，将专业严谨的态度落实在一线执法活动中。无论面对拍摄视频欲上传网络的外籍当事人，还是言辞激烈、欲通过外交途径施压的外籍官员，他始终以规范有力的法言法语和公正严明的执法行动面对各类质疑，冷静机智地完成处置任务，坚决维护国家法律的尊严，多次让过错方对自身的不当行为当场道歉，赢得了现场群众的一致称赞。他曾在一次涉外会议进行期间，利用陈告、劝导方式，通过娴熟的警务英语技巧，理性平和地平息了涉及 35 人的涉外治安纠纷，避免了矛盾升级引发负面炒作。

秉公执法，履职尽责，守护公平正义

胡辛始终保持政治中心区工作的敏感意识，及时梳理各类涉外热线投诉和信访举报。有的举报人心存顾虑，往往拒绝接听电话，或者接听后否认自己的身份并拒绝回答问题。胡辛通过不断宣传法律，耐心做举报人工作，多次约见举报人并当面听取其诉求，从不吝惜时间向举报人耐心讲解法律规定，认真记录有关信息，并将工作情况和查处结果反馈给举报人。多位举报人对民警认真接待并连夜开展工作表示满意。近年来，在案（事）件办理中，胡辛收到来自日本官员、韩国留学生、美国教师、法国警察、意大利游客、印度商人等各国不同身份当事人的感谢。胡辛坚持寓教育于执法之中，6 次收到被处理处罚的外籍人士及家属送来的锦旗，以出入境外事民警良好的涉外执法形象赢得广泛赞誉。他为中国人民公安大学国际执法学院涉外警务系所做的专题讲座，得到了教授和同学们的一致认可。他走进辖区中学、高校，用双语进行涉外法律知识宣传，得到广泛好评，展示了忠诚负责、专业公正、友好亲和的中国警察形象。

（执笔：宋濛）

李有毅：领航城南教育的实干家

李有毅，女，1955年2月出生，中国民主同盟盟员，北京市第十二中学联合学校总校校长，北京市第十二中学原校长，特级教师，正高级职称，北京市首批特级校长。曾获全国先进工作者、全国十大教育杰出贡献校长等荣誉称号和全国五一劳动奖章、全国三八红旗奖章、首都劳动奖章。

李有毅不仅是一位教书育人、成绩突出的特级教师，更是一位管理经验丰富、勇于开拓创新的教育实干家。在担任北京市第十二中学校长的14年里，她领导学校在人才培养、学科建设、校园文化等各方面锐意进取，领航首都城南教育。在她的带领下，十二中几乎囊括了北京市示范高中在科技、体育、艺术、心理、社会实践等方面的诸多荣誉和高端项目，成绩一直名列全市中学的第一梯队，毕业生以综合素质全面发展著称。

学生中、高考屡创佳绩

为了解决夫妻长期两地分居问题，李有毅放弃在当地已获得的名师声望，1996年从安徽调入北京十二中任教，从头干起。她带的第一届普通班学生有3人获得丰台区高考数学成绩前三名，一战成名。

1999年，李有毅被任命为教学副校长。因为舍不得三尺讲台，她在从事管理的同时又连续带了4届高三毕业班。直到2006年正式担任北京十二中校长后，她才依依不舍地告别了教学一线。

李有毅瞄准时机，率先全面推动高中课程改革，以自主课程实验为契机，引领新一轮高中新课改，促进学生的素质教育发展。她大胆选拔人才，对外积极向京城其他名校取经，对内建立全方位的师资培训制度，力促新、老教师专业化发展，鼓励教师成为学生的引路人和同行者。她以育人方式改革为抓手，分层分类培养创新人才，成效显著。近年来，北京十二中的高考文、理科重点上线率一直保持在100%；在五大奥赛全国联赛中多次获得一等奖，一等奖总数居全市第六；先后培养出北京市中考满分状元姜海洋、北京市高考理科第一名黄子晴……

引领学生全面发展

北京十二中历史悠久，是北京市首批高中示范校。在继承学校优秀传统的基础上，李有毅提出“求真、崇善、唯美”的办学理念，鼓励师生做真的追寻者、善的传播者和美的创造者，与校训“同心同德、兢兢业业、求实创新”等共同组成学校的核心文化体系。

相对于成绩，李有毅更看重学生的综合素质培养。她提出了“正气、志气、底气、雅气、灵气、勇气、和气、大气”的“八气修身”育人思想，为学生提供自主学习、积极思维、开展活动和充分表现的四大发展空间，形成科技、艺术、体育、实践、心理五大教育品牌，让每个学生都能在自己感兴趣的领域内充分施展才华、提升自我。

李有毅发起成立全国“推进教育信息化应用名校联盟”，在全国首创钱学森学校，加入世界名中学联盟，担任中国人工智能学会中小学工作委员会首届主任，推进国家级课题“普通高中创新人才培养的实践研究”……她积极搭建各种平台，以“让优秀学生领跑，让所有学生优秀”为立足点，促进学生的全面发展，打造会通中西、学贯文理的高素质人才，培养出越野滑雪远征南极的中国女性第一人冯静、荣获世界冠军的标枪国手刘哲凯、科技创新市长奖获得者辛昱辰等一大批优秀学子。

在李有毅的推动下，北京十二中从一校一址逐步发展为一校十址，包括幼教、小学、初中、高中多个学段的教育集团。在这个过程中，北京十二中始终推动区域教育高位均衡发展，不仅是丰台教育的标杆和旗帜，更是首都基础教育的一张亮眼名片。

踔厉奋发立新功

2020 年，“超期服役”多年的李有毅再度请辞，主动卸任北京十二中校长一职，随后又被任命为北京十二中联合学校总校校长，开启新的征程，为丰台区举办更多老百姓家门口的好学校。

对于办学水平参差不齐的各成员校，李有毅联合总校采取一体化管理体制，统一调配、合理使用各项资源，在师资配备、课程设置、高端平台等方面共享融通，实行贯通式培养模式，为学生量身定制幼小初高成长计划，开辟教学大教研、跨校选课、交换学习和直升通道。

以北京十二中的钱学森学校为例，这所全国唯一以钱学森名字

命名的中学设置了航天概论、创客空间、小卫星研制、太空模拟训练、卫星发射实地体验等科技课程，联合总校为其聘请中科院、国家航天局、北航等科研院所和高校的专家团队进行指导，充分借助

社会资源为学生提供实践创新机会。成立 3 年多，该校就在北京市中学生辩论大赛中力克群雄夺冠，成为北京十二中集团化教育均衡发展的有力证明。

面对突如其来的新冠肺炎疫情，李有毅井井有条地沉稳应对，这得益于学校多年以来开展的智慧校园建设。面对国家出台的“双减”政策，她更是胸有成竹，因为学校多年以来的素质教育已经开花结果，并得到了广大家长的全力支持。

眼下，李有毅正在忙于北京市第五实验学校和北京十二中丽泽国际校区的筹建工作，致力于将这两所学校打造为服务丽泽金融商务区的教育新高地。同时，她还承接了改变河西教育现状的任务。在不久的将来，十二中教育集团将把优质资源辐射到永定河西，让当地居民就近享受教育红利。

（执笔：任洁）

周宪梁:“心中要永远装着病人”

周宪梁，男，1963年8月出生，中共党员，中国医学科学院阜外医院心血管内科主任医师、教授，博士生导师，北京市总工会兼职副主席。曾获全国劳动模范、全国先进工作者、全国道德模范、北京市优秀共产党员等荣誉称号和白求恩奖章，以及部级科技进步奖4项。

在医疗上，以病人为中心，待病人如亲人；在科研上，主持国家多项重点研发计划项目、国家自然科学基金等多项国家级科研项目；在教学上，勤勤恳恳、教导有方，深受学生喜爱……他就是著名心血管病专家周宪梁。

医教研成果颇丰

在医疗上，周宪梁对每一位前来问诊的患者都像亲人一般。在讲明病因、治疗方法后，他总是要叮嘱:“许多心血管疾病是可以通过改变生活方式避免发生的，一定要少喝酒、不吸烟、清淡饮食……”他在业务上精益求精，在疑难心血管病的诊断治疗、危重心血管病的抢救等领域，成绩斐然。“医德高尚，医术高超，以病人为中心，待病人如亲人”是病人、同事对他的认可。

“心中要永远装着病人”，这是周宪梁常说的一句话，也是他从医几十年来全心全意为患者服务的实际行动。的确，他认真负责，服务态度好，具备优良的执业道德和敬业奉献精神，深受广大患者好评，也因此被授予中国医疗卫生界的最高荣誉“白求恩奖章”。

在科研上，周宪梁在高血压病及心脑血管疾病的临床研究方面有着很高的造诣，但他依然不断地充实着自己。他主持了“肥胖和高血压的生活方式和营养干预关键技术及策略应用研究”国家重点研发计划项目等多项国家级课题，获部级科技进步奖 4 项，主编及参与编写专著 10 部，在国内外学术期刊上发表论文 120 篇，其中 SCI（科学引文索引）收录 108 篇。

在教学上，他培养博士研究生 30 名，其中多人获北京市优秀毕业生、北京协和医学院优秀研究生和国家奖学金等荣誉；授课循循善诱、语言生动有趣，深受学生喜爱，多次被评为优秀教师。

多岗位历练，热爱工会工作

在党政岗位上，周宪梁曾担任阜外医院门诊部主任、医务处副处长、阜外医院党委委员；在工会岗位上，担任阜外医院工会副主席、北京市教育工会副主席（兼）、北京市总工会副主席（兼）；在政协岗位上，2018 年至今担任北京市第十三届政协委员。

作为工会“娘家人”的一员，周宪梁积极组织工会的各项活动，为工会工作出谋划策，充分开展有益于职工身心健康的活动，受到广大职工的好评。在担任北京市总工会副主席和北京市教育工会副主席期间，他积极主导教学比赛的改革工作，创新和完善北京市青教赛的工作机制，充分调动青年教师教学热情，提高了青年教师的教学基本功。

作为北京市政协委员，周宪梁政治立场坚定，大局意识强，立足于国情和群众诉求，积极参政议政、建言献策。同时，他在医疗岗位上积极助力医学创新驱动发展，通过科普医疗卫生健康知识来回馈社会，为建设“健康中国”贡献力量。他身体力行，切实履行“懂政协、会协商、善议政，守纪律、讲规矩、重品行”的新时代政协委员履职要求，完成政协提案 8 件，反映社情民意信息 10 份，其中多份提案被评为北京市政协优秀提案。

医疗支援边疆，热心公益服务

2005 年，周宪梁担任新疆建设兵团农一师医院副院长，在阿克苏地区开创“医疗大篷车”送医下乡模式，将医学科技知识送到最偏、最艰苦、条件最差的地方，助力边疆地区培养一支“带不走”的专家队伍。他在当地组织“心血管病最新进展”系列讲座，共讲授 26 讲，把多年积累的经验与医学新进展传授给了当地的基层医务工作者。此外，他还想方设法从上级部门为新疆建设兵团农一师医院、兵团总医院争取科研经费 100 万元。周宪梁以精湛的医术和无私的奉献精神赢得了边疆人民的尊敬和爱戴，被授予新疆阿拉尔市荣誉市民，两次荣立新疆建设兵团三等功，被聘为兵团总医院名誉院长、兵团农一师医院名誉院长。

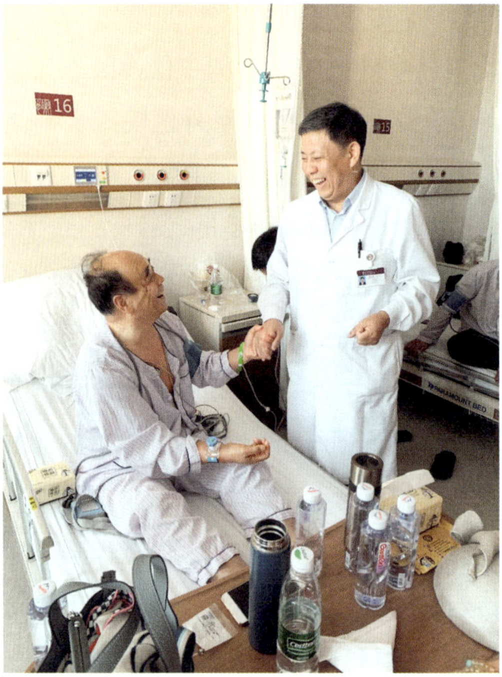

2006 年“五一”期间，周宪梁和阜外医院 30 多名医疗专家再次来到新疆，为边疆各族群众送

医、送药、送健康，义诊 1600 人，开展各种心血管手术 120 台，举办讲座 36 场，并为农一师医院赠送了价值 300 多万元的医疗设备。

他还积极参加医药下乡活动，先后组织医疗专家团奔赴山西和顺县、河北张家口等贫困地区和井冈山、延安、西柏坡、大别山等革命老区开展送医、送药和义诊活动。

2007 年 1 月，在首都精神文明建设大会上，面对奥运会筹备工作进入决战阶段的新形势新要求，作为北京市民代表的周宪梁向社会各界发出“迎奥运、讲文明、树新风——我参与、我奉献、我快乐”的倡议，号召以实际行动喜迎奥运、参与奥运、奉献奥运，得到社会各界的大力支持和热烈响应。他被北京奥组委选为北京奥运会开闭幕式的各界群众代表，代表全国 600 多万医务工作者，积极参加开闭幕式的筹备工作，为奥运会的成功举办献计献策。

（执笔：白莹）

第三篇　勤勉务实　开拓创新

王忠诚：闪耀在神经外科领域的一颗星

王忠诚（1925 年 12 月—2012 年 9 月），男，中共党员，首都医科大学附属天坛医院名誉院长，北京市神经外科研究所所长，中国工程院院士，党的十五大、十六大代表。曾获全国优秀共产党员、新中国成立 70 周年“最美奋斗者”等荣誉称号和白求恩奖章，以及国家最高科学技术奖等奖项。

天坛医院新院忠诚楼一层大厅，一座雕像激励着这里的所有医务工作者——开拓创新、团结协作、严谨求实、艰苦奋斗、病人第一。他是中国神经外科的开拓者和创始人之一，国家最高科学技术奖获得者，中国工程院院士，天坛医院名誉院长，北京市神经外科研究所原所长王忠诚。“我一生最大的心愿，就是发展神经外科事业，为患者多做一点事情。”这位中国医学泰斗，用生命践行了自己的人生诺言。

王忠诚创建了北京市神经外科研究所和北京天坛医院，使之成为亚洲最大的神经外科基地；撰写并出版了我国第一部《脑血管造影术》专著，组织神经流行病学调查工作；率先在国内开展显微神经外科手术，攻克了神经外科手术的一些世界性医学难题，提出四大神经外科理论；带领团队研制出国产导管、球囊栓塞等动脉瘤栓塞材料，填补了我国在这一领域的空白；先后发表学术论文 290 余篇，出版专著 20 余部；荣获 66 项科研成果奖。2008 年，王忠诚获国家最高科学技术奖，并获世界神经外科联合会“最高荣誉奖章”。

2012 年 6 月，经国际天文学联合会小天体命名委员会批准，中国科学院国家天文台将编号为第 18593 号的小行星永久命名为“王忠诚星”，浩瀚的宇宙里又多了一颗以中国科学家名字命名的小行星。

填补神经外科的空白

从普通的外科医生到世界著名的神经外科专家，源于王忠诚那段出生入死的抗美援朝经历。当时，我国神经外科领域还是一片空白。王忠诚回忆道：“抗美援朝时，伤员很多，各种伤员都有，像外科、骨科、泌尿科、胸外科的，我都曾经学过，都有一些办法，但是脑外科我一点不懂，只能看着伤员痛苦地呻吟甚至死去，觉得很内疚。那时候我就下决心，有那么一天，如果国家能够有神经外科，我也去学神经外科，要把中国的神经外科建立起来。”

1952 年，机会来了。国家卫生部在天津举办神经外科进修班，王忠诚用他对神外领域的忠诚开始了求索之路。1955 年，他到北京同仁医院工作，着手创建我国的神经外科。创业初期，由于他不掌握当时西方国家垄断的神经外科诊断技术——脑血管造影术，对中枢神经系统疾病的诊断是很难的，因而治疗就带有很大的盲目性。当时我国的检查手段还沿用 20 世纪 20 年代的气脑造影技术，这种技术要先向病人的颅内穿刺打气，然后造影从 X 光片上检查病变，病人在检查过程中不仅痛苦异常，而且还有致死或致残的风险。

尽快掌握先进的脑血管造影技术缩短我国与发达国家的差距，是王忠诚那时的梦想。为此，他在同仁医院整整与尸体打了一个夏天的交道。没有操作经验，他就反复在解剖尸体上练习；没有防辐射用的铅围裙，他不惜以自己的健康和生命为代价，坚持做 X 光验证。当最终掌握了脑血管造影技术后，由于长期的 X 射线辐射，他身上的白细胞已降至常人的一半，险些因此而失去生命。经过多年的资料搜集和临床实践，王忠诚共积累了2500份脑血管造影资料。1965年，由他撰写的我国第一部《脑血管造影术》专著出版，极大地降低了手术检查的危险性，使国内的脑外科检查技术足足跨越了30年。

“我当然知道（放射线的）危害性，但豁出去了，一定要把这个事情搞成功。”从筚路蓝缕到驾轻就熟，这是王忠诚最感欣慰之处。现在，一个神经外科大夫只要15分钟就可以完成一次脑血管造影检查。

惊动世界的世纪之作

王忠诚秉承“拿起手术刀，就要在世界状元榜上刻上‘中国’两个字”的工作理念，把目标瞄准了一系列医学难题。

脑干手术被医学界称为“在万丈深渊上走钢丝”，其技术难度可想而知。1985年以后，王忠诚在脑干手术方面深入钻研，取得了令人瞩目的成绩。1995年，王忠诚在悉尼召开的国际神经外科大会上所做的《脑干肿瘤250例》学术报告，震惊了国际同行。令人震惊的还有，他做过的脑干肿瘤手术，数量之多，死亡率之低，始终保持世界第一。

脊髓内肿瘤切除手术是另一个世界性医学难题。由于这种病的

治疗效果差，术后瘫痪多，国外基本无人问津。面对困难，王忠诚没有退缩，毅然决然地把手术刀探进这一禁区，并创造了几百例脊髓内肿瘤切除手术无一人死亡的世界奇迹。1995年春天，江苏淮阴市

一个年轻的男孩被送进天坛医院，病人脊髓内长了一个粗约2.5厘米，长约22厘米的巨大肿瘤，共挤占了9节椎体，把脊髓挤压成了扁片，造成全身肌肉严重萎缩。王忠诚知道，这个手术的难度实在太大了。但这座“山”不仅要爬，而且一定要爬过去。手术那天，年逾古稀的王忠诚在手术台前整整奋战了10个小时，直到把巨瘤完全剥离。这是世界上成功切除的最大的一例脊髓内肿瘤，该手术被国外专家称为“惊动世界的世纪之作”。

2001年，王忠诚被世界神经外科联合会授予第12届世界神经外科“最高荣誉奖章”，成为该奖项设立以来第一个获此殊荣的中国人。

王忠诚曾对他的学生说：“有些神经外科的领域还没有去开发，我们要去开发……你把病人救活了，使更多的病人受益，你的成功就是最大的。”忠于祖国，诚于事业；忠于病人，诚于奉献——这就是人如其名的王忠诚。

（执笔：王锦辉）

吴良镛：让首都“更新”的建筑大师

吴良镛，男，1922年5月出生，中共党员，清华大学建筑学院教授（离休），中国科学院院士、中国工程院院士。曾获全国优秀共产党员、全国劳动模范、全国先进工作者、改革先锋等荣誉称号，以及国家最高科学技术奖、何梁何利科学技术进步奖、首都杰出人才奖等奖项。

1993年10月的一天，北京内城的一条普通胡同——菊儿胡同突然热闹起来，该胡同改造项目获得全球人居领域最高奖项——联合国世界人居奖。一时间，来此取经者和参观者络绎不绝。这条胡同的改造为何获得如此大的关注？它的改造包含着哪些创新理念和设计呢？要回答这些问题，我们就不能不提到它的设计者吴良镛。

与公共建筑相比，我更在意民居

数十年来，吴良镛所做的一切，都是为了找到一条适合中国特色的城市规划建设道路。“与公共建筑相比，我更在意民居。”吴良镛常说：“民为邦本，普通人的居住问题是建筑最本质、最核心的内容。”

早在1978年，吴良镛就开始对北京旧城区中心地段的整治进行研究。他认为，北京旧城可以说是世界城市史上无与伦比的杰作，是中国古代都城建设的“最后结晶”。北京的旧城改造不仅要满足现代生活的要求，还要与原有的历史环境密切结合，要创造一种社会住宅。因此，他提出了“有机更新”理论和建造“类四合院”住房体系的构想。在这场“有备之战”中，吴良镛的理论在菊儿胡同四合院住宅改造工程中得到充分展现。

菊儿胡同位于东城区南锣鼓巷文化保护区的最北端，东起交道口南大街，西至南锣鼓巷，全长400多米。20世纪80年代，北京市开始启动危旧房改造项目。这个改造虽然项目不大、费用不高，牵涉面却不少，使得很多设计单位都不愿接手这类项目。北京市房改办找到了吴良镛。出乎意料的是，吴良镛对这个建筑面积仅2700多平方米、设计费用仅1万元的项目表示出极大热情的。“衣服破了一定要扔掉吗？是不是可以想想办法，例如打个漂亮的补丁，或者绣上图案？”吴良镛一贯以解决问题为导向。

从1987年起，吴良镛就带领清华大学师生在这里开始了新四合院试验工程。选定的试点是菊儿胡同41号，原是一座寺庙衍生出的大杂院，也是菊儿胡同最破旧的地方。40多户人家共用1个水龙头、1条下水道，公用厕所在院外。随着人口增加，院子里逐渐盖满了小棚小房，几乎没有转身之地。危房、地上积水、漏雨的问题一直困扰着这里的居民。

菊儿胡同的改造吸取了南方住宅“里弄”和北京“鱼骨式”胡同的特点，以通道为骨架，向南北发展形成若干“进院”，向东西扩展出不同“跨院”，在保证私密性的同时，保留了中国传统住宅重视邻里情谊的精神内核。

改造后的菊儿胡同，保留了原有的树木。2层、3层的小楼白墙黛瓦，与周边的老房子浑然一体，丝毫不觉得突兀。一进套一进的小院子，面积虽然不大，但并不觉得压抑。这样的“类四合院”建筑，完全没有高楼大厦那种冰冷、孤立的感觉，“大爷”“大妈”“叔叔”“阿姨”……邻里间见面都打声招呼，有了困难也相互帮助，生活仿佛回

到了过去的北京城。

相对于大拆大建，吴良镛倡导的“有机更新”理念延续了城市原有的历史环境，探索了一条旧城更新和危房改造的新路子。正如世界人居奖颁奖评语所说：“菊儿胡同四合院住宅工程开创了在北京城中心城市更新的一种新途径，传统的四合院住宅格局得到保留并加以改进，避免了全部拆除旧城内历史性衰败住宅。同样重要的是，这个工程还探索了一种历史城市中住宅建设集资和规划的新途径。”

为首都“大城市病”开良方

改革开放以来，北京城以天安门为中心，呈环状不断向外扩张，严重影响到北京的可持续发展。让吴良镛担忧的不只是北京城“摊大饼”式发展，与周边环境毫无融入感的摩天大楼等巨型建筑同样令他担忧。吴良镛曾说：“如果到了‘面目全非’之日，才真是悔之晚矣，就此而言，对保护‘永远不能认为太晚’。”

1979 年，吴良镛提出，从单中心集中式城市结构过渡到多中心开敞式城市结构是当今世界大城市结构发展的趋势。北京“大城市病”的症结出在哪里？解决的方略又在何处？吴良镛指出：“归根结底一句话，问题的症结在于北京城市空间结构不合理。”

吴良镛多年来一直主张建立城市规划领域的“科学共同体”来解决首都发展面临的突出问题。1999 年 10 月，在吴良镛的带领下，京津冀地区城乡空间发展规划研究正式启动。10余年间，他带领规划研究课题组对京津冀地区发展进行了持续跟踪研究。一期报告立足全球视野，提出建设世界城市的构想和京津冀发展的“双核心”，同时指出加强区域统筹管理，建立区域协调与合作机制的可实施方向。二期报告提出“一轴三带”等观点。2013年，92岁高龄的吴良镛主持完成三期报告，提出京津冀一体化战略，以北京新机场规划建设为契机，京津冀共建“畿辅新区”，疏解首都政治文化功能。这些研究成果影响着京津冀地区的空间规划与发展。

2017年，党中央、国务院决定设立河北雄安新区，京津冀协同发展进入新的阶段。吴良镛认为，雄安新区的战略设想提出之后，要进一步思考京津冀的发展，雄安新区也要放在京津冀这个大背景下去看待、去研究。他就京津冀协同发展、白洋淀生态保护等问题提出了许多中肯的建议。

吴良墉是人居环境科学的创建者。这位充满人性关怀的学者，从人类文明发展的高度来认识建筑与城市，始终关怀“人”的最基本需求。“我毕生追求的，就是要让全社会有良好的与自然相和谐的人居环境，让人们诗意般、画意般地栖居在大地上。”这是建筑大师吴良镛的一生所系。

（执笔：张惠舰）

曾晓芃：防制病媒生物的幕后英雄

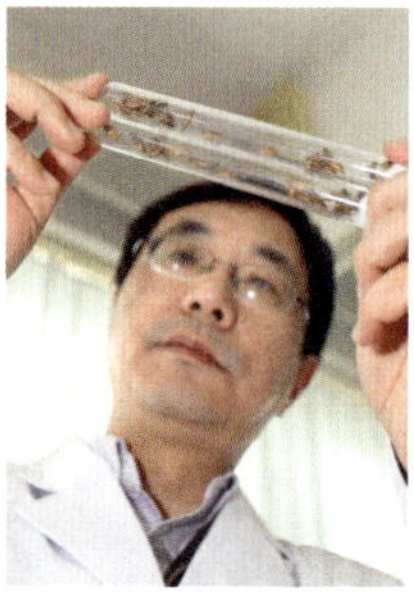

曾晓芃，男，1963年1月出生，中共党员，病媒生物防制专家，北京市疾病预防控制中心主任、党委副书记，主任技师。曾获全国先进工作者、全国爱国卫生先进工作者、全国防治非典型肺炎优秀科技工作者、全国医德标兵、全国职工职业道德建设先进个人等荣誉称号。

曾晓芃一直工作在卫生防病一线，始终坚持以“一切为了人民的健康”为初心，积极投身于疾病预防控制工作。

坚持新发展理念，献身疾控事业

曾晓芃始终坚持以党的创新理论武装自己，以坚定的理想信念献身于疾病预防控制事业，用讲政治的高度责任感来践行守护首都公共卫生安全和社会的安全稳定。30余年来，他始终工作在病媒生物控制工作的第一线，干一行、爱一行、精一行，从一名普通专业技术人员成长为一名病媒生物防制专业领域的专家和学科带头人，他始终保持着强烈的事业心和责任感，把青春岁月和美好年华都奉献给了首都的疾控事业。

他热爱疾病预防控制事业，刻苦钻研卫生防病业务，在重大任务面前总是冲锋在前、敢于担当。他是专家型领导，是学科带头人，更是疾控工作的排头兵，为公共卫生的学科发展与人才培养、重大疾病防控和公共卫生保障作出了开创性的贡献。

创新工作模式，做学科带头人

曾晓芃凭借“与病媒生物不共戴天”的职业热情，与小虫子们“斗智斗勇”。他主持了多项科技部“十五”和“十一五”国家科技攻关和支撑计划等课题研究与国家标准的制定，共发表中英文学术论文 50 余篇，主编 3 部专著，参与起草国家推荐性标准 31 项。作为我国病媒生物防制专业领域的主要学科带头人之一，起草了我国第一部病媒生物控制法规，建立了我国第一个病媒生物控制管理系统，组织并承担了 60 项国家标准的制定；他建立的城市病媒生物综合管理的“北京模式”和大型活动保障技术，使奥运核心区的蚊虫密度大幅下降，实现了无蚊虫等病媒生物危害的目标，在国际上产生重大影响；他一直致力于蟑螂、蚊、蝇、鼠以及蜱、螨、白蛉等病媒生物防制的技术研究，积极开展病媒生物危害风险监测与评估、防制技术与措施研究以及卫生杀虫灭鼠新药械、新技术的应用与效果评价等工作，为守卫人民群众健康、服务健康北京作出了突出贡献。

他建立的病媒生物监测系统，在预警监测体系发挥着关键作用；研制的防治技术，应用于每年全市统一灭蚊蝇、鼠、蟑活动中；他率领 20 人团队建立了创新工作室，并被北京市总工会、北京市科学技术委员会联合认定为 2018 年示范创新工作室。他兼任卫生部病媒生物控制标准专业委员会秘书长、全国爱卫会专家委员会委员、农业部农药专家咨询委员会委员等 10 余项职务。

坚守奉献初心，守护人民健康

曾晓芃同志在历次重大活动保障中冲在一线、亲力亲为，坚持用自身的模范行动当好疾控战线的排头兵。他在“一带一路”建设、APEC 会议、抗战胜利 70 周年纪念活动、G20 等重大政治及体育活动中主持制定了病媒生物防制方案，并领导疾控团队摸排病媒生物本底情况，实施防制方案，圆满完成了防控工作任务，发挥了至关重要的作用。在 2015 年韩国 MERS 输入疫情、2016 年全国首例黄热病和裂谷热病例、2017 年“基孔肯雅热”、2018 年斑点热合并莱姆病人间传播病例等新发突发传染病的防控中，曾晓芃率领团队科学应对、有效处置，遏制了传染病的流行和暴发，有力地保障了首都人民的公共卫生安全，以实际行动践行了“一切为了人民健康”的初心。

积极开展百姓科普，被需要是最大动力。对于科普宣传工作，曾晓芃有很高的热情。多年来，他坚持学以致用，现身说法，积极将病媒生物防制有关技术与知识传播给公众，曾数百次在电视台、广播电台、报纸、网站等媒体进行有关卫生虫害防制知识的宣传，收视及观众口碑良好。

为了让更多的人了解灭蟑知识，曾晓芃同志用博客和微博做起了科普，认真解答网友关于病媒生物防制的疑问，提供相应的防制方法，有时甚至会直接寄送灭虫药给网友。他的微博拥有 120 多万粉

丝，就算是在户外工作，他也会抓个空儿，拿手机逐条回复粉丝的提问。

在 2020 年 1 月这次突如其来的新冠肺炎疫情中，曾晓芃更是舍小家为大家，一心扑在疫情的控制工作中。他每天只睡两三个小时，已经连续十几天没有回过家，包括大年三十晚上也是跟疾控中心的职工一起度过的。为了有效应对快速蔓延的疫情，他每日指挥疾控人处理疫情、开展流行病学调查、采取综合防控措施，及时有效处置，为首都百姓筑起一道安全长城。

曾晓芃在平凡的工作岗位上作出了不平凡的业绩，他以实际行动诠释了爱岗敬业、争创一流，勇于担当、甘于奉献的疾控精神。面对曾经的荣誉，曾晓芃认为，这些荣誉不仅仅是给个人的，更是对公共卫生工作者或者疾控工作者的肯定和认可！他正带领更多致力于此的疾控人，胸怀守卫百姓健康的热情，为保障首都人民群众的身体健康和生命安全，不忘初心、砥砺前行。

（执笔：耿天成）

李　昂：当好公共卫生服务体系的“战略应急指挥官”

李昂，男，1968年12月出生，中共党员，北京市卫生健康委党委委员、副主任，首都医科大学附属北京地坛医院原院长，主任医师。曾获全国先进工作者、北京市中医局双领学者等荣誉称号和首都劳动奖章。

2015年，李昂从北京友谊医院调入北京地坛医院担任党委副书记、院长。他具有较高的政治觉悟和良好的政治修养，工作中始终牢记党员是自己的第一身份，牢固树立“四个意识”，增强“四个自信”，做到“两个维护”。作为公立医院的法人代表，他牢记自己是代表党和政府行使权力，注重保持医院发展的公益性，能够站在首都公共卫生体系发展的高度谋划医院发展，管理、学术专业两手抓，注重精细化管理，要求工作时效性、落地性，强调真抓实干，加强感染病重症医学的研究和发展，带领全院干部职工实现了医院的科学发展。

身先士卒战疫情

北京地坛医院建于1946年，是一家集医疗、教学、科研、预防于一体，以治疗传染病为特色的三级甲等综合性医院，在2003年非典，2008年手足口病，2009年甲流感，2010年麻疹，2013年和

2014 年 H7N9 禽流感、埃博拉，2016 年中国首例黄热病、裂谷热和北京首例寨卡病毒病，2017 年马达加斯加鼠疫，2018 年流感，2019 年鼠疫等各种传染病防治和突发公共卫生事件应对中发挥了重要作用，已成为我国公共卫生体系中的一支“国家级的战略应急部队”。

2020 年初，面对突如其来的新冠肺炎疫情，时任首都医科大学附属北京地坛医院院长的李昂，坚决按照党中央国务院、北京市委市政府的各项决策部署和市卫生健康委及市医管中心工作要求，做好各项防控救治任务，始终坚持在岗在院，靠前指挥，亲自调度，带领医务人员科学制订应急预案和诊疗方案，亲自参与重症患者救治工作，发挥了地坛专家的行业引领作用。

他积极组织专家力量进行科普宣传，提高大众对疾病的正确认识，减少恐慌。医院自 2020 年 1 月 12 日开始新冠肺炎疑似患者收治工作，从大年初一开始，在李昂的带领下，经历了三次“搬家”，合并病区、腾挪床位，不断提升救治能力，抢救床位从最初的 8 张病床到后来的 180 余张病床，投入一线医护人员从最初的四五十人到 400 余人。从 1 月中旬打响北京抗疫“第一枪”，地坛医院承担了全市 70% 以上的确诊、疑似、入境筛查等患者的救治任务，是北京市投入战斗最早、收治危重症患者最多、战斗时间最长的医院。

在新冠肺炎疫情期间，李昂与院工会联系周边酒店解决一线职工住宿问题；从 2 月份开始，每月为一线医护人员过集体生日；关注职工饮食、监督一线医护人员每日的营养餐……作为“战略应急指挥官”，李昂带领地坛人为首都新冠肺炎疫情的防控作出了自己最大的努力。在李昂这位领路人的带领下，全院职工发扬“特别能战斗、特别能奉献”的地坛精神，从容有序地投入抗击疫情的工作中。

2 月 10 日下午，习近平总书记来地坛医院视察慰问时，李昂向总书记汇报了医院新冠肺炎患者救治情况并代表所有奋战在一线的医护人员接受了总书记的亲切慰问。医院上下备受鼓舞，李昂身先士卒带领全院干部职工坚决贯彻落实总书记的指示精神，继续英勇战斗在救治的第一线。

注重战略强管理

在医院管理工作中，李昂注重战略规划设计，在充分调研的基础上制定医院发展规划，明确医院的发展定位。坚持专科特色、综合发展的理念，不断提高医院综合救治能力，解决传染病患者看病难手术难的问题。注重精细化管理，强化医院的可持续发展，推动开展行政查房、教学查房和学科分类评估等工作。在医院学科建设中，注重发挥医院感染病优势学科的辐射作用。建立了以地坛医院为核心的全国感染性疾病专科联盟，在医疗支持、学术交流、科研合作、远程会诊、双向转诊等方面对传染病体系各级医院加强协调和帮扶。利用国家感染性疾病质控中心，牵头制定了感染性疾病以及肝病、艾滋病、肺结核等传染性疾病的质控监测指标，并在全国各级传染病医院进行推广。在国内传染病特色医院中，率先建立了生物信息和高通量测序平台。该平台在埃博拉、黄热病、裂谷热等疫情的应对和研究中，发挥了重要作用。建立的感染中心实验室，有效地补充了检验科在新发突发传染病、低流行传染病病原学快速诊断方面的短板，大大提升了医院快速病原筛查能力。

在临床工作中，李昂

成功组织和实施对我国首例输入性黄热病和裂谷热病例的救治工作和北京首例输入型肺鼠疫患者的救治及筛查工作；领导重症医学科开展对危重症患者尤其是重症甲型流感患者的体外膜肺氧合疗法，并取得了良好的效果；对重症感染的急性肾损伤患者开展持续肾脏替代治疗；通过舌下微循环监测技术，指导脓毒症患者做好血流动力学管理；对艾滋病患者合并急性肾损伤和呼吸衰竭的患者，积极开展相关的临床研究。

在科研方面，近三年来，李昂结合自身重症医学专业以及地坛医院传染病专科特色，在黄热病等新发突发传染病的临床检测和病毒变异监测技术以及 ICU 感染细菌病原谱临床检测应用方面进行了一系列研究，取得了一定成果；承担中国中医科学院、首发、扬帆等重点项目共 6 项，总科研经费近 1000 万元，发表 SCI 论文 9 篇，总影响因子 35.2。

（执笔：梁怡）

张秉贵：用“一团火”精神温暖每一位顾客

张秉贵（1918年12月—1987年9月），男，中共党员，北京市百货大楼特级售货员。曾获全国劳动模范、新中国成立70周年“最美奋斗者”、北京市优秀共产党员、北京市劳动模范等荣誉称号，2009年入选“100位新中国成立以来感动中国人物”。

张秉贵在30多年平凡的柜台工作中，把共产主义的远大理想同平凡的服务工作紧密相连，用“一团火”的服务热情和精益求精的服务技能，全心全意为顾客服务。他刻苦练就售货“一抓准”和算账“一口清”的绝活，共接待、服务顾客近400万人次，被顾客誉为“燕京第九景”，成为各行各业学习的榜样，是20世纪50年代至80年代我国商业系统最著名的劳动模范。

刻苦练就服务本领

1955年8月23日，张秉贵报名参加了北京市百货大楼的招工考试，11月28日他如愿以偿，等来了日思夜想的录取通知书。从此，张秉贵成为一名令人羡慕的“新中国第一店”的国营商店售货员。

张秉贵被分配到百货大楼食品部的糕点组。刚进百货大楼几个月，通过刻苦练习，他的售货速度就提高了一倍。曾讥笑和讽刺过他的人佩服了，认为没有必要的人也跟着练起了售货基本功。

1959 年下半年，根据工作需要，张秉贵由糕点柜台调到糖果柜台。刚到糖果柜台时，张秉贵发现这里的排队现象更为严重。望着焦急等候的顾客，他又开始琢磨起来。他将每次售货分解为 6 个环节：问、拿、称、包、算、收，然后又在每个环节上动脑筋，挖潜力。为了提高称糖速度，他像当初练包包那样练起了称糖。熟能生巧，经过长时间的刻苦练习，张秉贵终于练就了称糖“一抓准”的绝活。

算账“一口清”，则是在 20 世纪 60 年代初张秉贵在职工夜校学会了“速算法”，再加上长期摸索出的“口捻账”基础上练习而成的。练会了“一口清”，每笔交易，在商品称好、包好的同时，价钱也就用心算的方法计算出来了，从来都分毫不差。从此，他便彻底甩掉了售货员须臾离不开的算盘，使售货速度成倍提高。

善于总结服务经验

“胸有一团火、温暖顾客心”，是张秉贵一生的写照，也是他给后人留下的最大精神财富。

张秉贵潜心总结归纳柜台服务经验和“接一、问二、联系三”的售货法。从 1982 年开始，文化程度并不高的他，经过一年多的写作，几易其稿，将自己的柜台服务经验编写成约 5 万字的《张秉贵柜台服务艺术》一书，从顾客的心理活动、柜台语言及其特征、柜台上的辩证法、商品知识与服务质量、售货技术与服务技能等 5 个方面，阐述了柜台服务工作的一些基本规律。

谈起写书的过程，张秉贵颇为感慨地在书的开头这样写道：“起初，我真不敢动笔，因为肚子里的墨水太少。可是又一想，我站柜台的经验，不是我个人的，是党培养教育的结果，是一种社会财富，应该把它奉献给党，奉献给祖国的四化建设。”正是怀着这种强烈的使命感，已年过六旬的张秉贵奋力攀上了自己人生又一个新的高峰。

进入80年代以后，已担任全国人大常委会委员的张秉贵工作更加繁忙，除了参加各种国家任务和社会活动外，他不辞辛苦，将自己的主要精力致力于四处传经送宝和大力培养后起之秀上。他常说：“一朵鲜花不是春，万紫千红春满园。”据不完全统计，直到1987年生病前，张秉贵曾应邀到全国各地做过100多场服务经验巡回演讲，听众多达数十万人。在人生的最后征途上，张秉贵鼓足了生命的风帆，足迹遍布于祖国的大江南北。

“一团火精神”代代传

1977年5月，党中央机关刊物《红旗》发表了贺富明写的题为《心有一团火，温暖万人心》的文章，介绍了张秉贵全心全意为人民服务的事迹，首次提出“一团火”的命题。同年8月，《红旗》发表了张秉贵所写的《为革命站柜台》一文。在这篇服务经验介绍里，他提出“胸中要有一团火，处处想着工农兵”的服务理念。同年12月，《北京日报》在头版专辟“学习张秉贵，做张秉贵式售货员”专版，

连载3篇介绍张秉贵先进事迹的通讯，以及思想漫谈《赞“一团火”》一文。文章把张秉贵的服务思想称之为“一团火精神”，指出，“张秉贵对革命工作倾注着火一般的热情，给人民群众传送着火一般的

温暖。张秉贵同志这种可贵的‘一团火’精神，以耀眼的光彩，闪烁着伟大领袖毛主席倡导的‘全心全意为人民服务’思想的火花”。从此，“一团火精神”不胫而走，影响力从企业内部走向社会，在首都各行各业引起强烈反响。

1987年9月18日，张秉贵因病去世。9月21日，时任北京市百货大楼总经理李恒茂在《北京日报》发表文章正式对外宣布：确定“一团火精神”为百货大楼的企业精神。

1988年9月，张秉贵逝世一周年之际，北京市百货大楼在门前广场铸立张秉贵雕像。雕像由著名雕塑家程允贤设计、中国军事博物馆承制，高3米，黑色大理石基座正面镌刻着老一辈无产阶级革命家陈云亲笔题写的镏金大字，“一团火精神光耀神州”。

2011年9月，张秉贵纪念馆在百货大楼一层揭幕开馆。纪念馆占地近100平方米，用50余件实物和百余幅老照片展现了张秉贵平凡而光荣的一生。张秉贵纪念馆成为同行参观学习之地。

作为“一团火精神”的发祥地、王府井集团的旗舰店，北京市百货大楼坚持把“一团火精神”作为企业长久发展的灵魂，不断丰富“一团火精神”内涵，拓展发扬光大“一团火精神”的途径和方式，不断优化零售技术手段，进一步提升顾客体验感和广大消费者的幸福感、获得感，努力更好地回报人民群众、回报社会。

（供稿：北京市百货大楼）

濮存昕：我的身份是舞台工作者

濮存昕，男，1953年7月出生，中共党员，北京人民艺术剧院原副院长，国家一级演员，中国戏剧家协会主席。曾获全国优秀共产党员、全国“德艺双馨”优秀文艺工作者、国家有突出贡献话剧艺术家、北京市优秀共产党员等荣誉称号和全国五一劳动奖章，以及文华表演奖、中国戏剧梅花奖、中国电影华表奖、中国话剧金狮奖、首都杰出人才奖等奖项。

从艺40余年来，濮存昕始终坚持“以人民为中心”的创作导向，坚守舞台，兢兢业业，奉献了无数家喻户晓的荧幕形象和舞台形象，在艺术上取得了显著成就。

坚定人民情怀，坚守话剧舞台

濮存昕热爱戏剧事业，把最大热情和创作活力倾注于话剧舞台。他十分重视个人艺术修养和道德品行修养的提高，刻苦钻研表演技能，对艺术创作严谨认真。为确保每年近百场的演出任务，他放弃多部影视剧拍摄，先后主演了《茶馆》《李白》《蔡文姬》《窝头会馆》《吴王金戈越王剑》《万家灯火》《北街南院》《洋麻将》《万尼亚舅舅》《哈姆雷特》等数十部古今中外经典话剧，其中多部作品反响热烈，一票难求。成功背后，是他对艺术的执着追求、对舞台的敬畏之心、对观众的无限责任。他说:“我的身份是舞台工作者。”因此,他对每一场演出都倾注百分之百的热情,每一处对白、动作、细节都展现出扎实的表演功底和出众的专业才能,将一个个人物形象刻画得入木三分,给广大观众留下了深刻印象。

濮存昕说,虽然说艺无止境,但是割麦子一刀一刀总能割到头,演戏一场一场演,也总能推开最神秘的那道门。为了推开那道门,多年来,濮存昕克服了很多困难。他曾在腿疾病发和持续高烧的情况下坚持排练演出,甚至在父亲病危之际仍是医院和排练场两头跑,从未耽误一场演出,把最精彩的表演奉献给广大观众。2020 年 7 月,尚在眼疾手术恢复期的他第一时间响应复工复产号召,积极投入话剧《洋麻将》的排演,为演出市场复苏全力奉献。此外,他积极为“中华文化走出去”作贡献,他参演的《茶馆》《李白》《原野》等多部剧目曾远赴德国、加拿大、俄罗斯、新加坡等国参加文化交流演出或巡演,受到业内专家和观众一致好评。中俄建交 60 周年之际,他随国家领导人出访俄罗斯并担任“中俄建交 60 周年庆祝大会”主持人……

坚定艺术情怀,坚守文化事业

濮存昕曾任北京人民艺术剧院副院长、中国文联副主席。近年来,濮存昕把更多精力放在了推动话剧艺术的发展和传承上。作为中国剧协主席,他积极协调各地院团力量,带队下基层演出和体验生活,以精品奉献人民、用明德引领风尚,为发展戏剧艺术和繁荣群众文化贡献力量。由他担任第一发起人和艺术总监的“大凉山国际戏剧节”是中国西部唯一的戏剧节,为传播民族文化、推动文化交流、助力文化扶贫、发展文旅产业贡献了重要力量。他视传承戏剧艺术为己任，在青年演员培养上倾注大量心血：参与北京人艺“青年演员培养计划”，为“表演学员培训班”学员全程授课；对青年演员一对一辅导和传帮带，帮助青年演员探索戏剧真谛、丰富戏剧实践、修炼戏剧品格。他关注儿童戏剧教育，组织6届“让孩子笑起来——心灵艺术夏令营”，让留守儿童走出大山，和城市儿童一起，感受戏剧文化魅力，体验艺术带给他们的快乐和启迪。

坚定家国情怀，坚守社会责任

公益，是濮存昕演艺事业之外最鲜明的标签。他发挥引领示范作用，热心社会公益事业，积极参加志愿服务工作，先后担任了原卫生部预防艾滋病宣传员、国家禁毒委员会宣传形象大使、中国红十字会总会无偿献血形象大使、中国红十字会总会理事、中国残疾人福利基金会理事、中国青少年发展基金会理事等社会职务。他不计名利，不讲报酬，多次向灾区和扶贫事业捐款；他放弃影视拍摄和个人休息，奔波于医院病房、戒毒所和艾滋病患者家中；他身体力行多年义务献血累计10余次；他参与“春蕾计划”，主动承担3名失学女童学费。他还以个人名义设立“濮存昕爱心基金”，这也是国内第一个以个人名义设立的公益基金，用于帮助困难地区儿童和艾滋孤儿等群体，募款捐款数百万元。

濮存昕始终与祖国、与人民同呼吸、共命运，把履行社会责任、发挥社会作用作为一名文艺工作

者的应尽职责。2004 年和 2008 年，他在雅典参与奥运圣火传递和北京奥运火炬接力圣火采集，担任 2008 年北京残奥会开幕式预演文艺表演环节主持人，担任 2022 年北京冬奥会火炬手。国之盛事当前，他积极参与贡献力量；家国有难之时，他同样义不容辞。在 2003 年抗击非典斗争和 2020 年以来抗击新冠肺炎疫情的斗争中，他都积极参与相关晚会和宣传片的录制，发挥文艺工作者重要作用，发挥自己的影响力，凝聚众志成城、共抗疫情的社会“正能量”。

舞台上，他是鲁迅、弘一法师、李白、林则徐、李尔王、常四爷……魅力无限，熠熠星光；舞台下，他是文化推广者、戏剧传承者、社会公益者，谦谦君子，熠熠生辉。全国优秀共产党员、全国“德艺双馨”优秀文艺工作者、全国五一劳动奖章、国家有突出贡献话剧艺术家、全国十大社会公益之星等荣誉，文华表演奖、中国戏剧梅花奖、中国电影华表奖、中国话剧金狮奖、首都精神文明建设奖等奖项，是党和人民对这位新时代人民艺术家的肯定与赞美。

（供稿：北京人民艺术剧院）

高凤林：焊接火箭“心脏”的“大国工匠”

高凤林，男，1962年3月出生，中共党员，中国航天科技集团有限公司第一研究院首都航天机械公司高凤林班组组长，中华全国总工会兼职副主席。曾获全国道德模范、全国劳动模范、新中国成立70周年“最美奋斗者”、全国“最美职工”等荣誉称号。

发展航天，火箭先行。航天特种熔融焊接工高凤林几十年如一日，用勤勤恳恳的工作，为我国90多枚火箭焊接过“心脏”，占我国火箭发射总数的近四成，成就了一名蓝领工人的“大国工匠”传奇，助推了我国航天强国和世界科技强国建设。

苦练铸就蓝领英雄

要掌握过硬的焊接技术，离不开辛勤练习的汗水。在七机部学习时，高凤林一面虚心向师傅求教，一面勤学苦练：吃饭时拿筷子练习送焊丝动作，喝水时端着缸子练稳定性，休息时举着铁块练耐力，冒着高温观察铁水的流动规律。

20世纪90年代，为长三甲系列运载火箭设计的新型大推力氢氧发动机，其大喷管的焊接一度成为研制瓶颈。大喷管的形状有点儿像牵牛花的喇叭口，延伸段由248根壁厚只有0.33毫米的细方管组成，全部焊缝长达近900米，管壁却比一张纸还薄，焊枪多停留

0.1 秒就可能把管子烧穿或者焊漏。然而，这些全部要通过手工焊接完成。

在首台大喷管的焊接中，高凤林连续奋战一个多月，最终凭借着高超的技艺，攻克了烧穿和焊漏两大难关。

然而，X 光检测显示大喷管焊缝有多达 200 多处裂纹！大喷管面临被判“死刑”的命运。在众多技术专家的质疑声中，高凤林从材料的性能、大喷管结构特点等展开分析后直言：“裂纹是假的！”经过剖切试验，证明高凤林的判断是正确的。于是，第一台大喷管被成功送上了试车台。这一新型号大推力发动机的成功应用，使我国火箭的运载能力得到大幅提升。

纷至沓来的成功让高凤林越来越感到知识的可贵。在离开学校 8 年后，高凤林又开始了长达 4 年的机械工艺设计与制造专业学习。有了知识的积累，高凤林的技术水平突飞猛进。在一次航天系统举办的大型技术比赛中，他取得了实操第一名的好成绩。

航天事业注定与高难度相伴。20 世纪 90 年代，在为长三甲系列火箭焊接第二台氢氧发动机的关键时刻，由于公司唯一的一台真空退火炉发生炉丝熔断，发动机的研制工作一时陷入停滞，大家都急得团团转。要想恢复设备运转，必须将炉丝重新焊接在一起。那时正值盛夏，炉内氧气本就稀薄，焊接时还要输送氩气进行焊接保护，缺氧成为致命杀手。危急时刻，高凤林主动要求钻炉抢险。同事在高凤林脚上绑上绳子，再三叮嘱他：“如果感到呼吸困难，就马上扯绳子，千万别逞强。”在漆黑一片的炉腔里，高凤林打着手电筒，忍着闷热和缺氧的窒息感，一点一点焊着……就这样，他三进三出，终于成功焊好了炉丝，真空炉又恢复了运转。

2010 年以后，长征五号火箭研制进入新的阶段。根据研制需要，产品要在模拟使用状态下的试车中接受考验，因此长征五号发动机推力室需要加装稳定装置。焊接部位位于头部喷出火焰的地方，接头经受不了火焰的冲刷。面对这一难题，国外普遍采用的是粘接技术，而且对我国实行技术封锁。因此，我们必须完全依靠自主创新来解决。高凤林大胆地提出采用我国古代就已大量使用但很长时间没有较大发展的钎焊方法进行连接，避开冲刷区间，最终创造性地解决了推力室头部研制的难关，试车考核完全满足设计要求。

受丁肇中邀请跨国解难题

高凤林逐渐成为远近闻名的能工巧匠，于是社会上一些单位遇到解决不了的技术难题时，也来向他求助。

一次，我国从俄罗斯引进的一种中远程客机发动机出现了裂纹，很多权威专家都没有办法修好。俄罗斯专家断言“中国的专家谁也修不了”，称只有把发动机拆下来运回俄罗斯。高凤林被请到现场，一番检查之后，他告诉俄方专家：“我十分钟之内就能把它焊好！”焊完后，俄方专家反复检查后面带微笑对高凤林竖起了大拇指。

2006 年，由世界 16 个国家和地区参与的 AMS-02 暗物质与反物质探测器项目，在制造探测器时遇到了难题。11 月底的一个晚上，诺贝尔奖物理学得主丁肇中的秘书多方辗转找到高凤林，希望他能帮助解决。

在高凤林以前，已经来了美国国内外两拨“顶尖高手”，他们提出的项目实施方案一直没能得到国际联盟总部的认可。由

于液流氦具有极强的渗透力，只能使用焊接的方式，但焊接带来的变形是一大难题。在论证会上，高凤林说："对待这种复杂的特殊结构，必须创新设计方案。"说着，他把自己的思路和盘托出。各方专家听了，纷纷点头称赞。高凤林认真思考好几天后提出的创新设计方案，得到了国际联盟总部评审通过，他本人也被委任以美国宇航局特派专家的身份督导项目实施。

3 项成果斩获国际发明金奖

数十年如一日的奋斗，让高凤林收获了丰硕的果实。2014 年，第 66 届德国纽伦堡国际发明展（IENA）成为他的高光时刻。

纽伦堡国际发明展历史悠久，位居世界三大发明展之首，能在这里斩获一个奖项的难度非常大。

高凤林携带着 0.33 毫米超薄方管焊接工艺、火箭发动机异种金属关键组件焊接工艺、钛合金车架焊接工艺 3 项成果参会，与来自世界各国的 600 余项发明成果一决高下。

发明展十分重视参展项目的原创性，评审条件极为严苛。一般是展示人员 3 秒内点明成果亮点，30 秒内描述清楚发明内容，如果评委产生兴趣，则在 3 分钟内高度浓缩地概括说明成果的创新之处。50 余名不同领域的专家组成评审团队，在每个展台前短暂驻足，听取介绍并打分，最后按照综合得分评出奖项。

令人惊奇的是，此次发明展共颁发 39 个金奖，高凤林带去的 3 个项目全部获得了金奖！

（供稿：北京市委宣传部　首都文明办）

杨孟飞：愿得此身长报国
直上九霄揽日月

杨孟飞，男，1962年10月出生，中共党员，中国航天科技集团有限公司第五研究院探月工程三期探测器系统总指挥、总设计师，中国科学院院士。曾获全国道德模范、中国载人航天工程突出贡献者、首次月球探测工程突出贡献者等荣誉称号，以及国防科技工业突出贡献奖等奖项。

面对探月工程关键技术多、任务难度大、实施风险高等难题，杨孟飞带领团队开拓创新、攻坚克难，取得了众多创造性成果，圆满完成了嫦娥五号探测器的研制工作，首次实现我国地外天体采样返回，为我国探月工程“绕、落、回”三步走收官之战取得圆满胜利和航天强国建设作出重大贡献，在科技报国中彰显了人生价值。

孜孜以学擅钻研　赤子情深献航天

杨孟飞从小就痴迷于数字。凭着对数字计算的浓厚兴趣，他上大学时毫不犹豫地选择了在当时还十分陌生的计算机专业。在西北电讯工程学院（现西安电子科技大学）学习期间，他把当时国内所有能够拿到的最新计算机技术成果全部都研读了一遍，为毕业后从事科学研究工作打下了扎实的基础。

1982年，年仅20岁的杨孟飞大学毕业。当时，我国虽然已经成功发射了人造地球卫星，但是在空间科学领域与美苏两国相比差距还很大。“如果能够将自己所学的计算机知识应用到空间探索中去，将自身所学知识的价值发挥到最大，这样的人生才更加有意义。”基于这种考虑，杨孟飞决定报考隶属于五院的北京控制工程研究所的空间计算机及其应用专业，从此迈进了航天的大门。

此后的30余年里，杨孟飞屡次提出创造性方案，解决了载人航天、探月工程的诸多难题，从星载计算机研究室的一名研究人员逐渐成长为航天科技集团五院副院长，并被评为中国科学院院士。

淡泊名利只求真 逐梦深空向月飞

杨孟飞院士“胸有凌云志”，却能“待以平常心”。他经常跟自己的学生说，从事科研工作，切忌心浮气躁，好高骛远。

2011年，探月三期工程正式立项，任务目标是实现月面无人采样返回。时任五院副院长的杨孟飞，决定从行政领导岗位上退下来，担任嫦娥五号探测器总指挥、总设计师。从此，他十年如一日，扎根科研一线，带领深空探测研制团队潜心研制，只为圆满完成嫦娥五号任务。

杨孟飞始终坚持实事求是的态度，不断探索科技前沿，勇攀科技最高峰。嫦娥五号任务刚立项的时候，他在极短的时间内，几乎把所有专业文献和材料都看了一遍。他是学计算机控制的，可却认真研学了热控学、机构学，甚至高温火工品专业的知识。十几本厚厚的专业书籍，摞在一起差不多有两尺多高，每一章、每一页他都用心地学习过，还经常与不同领域的设计师交流讨论，只为把知识了解透，把专业掌握好。

生活中，杨孟飞非常简朴，对物质方面要求一向不高。工作中，

他身先士卒，无私奉献，经常半夜下了飞机，就直奔研制现场，与科研人员一起开展技术研讨，或者查看项目进展情况，第二天又继续忙碌。执行嫦娥五号飞控任务的二十几天里，他每天只睡三四个小时，其他时间都跟普通设计师一样在飞控岗位上紧张地忙碌着。特别是采样封装阶段的整整 48 个小时里，他没有合一下眼，始终在科研最前线与一线设计师并肩作战。

杨孟飞十分注重人才培养，每个周末都抽出时间悉心指导学生的专业学习和实验。在他的带领和影响下，整个嫦娥五号研制队伍都烙下了他脚踏实地、不迷信、不盲从的性格印迹，以实干创造新业绩。在他的培养下，年轻一代的航天人迅速成长，一大批青年技术人员被评为高级工程师、研究员。这支具有爱国精神、国际视野、能打敢拼的科研团队，挑起了中国深空探测的大梁。他们大力弘扬“追逐梦想、勇于探索、协同攻坚、合作共赢”的探月精神，一步一个脚印，向着成功完成任务的目标不断前进。

只做不说永创新　敢为人先创奇迹

太空探索是国际科技尖端领域，每攻克一个难题都是一次跨越式的挑战。

1992 年夏天，杨孟飞第一次到发射场执行任务。为了提高返回式卫星控制系统的稳定性和可靠性，他创造性地提出“三机冗余

TMR/S 可变结构高可靠控制计算机容错方案”，确保了飞船成功发射并安全返回，为中国航天事业解决了一大难题。这套系统后来在神舟飞船的发射中再建奇功，确保了飞船在太空自在遨游，顺利返航。

嫦娥五号是我国迄今为止复杂度最高、技术跨度最大的航天系统工程。要首次实现我国地外天体采样与封装，月面起飞，携带样品高速再入地球等一系列壮举，其研制难度可想而知。为了突破这些首创性技术，杨孟飞经常通宵达旦，不断提出完善方案，避免任何可能存在的瑕疵。他对每个环节的质量要求都极高，“技术要见底，产品要见底，过程要见底”是他经常挂在嘴边的几句话。他总是通过抽丝剥茧的方式逼着研制人员把问题想透彻，以至于在嫦娥团队中流传着一句笑谈，如果谁能够经得住杨孟飞“7 个为什么”的“灵魂”盘问，那就算过关了。正是他这种追求完美、要做就做到最好的“见底”精神，确保嫦娥五号按节点完成了研制工作。

受发射推迟的影响，准备出厂的嫦娥五号需要进行长期贮存。这是从未遇到过的特殊情况。面对新问题和新挑战，杨孟飞带领团队探索出一整套贮存、测试的新方法和新技术，确保了嫦娥五号在贮存长达 3 年多的时间后依然能够完美飞行。

2020 年 12 月 17 日，嫦娥五号探测器在内蒙古四子王旗成功着陆，标志着我国首次地外天体采样返回任务圆满成功。这是人类探月历史 60 年来中国人书写的又一创举，也是时隔 44 年后人类再次从月球带回月壤，标志着中国航天向前迈出的一大步。作为整个任务的核心人物，此时的杨孟飞依然保持了一贯的低调，将目光聚焦到下一次重大宇航任务上。

（供稿：北京市委宣传部　首都文明办）

牟昌华：专注于气体质量流量精准测控技术研究

牟昌华，男，1976年8月出生，无党派人士，北京七星华创流量计有限公司总经理，工学博士，教授级高级工程师。曾获全国劳动模范、北京市劳动模范、北京市经济技术创新标兵等荣誉称号和全国五一劳动奖章，以及2012年北京科学技术二等奖、2015年北京科学技术三等奖。

气体质量流量控制器，是一种曾经被西方发达国家技术垄断的先进设备，在众多工业领域中都会被用到。气体质量流量，看不见，摸不到，这怎么测？牟昌华有办法。牟昌华及其团队研发的气体质量流量控制器不仅达到了国外同类产品的技术水平，而且具备自己的核心技术，销售市场遍布国内外。“（这）就好像跑马拉松，以前是我们追，现在，我们要保持住领跑的位置。”牟昌华如此形容自己的工作。

强化责任担当　勇于攻坚克难

2005年，牟昌华在清华大学博士研究生毕业后来到七星华创。他秉承推动产业进步的宗旨，从基层做起，专注于气体质量流量控制技术研究，凭借扎实的专业基础和埋头苦干的工作态度，带领团队圆满完成多项研制任务。2006年，牟昌华受命担任公司重大战略项目技术负责人，向世界先进水平发起挑战。他带领团队迎难而上、知难而进，解决关键“卡脖子”痛点，开发了我国新一代数字气体质量流量控制器，因此获得2007年中共北京市委组织部的优秀人才项目培养基金资助。

牟昌华团队主持研制的某气体质量流量控制器通过省部级鉴定，综合技术指标达到国内领先水平，获得第三届中国半导体协会创新技术奖，并成功实现产业化应用。截至2021年底，该项目系列产品已累计实现销售近10万台，广泛应用于我国半导体、真空、核工业、太阳能电池等多个领域。

牟昌华带领团队在气体质量流量控制领域不断取得突破。由他主持研制的某大流量气体质量流量控制器达到国际领先水平，是目前世界上唯一适用于商业燃料电池电站的气体质量流量控制器，占有全球燃料电池电站气体质量流量控制器90%以上的市场份额，牢牢掌握了市场主动权，极大提升了公司在全球的影响力。

勇挑行业重担 坚守国企责任

牟昌华高度重视行业发展，积极承担多项国家重大科技专项任务。他带领团队进行核心技术攻关，完成某产品项目的原理分析、仿真设计、图纸设计等多个阶段工作，成功研制出我国高端气体质量流量控制器，打破国外技术壁垒。该产品已经在我国各主要大规模集成电路生产线和装备企业进行了测试和使用，获得2012年度中国半导体创新产品技术奖、北京市工业国防系统职工创新三等奖。牟昌华团队因此获得国家科技重大专项优秀团队奖和突出成果奖。

近年来，随着我国国力逐渐增强，集成电路领域成为重点关注的行业，而其中的核心零部件对行业的影响极为重要。目前牟昌华带领的团队正在对多个核心零部件进行攻关，其研制的产品已开始陆续发布，大大提高了我国集成电路设备的国产化能力。

聚焦价值创造　提升技术水平

牟昌华聚焦产品技术价值创造，在质量流量控制器领域共申请获得专利20余项，其中国际PCT发明专利4项，2项专利已分别在美国、日本得到授权。在国际国内重要会议上发表论文5篇。他以博士后出站论文为基础撰写完成的著作是我国第一部关于热式气体质量流量控制器方面的专著。

牟昌华团队积极探索气体质量流量控制器领域新技术，他们研制的恒功率传感器技术、数字传感器平衡技术、VCP的阀控制技术、压力补偿技术等已应用到相关产品当中，极大地提高了产品的各项性能指标，使我国在气体质量流量控制器领域获得了突飞猛进的发展，达到了国际先进水平，为我国众多行业的发展和国产化水平的提高给予了有力支撑。

在国内气体质量流量控制器水平落后国外先进水平30多年，产品技术指标停留在国外20世纪七八十年代水平的情况下，牟昌华践行创造无限可能的理念，带领团队兢兢业业，出色地完成一项又一项科研任务，创造出众多的新产品和新技术，取得了一系列的优秀成果，在我国众多重要行业领域中得到广泛的认可和应用，促进了质

量流量控制行业技术进步，打破了国外产品技术的垄断。通过牟昌华团队的技术创新，我国在原先从来没有国产产品的大规模集成电路、燃料电池、光伏太阳能等行业，实现了对进口产品的大量替代。不仅如此，很多主流产品的技术水平基本达到了国外同类产品的技术水平，并远销欧美多个国家和我国台湾地区，获得了良好的经济效益和社会效益，极大提升了行业影响力。

（执笔：马超）

孙泽洲：向更远的深空进发

孙泽洲，男，1970年11月出生，中共党员，北京空间飞行器总体设计部型号总设计师、研究员。曾获全国劳动模范、全国“最美职工”等荣誉称号和全国五一劳动奖章，以及国家科学技术进步奖特等奖、一等奖和国防科学技术奖特等奖项。

作为我国月球和深空探测航天器设计领域专家和学术带头人、科技部中青年科技创新领军人才、国家“万人计划”科技创新领军人才，孙泽洲长期致力于月球及深空探测领域研究和工程实践。他先后任嫦娥一号卫星副总设计师，嫦娥三号、嫦娥四号和火星探测器总设计师，在月球环绕、软着陆及巡视探测器系统设计领域、测控通信技术等方面取得了突出的科技成果。他带领团队圆满完成了我国首次绕月探测任务、首次月面软着陆及巡视探测任务，以及国际首次月球背面软着陆及巡视探测任务，为我国月球和深空探测领域的发展作出了突出贡献。

潜心研究，刻苦攻关

2004年，我国的探月工程正式立项。孙泽洲作为嫦娥一号卫星副总设计师，分管测控与数传、天线、机构与结构、热控、数管、供配电6个分系统的总体技术工作。副总设计师岗位不仅需要把握总体需求，确保总体的高效和系统优化，而且要求对各个专业的知识都有所掌握，专业跨度非常大。通过刻苦钻研，阅读大量书籍，向相关专家请教，他很快就把“课”补到了专业水准。在卫星总体设计过程中，他采用系统工程的方法进行综合设计，提出了利用数管功能实现热控功能控制和电源管理等设计思路，大大提高了系统的可靠性；在测控系统设计过程中，他创造性地设计了我国首个深空探测测控数传星载系统，解决了月球探测卫星40万千米远距离地月测控通信的设计难题；在月食方案设计过程中，他综合多学科技术，进行系统优化，有效解决了长时间阴影对卫星的安全影响。通过不断的专注研究和不懈的技术攻关，孙泽洲解决了环月探测的诸多关键技术难题，确保了我国首次月球环绕探测任务的圆满成功，树立了中国航天的第三个里程碑。

夙兴夜寐，勇于创新

嫦娥三号探测器承担着探月工程第二阶段“落”的使命，是我国第一个在地外天体软着陆的探测器，面临着全新的技术挑战。一般卫星的新研产品和新技术只有20%~30%，而嫦娥三号却占到了80%，特别是12分钟软着陆过程完全要靠探测器自主完成。作为探测器系统总设计师，孙泽洲从系统任务分析入手，带领研制团队进行技术上的原始创新。他们进行了上万次数学仿真、上千次桌面联试以及模拟月球重力环境和月表地形地貌等多次大型地面试验，应用智能控制、热管理等新技术，解决了大速度增量的变推力着陆减速、自主着陆导航和避障控制、大温差（-180℃ ~120℃）/长期低温（14天的-180℃）环境的热控保障、非结构化地形上移动的自主导航与遥操作控制等技术难题，最终突破了月球软着陆和月面巡视核心关键技术，形成了一系列自主创新科研成果。我国在国际上首次实现了月球着陆和巡视的联合探测，首次基于对月测距测速和地形识别敏感器及变推力发动机实现了月面自主避障软着陆，首次采用重力辅助两相流体回路技术实现了极端温度环境下的月面生存——我国首次月面软着陆和巡视勘查任务圆满完成。

敢为人先，追求卓越

2016 年，嫦娥四号和我国首次火星探测任务正式立项。作为两个探测器的双料总设计师，孙泽洲开始了一面飞月背，一面奔火星的“超常”职业生涯。为了获得更多的科学探测成果，他和团队将嫦娥四号的目标确定为月球背面软着陆，这是人类第一次近距离精细探测月球背面。要实现月球背面软着陆探测，就必须解决月球背面探测器与地球之间多目标远距离中继通信难题。他利用自身测控通信专业特长，创新提出了基于地月 L2 平动点[①] 的中继通信总体方案，利用单个中继节点实现了对月双目标中继。因为是第一次，所以嫦娥四号通信系统在研制过程中经历了很多挫折。为了解决一个又一个难题，孙泽洲带领团队反复验证，经常试验到凌晨，8 点钟又开始第二拨试验，最终成功实现了月球背面探测器与地球之间数据中继通信的全

① 又称地月拉格朗日点，是指在地球和月球这一二体旋转系统中的引力动平衡点。

时覆盖。在中继通信系统搭建的“鹊桥”支持下，嫦娥四号探测器成功实现了人类首次月球背面软着陆和巡视探测。

在月球探测任务实施的同时，孙泽洲又开始了更远的火星探测征程。我国首次火星探测任务要求一步实现“绕、着、巡”任务目标，这在世界上史无前例，任务难度非常大。面对困难，他迎难而上，高起点高目标确定探测器系统方案，带领团队集智攻关，远赴无人区进行大量外场试验，建造火星环境模拟试验设施，完成了火星进入气动防热、火星大帆面减速伞、行星际测控通信等多项关键技术攻关，为火星探测任务的顺利完成奠定了坚实基础。

在狠抓技术攻关的同时，孙泽洲作为团队的带头人，非常注重人才培养和团队建设。由于他对年轻人精心培养、严格要求，营造和谐工作氛围，嫦娥四号探测器研制团队形成了“思维严谨、不耻下问、集思广益、信息共享”的内在精神，成了一支战斗力强、凝聚力高的优秀科研团队。

（执笔：孙越）

王月鹏：穿梭于高压电塔间的“蜘蛛侠”

王月鹏，男，1979 年 11 月出生，中共党员，国网北京市电力公司昌平供电公司集体企业运检业务中心主任兼配电带电作业班班长，高级工程师、高级技师。曾获全国劳动模范、北京市优秀共产党员、北京大工匠等荣誉称号和全国五一劳动奖章、首都劳动奖章。

有这样一个工种叫带电作业，那是一个在万伏高压线下与死神碰撞的高危职业。有这样一个人，他的远大理想是希望有朝一日 10 千伏配电线路带电作业能够完全替代停电检修作业，更好地服务百姓。为此，他专注于带电专业近 20 年，工作在“死神”身边。他，就是全国劳动模范等荣誉称号的获得者王月鹏。

迎挑战，投身高危工种

1998 年，18 岁的王月鹏从北京清河供电技工学校毕业，成了一名电力职工。本来成绩优异的他可以选择相对轻松、安全的工作，可他却瞒着家里人选择了当时的大冷门——带电作业。

带电作业是电力系统中一项特殊、高危的工种，尤其是 10 千伏带电作业，稍有不慎，后果不堪设想。“可再危险也得有人去干啊！北京是首都，带电作业不可或缺，咱是学电的，咱不干让谁干？”王月鹏觉得，人活一世，总要挑战自己，那才不枉费人生。

当学徒工的日子里，王月鹏学得极其认真，他的进步时常会让老师傅们眼前一亮。然而，别人不知道的是，他一直没有告诉母亲自己选择了带电作业。直到半年后的一天，同事到王月鹏家里做客时，不小心说漏了嘴，母亲才知道自己的儿子从事着如此危险的工作。母亲当时就哭了，王月鹏一遍一遍地安慰母亲："妈，我喜欢做有挑战的事情，您要相信您的儿子。"

勤钻研，不断努力成长

2003 年，由于业务出色，王月鹏被任命为昌平供电公司带电作业班班长。一次，他无意中听见两个同事说："刚才去通知停电，一大姐跟我说，你们不能停电啊。我们家老人用呼吸机，要是停电了，老人怎么办呀？"

王月鹏听后，主动找到领导，请求进行带电作业。工作结束后，他陷入了沉思：停电对有些家庭来说关乎生命，要是带电作业能发展壮大，会有更多的家庭受益。

从此以后，王月鹏开始苦心钻研国内外先进带电作业技术。那时，买书、看书成了他工作之外的一件大事。遇到问题时，他就虚心向有着多年工作经验的老专家、老前辈请教。

2007 年，他凭借在带电作业方面的精湛技艺和高超的理论水平，以北京市电力公司带电作业专家身份参与了相关技术规程的编写。他参与修编的《北京市电力公司 10 千伏架空配电线路带电作业操作规程》一直沿用至今。

2009 年，王月鹏被国家电网公司聘为生产技能专家，并以第二作者的身份出版了《10 千伏配电线路带电作业实操技术》。这些成果已成为带电作业理论与实践的重要指导和宝贵财富。

解难题，创新永无止境

2015年初，王月鹏接到一个事故处理电话。当他带领班组人员火速赶到现场时，发现是电线杆上的绝缘子坏了，而这根电线杆恰巧为抱立杆型。由于杆型的特殊性，即使停电更换绝缘子，难度都非常大，更别说带电作业了。至少在北京带电技术领域，当时这还是一项技术空白。

王月鹏决定针对抱立杆型电线杆研制一个导线固定装置，一举解决抱立杆型不能带电更换绝缘子的问题。他查阅了国内外大量资料，却没有发现类似技术。王月鹏不甘心，决定自己画图、挑选材质、找制作厂家动手制作模型。一次、两次、三次，试验都失败了，可是王月鹏没有放弃，继续试验，最终在第十四次试验中，“抱立杆型边相导线固定装置”成功了。该项成果获得了发明及实用新型两项国家专利。

从2009年第一次迈开创新的脚步到2019年，王月鹏收获了7项国家级专利成果，均在北京市电力公司范围内得以推广使用。

拼全力，赛场勇夺桂冠

2016年，首届北京大工匠选树活动正式启动，37岁的王月鹏迎来了人生中的又一次挑战。

王月鹏拿出勤奋刻苦的劲头，训练不分冬夏、不分早晚，常常把自己累到胳膊瘀血发紫，手掌全是水泡，鼻子流血仍不肯休息。第一次比赛当日，正值寒冬时节，现场所有的工作人员都穿着厚厚的棉衣，王月鹏只穿了件单衣。上场前，他裹着棉衣，围着场地一圈一圈地跑，以便保持身体的温度。轮到他上场时，棉衣一脱，第一个冲到杆下，麻利地上杆，操作干净利落。

经过一年多的层层比拼，2018 年，王月鹏凭实力脱颖而出，被评为北京大工匠。

勇担当，为民挥洒汗水

作为一名电力工作者，特别是作为一名共产党员，王月鹏时刻铭记自己的责任和使命，压力面前不低头，困难面前不服输，时刻冲在各种急难险重工作现场的最前线。

2018 年夏天，北京电网负荷连创新高，天热得像着了火。为了确保大负荷期间可靠供电，昌平供电公司开展分装变压器工作，王月鹏负责对每一台新装的变压器进行带电接火。

当带电作业车升到 12 米高时，虽然戴着墨镜，站在绝缘斗里的王月鹏还是被太阳刺得眯起眼睛，脸上的汗珠连成了线，不停地往下淌，流入眼中，杀得眼睛都睁不开。密不透风的绝缘服，再加上绝缘套袖、3 层绝缘手套……王月鹏觉得自己都快被蒸熟了。他强忍着刺痛，丝毫不敢疏忽，因为带电作业容不得半点走神儿。等完成作业后，他从头到脚都湿透了，汗水沿着工作服的下摆直往下淌，摘下来的绝缘手套里竟倒出了半碗水。

2019 年，王月鹏获得国家电网公司特等劳动模范荣誉称号。这一年，他带领带电作业班共开展带电作业近 800 次，约为 2018 年的 3 倍。接下来的日子里，他和他的带电作业班向着新的目标继续前行。

（执笔：黄晨）

齐长红：硕果累累的草莓农技员

齐长红，男，1971年7月出生，中共党员，北京市昌平区农业技术推广站站长，高级农艺师。曾获全国先进工作者等荣誉称号和全国五一劳动奖章。

齐长红自1992年参加工作以来，不忘初心，无悔奉献，连续28年奋战在京郊农业技术推广服务第一线，扎根基层，贴近群众，发展草莓产业，建设美丽乡村。

质量兴农，打造昌平草莓第一品牌

多年来，齐长红一直专注于提高草莓质量。有人曾说："昌平的草莓红了，齐长红的头发白了。"他以"提高草莓品质，保障质量安全，提升产地环境"为工作宗旨，通过创新示范，推广新品种、新技术、新装备、新模式等，提升草莓栽培技术，促进产业升级。

通过不断的升级转型，昌平区草莓产业从数量增加型逐步向质量增长型转变，每年全区13个镇70个村1500余户的种植面积维持在4800~5200栋，产量从2015—2016年度的576万公斤增长到2018—2019年度的630万公斤，总产值从3.19亿元增至3.3亿元。

近几年来，昌平区共引进国内外草莓优新品种150个、先进栽培模式 17 种，通过水肥一体化、环境调控等多项措施优化提升了草莓的口感和品质。2015 年至 2019 年，推广草莓与洋葱、水果苤蓝、鲜食玉米等作物套种技术，累计建立草莓套种蔬菜示范点 210 个，推广范围涉及京津冀地区的 13 个区县 32 个乡镇，累计推广面积达 12050 亩，技术覆盖率 94.63%，其中昌平区基本全覆盖，新增蔬菜产量 754.5 万公斤，新增总产值 4571.95 万元，新增纯收益 4263.78 万元。昌平草莓在扩大影响力的同时，还取得了显著的经济、社会、生态效益，单栋草莓温室效益增加上万元。

精准发力，践行乡村振兴发展路

为了大力推进产业精准扶贫，培育贫困群众“造血”功能，实现可持续稳定脱贫，昌平区将草莓育苗产业扶贫作为工作核心和重要抓手。此项重要的工作落到了齐长红的肩上。他对接内蒙古锡林郭勒盟太仆寺旗和河北省张家口市尚义县红土梁镇，在高海拔冷凉地区开展优质草莓生产苗繁育工作，共建立草莓育苗大棚 380 栋，带动当地就业 200 户，为当地创收 277 万元，走在全国脱贫攻坚第一线。他为北京地区草莓种植户提供优质草莓生产苗 300 万株，提高了草莓种苗自给率，服务了全市草莓产业发展。近 5 年来，他先后到河北、辽宁、浙江、云南、内蒙古、广西等 18 个省、自治区和 3 个直辖市指导草莓种植生产，指导外埠草莓种植专业合作社 800 余个，惠及农民 3000 人次。

随着昌平区农业产业的不断升级，2019 年昌平区田园综合体建设项目全面启动，以昌金路为主要景观带，将周边 20 千米范围内的几十个农业园区作为重点景观建设点，种植农业景观作物，打造昌平新名片。面对新的挑战，齐长红积极转变思路，变瓶颈为机遇，挖掘创新潜力，相继推出一系列创新方案和举措。针对田园综合体景观建设，他推广适宜春季播种的观赏油菜花2000亩、油葵210亩，油菜花和油葵分别在5月份和7月份到达盛花期，景观效果突出，同时还引进筛选适宜不同季节种植的观赏油菜及五彩油菜等。他还因地制宜在全区内发展林下经济，结合园区特点推广种植养生保健蔬菜等。在齐长红等科技人员的努力下，以路为轴，以线带面，一、二、三产业融合，变分散为集聚，多点突出，相互呼应，体现农业生态化、可持续化发展的田园综合体建设在昌平区已初见成效。

带好队伍，敢于担当新作为

齐长红常说:“响应党的号召，不但要听从党的号令，干好农业技术推广这件事，更要带出一支能为农业产业发展不断提供优质服务的优秀队伍。”

年轻人才是未来的希望。齐长红把重点培养年轻人，将接力棒交到年轻人的手中作为自己的工作重点，努力做到“待遇留人、感情留人、事业留人”。在率先引领方面，他永远站在急难险重任务的第一线，有担当、不推诿，主动帮助大家解决难题，逐渐成了大家的主心骨；在事业方面，他与大家共同研究技术、分享工作经验，使大家切实感受到了自身的价值。齐长红就是这样带领团队、凝聚团队、塑造团队，使这个团队意识更加牢固、工作视野更加开阔、创新氛

围更加浓郁、工作作风更加务实，充满激情地活跃在京郊农业技术推广第一线。

近5年来，齐长红参与编制了《草莓避雨穴盘育苗技术规程》《水果苤蓝生产技术规程》等北京市地方标准，参与编著《设施草莓生产技术》《草莓精细管理十二个月》等草莓专业书籍30部，申请黏土砖墙体的保温改造工艺、灌溉控制系统、温室二层膜自动覆盖系统3项专利，在《中国园艺》《蔬菜》等杂志上发表文章100余篇。

30年来，齐长红始终坚持每年下乡不少于210天，推广技术，答疑解惑。凭借着对农业的无限热爱和对工作的执着信念，他用自己的一颗赤诚之心温暖着昌平这块沃土，用自己的双脚丈量着农民的致富路，用自己的双手带动了农业产业蓬勃发展，用自己的生命为农业强、农村美、农民富无悔奉献。

因工作业绩突出，齐长红荣获全国农牧渔业丰收奖一等奖、农业部神内基金农技推广奖、北京市农业技术推广三等奖、北京市科学技术奖三等奖、贵州省科学技术进步三等奖等奖项，连续5年被评为全国草莓产业推广先进个人。

（执笔：宋濛）

郜春海：缔造轨道交通的中国“大脑”

郜春海，男，1970 年 11 月出生，中共党员，交控科技股份有限公司董事长，城市轨道交通列车通信与运行控制国家工程实验室主任、研究员。曾获全国劳动模范、国家“万人计划”科技创新领军人才等荣誉称号，以及国家科学技术进步二等奖等奖项。

从 1989 年上大学至今的 30 多年来，郜春海始终锚定轨道交通信号系统的核心技术研发这一件事。上大学时学习铁路信号专业，毕业留校后当老师教信号专业、研究信号核心技术，走出校门后创办中国第一家自主信号技术实体企业，郜春海为我国构建自己的技术体系与信号产业、实现中国轨道交通信号系统的进口替代作出了突出贡献。

艰苦的自主创新之路

中国地铁市场潜力巨大，西门子、阿尔斯通等外企蜂拥而至，在技术和设备上处于垄断地位。作为城市轨道交通的“大脑”与“中枢神经”，信号系统的价格十分昂贵，项目工期完全由老外说了算。那时，一套系统动不动就卖到几亿元的高价，还没有讨价还价的余地。即便经过艰苦的谈判，日常的设备维护也令人十分头疼，一个零件出现问题甚至要返回国外工厂，维修时间长达一年半载是常事，并且价格是原来采购价的十几倍。

郜春海对此深有感触。20世纪90年代末，他经常以专家身份参与地铁核心设备的招标和采购谈判。看到跨国公司一次次将国内地铁信号控制系统大单收入囊中，而我国却根本没有讨价还价的余地时，他的心里很不是滋味、很受刺激。“什么时候，中国地铁能用上咱自己的信号系统？”作为一个交通人，他不禁发出了这样的感叹。

“买是买不来核心技术的，买也买不来话语权，只有自主创新才能让中国轨道交通信号系统不再受制于人。”2000年，郜春海响应国家核心技术国产化和自主化战略号召，结合北京交通大学科研优势，决定组建自主开发信号系统研发团队，开始了艰苦的自主创新之路。

没有前人经验做参考，连方法论、研发工具、验证评估、安全认证和项目管理手段都是清一色的进口货——要打破国外如此环环相扣的技术体系垄断谈何容易！最迷茫的时候，郜春海将自己封闭起来，不分昼夜地进行研究分析，然后再将思路传到大本营。有时候为了做测试，郜春海团队在“咣当咣当”的列车上一待就是好几天，夏天一身汗，冬天一身寒。

功夫不负有心人。2010年底，郜春海带领团队成功攻克第三代CBTC技术，在确保列车运行安全的前提下，缩短了列车运行间隔，提高了列车行驶速度，大幅提高了出行效率。该技术达到世界上最高安全等级SIL4、最短行车间隔90秒的水平。

2010年12月30日，北京地铁亦庄线CBTC信号系统示范工程顺利开通，标志着我国自主创新的CBTC系统首次应用于实际工程，我国由此成为亚洲第一个、世界第四个掌握该项核心技术并开通运用的国家。这一成功，打破了外国技术长期垄断，实现了信号系统的进口替代，解决了制约我国轨道交通信号系统几十年的“卡脖子”问题，创造出中国第一个完整的自主化CBTC系统产业链。截至2021年底，CBTC系统已成功应用于全国20多个城市的40多条线路，并逐步走出国门，开拓国际市场。

创新的脚步永不停止

在 CBTC 成功落地后，郜春海并没有停止创新的脚步，继续不断做“第一个吃螃蟹”的事情。

在当时，不同厂家的信号系统不能互相兼容，这不仅造成运营维护的高成本，也让跨线运行成为奢望。可是，让 10 多家厂商的信号系统实现互通绝非易事。郜春海没有被困难吓倒，而是创造性地提出不同系统间互联互通的理念，首次应用于重庆互联互通国家创新示范工程，并带领国内多家企业开发满足互联互通标准的系统，形成中国标准的 CBTC 互联互通产业链。

针对自动化和智能化发展需求，郜春海带领团队成功攻克自动化最高等级 GoA4 级 FAO（全自动运行，俗称“无人驾驶”）技术，并在北京地铁燕房线国家示范工程中首次应用，打破了国外在轨道交通全自动运行系统领域的技术垄断和技术封锁，建成了我国第一条真正意义上具有自主知识产权的全自动运行线路。

在 FAO 基础上，郜春海领导团队进一步升级研发并掌握第四、

五代互联互通的全自动运行系统，并在北京大兴国际机场线上首次示范应用。该线路设计速度达到 160 千米 / 小时，成为目前全球最快的城市轨道交通全自动运行线路，实现了 FAO 系统技术从“跟

跑”到“领跑”的转变。在部春海的带领下，交控科技已从跟着国外技术路线创新，走向了原创性创新的无人区。部春海表示：“跟着国外技术研发路线走，永远也走不出自己的道路，实现不了超越。只有走出自己的道路，才能让我国的技术创新走到世界的前面。”

目前，部春海团队正在全力推动轨道交通全场景的基础研究和全生命周期的技术创新，计划通过采用5G+AICDE（人工智能、物联网、云平台、大数据、边缘计算）等新技术为轨道交通赋能，探索研发高效率、低成本、可持续发展的第六代智能轨道交通系统，全力以赴实现在世界范围内的“领跑”。

（执笔：耿天成）

刘可钦：师心可钦

刘可钦，女，1961年11月出生，中共党员，北京市海淀区中关村第三小学校长，北京市中小学特级校长、北京市特级教师。曾获全国先进工作者、全国模范教师、“全国十杰中小学中青年教师”、北京市优秀共产党员等荣誉称号，以及全国教育改革创新杰出校长奖等奖项。

从教近40年来，她忠实履行党和国家赋予的神圣使命，植根于深厚的中国文化，以富有前瞻性的创新投身教育改革。从20世纪90年代作为核心成员参与主体教育实验，为新世纪初期我国第八次课程改革奠定实践基础，到带领中关村三小面向未来重塑学校的变革，探索学校教育改革的中国方案，再到参与千年大计，建设雄安校区，为名校带动薄弱地区教育转型提供有效路径，刘可钦始终以其“理想信念、道德情操、扎实学识、仁爱之心”，受到中国乃至世界教育同行的认可和赞扬。

重塑学校，创新未来人才培育方式

当国家实现教育现代化，那时的学校应该什么样？2012年，刘可钦带领团队大胆打破上百年来学校固有的“教室＋走廊＋操场”模式，设计并建造开放、共享、可灵活调节、处处是教室的3.0学校。超越上百年来的班级授课制的单一形态，创造性地将3个连续年级班的师生组成一个新型的教育组织“班组群”，为学生适应未来学习和发展搭建新的学习生态。可组合的时空，多样的学习关系，以及跨学科和跨年龄的“班组群”，创造了中国学校与世界对话的优秀案例。

“班组群”模式，引发了师生教与学方式、教学组织形式，伙伴学习关系、学校治理等一系列变革，师生的学习力、创造力得到了解放，满足了学生多样学习的需求。为学生的社会交往、团队协同、创造性解决问题等能力的提升，提供了更多样、更丰富的学习经历和机会。一系列植根中国大地的学校创新行动，为新时代落实立德树人学校根本任务做了最好的实践回答。

国家治理体系和治理能力现代化如何在学校得以体现？充满活力的现代学校如何打造？刘可钦创新提出“大家三小”理念，从顶层规划学校的治理架构，让不同利益方深度参与学校的共治，形成了党组织领导下以校长为核心的行政团队、教职工代表大会、课程委员会、少先队、家校共同委员会等多主体参与的现代学校治理和运行的一整套体系。她创造性地开启“校中校”管理模式，4 个班组群组成一个“校中校”，及时响应师生的需求，让决策发生在离师生最近的地方和最近的人，解决了大规模学校普遍存在的人际疏离现象。这样的治理矩阵架构，把学校的管理线、教学线和保障线打通，将传统的职能型组织和项目型组织进行优势叠加，大大减少了组织内耗，管理团队的领导力大幅提升。一大批有责任心、有担当、受欢迎的中层干部得到锻炼成长，教师群体的教育力得到最大程度的释放。

通过 8 年的实践创新，她带领的中关村三小成为一所厚植中国文化、融通中外先进办学思想的新型学校，一所可以与世界好学校比肩同行的中国学校。这一创新，获得北京市基础教育教学成果特等奖和国家基础教育教学优秀成果奖。

勇挑重担，积极服务国家战略

刘可钦认为，学校应该是教育孩子、团结人民、引领社会风向的地方。

在服务国家重大战略中，教育人又能做些什么？2018年初，中关村三小作为北京市首批援助学校入驻雄安新区。从项目落地伊始，刘可钦频繁往返于北京和雄安之间，以“一起做事、深度参与、共同成长”的原则，从选派干部教师组团援助到发挥“新时代教师成长”研修工作站骨干教师引领作用，12个项目、26位导师、196位成员、39期研修活动、2000多人参与……实现了传统“帮扶”的迭代，全方位助力雄安新区教育更快发展，快速改变了雄安校区的教师面貌。雄县教育局依托中关村三小的雄安校区成立了“雄县干部教师实践基地”，成为区域教育整体提升的引领者。

如今的中关村三小，通过合并薄弱校、委托管理、派出教师、联盟等多种方式，形成了一校6址的集团办学格局；通过开展“好老师进社区”“周末公益课”等公益活动，打通服务群众“最后一千米”，把好学校办在家门口，让群众有了实实在在的获得感。

精准扶贫，教育何为？刘可钦连续多年担任教育部和北京市名校长领航工程实践导师，携手一批欠发达地区和农村薄弱学校共同发展，推动首都优秀教育资源与全国教育薄弱地区对接。曾经因为有假

期才选择当老师的她，却几乎没有享受过一个完整的假期。一路走来，她不辞辛苦，深入学校，通过挂职、影子校长、工作室等多种形式，指导帮助更多老师、校长的发展，影响

辐射到宁夏、江西、福建、重庆、内蒙古、辽宁、贵州等多个省市和地区的近百所学校。利用“互联网 + 教育”的授课形式，突破时空和地域的限制，将中关村三小优质的教育资源送到了偏远地区和农村学校，让首都之光惠及教育最薄弱地区数万名师生。

疫情防控，护佑学生心灵

新冠肺炎疫情暴发时，刘可钦以教育专业的敏感性和责任心快速反应。在家长和孩子们情绪最容易出现波动时，她给孩子发出一封公开信，用理性平和的语言，打动了无数家长和师生，很多人“含泪读完”。她对学生说：“在这场没有硝烟的战争中，我们看到了无数人的努力，理解了责任与担当的意义；看到了人生百态，也体会到人性终极的美好；看到科技和大数据的力量，也体会到了决策的关键……这是书本无法教给我们的。”公开信迅速被《光明日报》、《首都教育》、今日头条等多家媒体转载，获得 10 万 + 的点击量。她带领团队用爱心和专业构建了一个隔空不隔心的“魔法课堂”。“孩子居家学习，家长如何指导”直播讲座主动回应群众关切，直播总点击量达 360 多万，起到了及时有效平稳情绪、建立信心的社会效果。

如今，在中关村三小产生的“3.0 学校”“班组群”“真实的学习”“现代学校治理”等创新成果已在许多地区和学校推广应用。美国、芬兰、以色列等 80 余个国家和全国 31 个省市区数万人到学校考察学习，其中不仅有教育工作者，还有建筑设计、创新企业、官员等跨界人士。刘可钦为基础教育的交流和发展作出了重要贡献。

面向未来培育人才，刘可钦的基础教育创新之路一直在持续。

（执笔：梁怡）

赵　郁：做知识型“金牌”蓝领

赵郁，男，1968 年 6 月出生，中共党员，北京汽车集团首席技师，北京奔驰汽车公司装调工、工会副主席，高级技师，职工创新工作室带头人，北京市总工会兼职副主席。曾获全国劳动模范、全国技术能手、北京市劳动模范等荣誉称号和首都劳动奖章。

从业 30 年来，赵郁始终立足于汽车装调岗位，在汽车综合检测与诊断、电器故障分析与排除等方面练就一身硬功夫；依托职工创新工作室，大力推动技改创新和技能人才培养，为企业培养了一支高技能的汽车专业人才团队，累计创造经济效益 4000 余万元。

勤奋善学，练就技能大师

装调工作是确保汽车品质的一大核心工作，即使是 0.1 毫米的误差，也会为驾乘安全埋下巨大隐患。因此，赵郁一直秉承“不做则已，做则至全”的原则，坚持勤奋善学，以扎实的理论功底和丰富的调试经验，实现对汽车电器故障快速诊断、迅速排除。

在一次新车型投产过程中，试制爬坡任务迫在眉睫，部分试制车辆故障码频出，整车投产受到影响。赵郁临危受命，依靠对车型性能的深刻理解，在研究分析诊断仪出结果后，大胆否定了外方专家的推断，并在仔细观察线束插接孔后，找出装配错误，最终解决问题，保证了新车的如期上市发布，为企业节省成本500余万元。

随着电子和自动控制等新技术在汽车上的广泛应用，赵郁主动钻研汽车前沿技术，练就了一门“听声辨病”的维修绝技，成为业界公认的顶级技能大师。

知者创物，攻克技术难关

以戴姆勒生产体系为依托，赵郁带领团队在生产一线展开了一系列技术改造与创新工作，确保了新项目投产及快速爬坡。

他自制的“C车腰线保护工装”，将划伤概率从8%降至1%以下；自主设计研发的购物料车，大幅减少因人员取件走动浪费的时间，提高了生产效率和防错防误的能力，为北京奔驰的精益生产树立了标杆；设计制作的驾驶员气囊拆卸工具，有效降低了调试下线返修率；全自主开发的奔驰电器故障点诊断辅助工具，为生产调试现场提供了便捷而高效的汽车检测诊断手段。

在北京奔驰顺义工厂投产爬坡的关键时刻，赵郁带领团队深入总装一线，查找影响线速的瓶颈工位，解决下线车调试难题，通过搭建远程技术支持平台，实现对顺义工厂的24小时远程支持，全力支持了顺义工厂的投产爬坡。

作为北京奔驰的职工创新带头人，赵郁依托职工创新工作室大力开展职工创新联盟建设。在公司内部，他建立起了包含总装、喷漆、装焊、冲压、发动机五大工艺的创新联盟，在生产难题攻关、新车试制投产方面发挥了重要作用。作为北汽集团的首席技师，赵郁心系集团的自主品牌发展和技能人才培养工作，积极与集团内部企业建立职工创新联盟。目前，赵郁创新工作室牵头与北汽株洲创新工作室、北汽研究院创新工作室、北汽技师学院建立了职工创新联盟，成为北京奔驰和北汽集团其他单位进行联合技术攻关、联合培养人才的重要平台。同时，赵郁还积极探索与京内高校、企业建立职工创新联盟，发挥各自资源优势，共同推进首都制造业发展。目前，由赵郁牵头，北京奔驰已经与中国地质大学、北京电子科技职业学院、首钢集团等企业建立职工创新联盟，针对重要技术课题进行联合立项、攻关。截至 2021 年底，在赵郁的带领下，依托职工创新联盟平台，共计完成攻关项目 90 余项、技术创新获奖 10 余项，累计创造经济效益超过 2000 万元。

传道授业，培养行业精英

以职工创新工作室为平台，赵郁将传技带徒、绝技传承的大师精神发挥到了极致。为促进一线员工的技能水平整体提升，他提出了“实景教学——通过教具实训装配操作”理念，带领团队自主设计制作“北京奔驰 EQC 电动车底盘驱动解剖教具”“奔驰新 C 系车型剖视展示框架和变速箱培训教具”等 17 项系列培训教具，为北京奔驰汽车装调工设计出了一套培训机制，更将传统的线上培训模式改变为线上线下一体化培训模式，大幅降低了培训成本，提高了培训效率，开

创了汽车行业技能工人实操培训新模式，其中“奔驰汽车线束—电气、发动机、仪表系统仿真模拟培训平台”项目填补了国内高端汽车装配及维修工种技能培训教具的空白，成为北京汽车工业高技能人

才培养的重要平台。

结合多年生产一线实践，赵郁先后编纂了《班组长培训课件开发》《技能人才培养体系金字塔》《总装员工培训手册》等培训教材，成为北京奔驰指导及规范职工培训、技能鉴定与能力考核的参照标准。

赵郁及其团队共自主研发30余项创新型实训教具，其中2项获得国家专利，为企业每年节省培训费用300余万元，工作室累计培训新员工7000余人次。赵郁所教授的120余名徒弟中，19人晋升为高级技师，55人成为技师，11人成为段长。

在带徒传艺的同时，赵郁还不断提升自身技能。2018年，已经是全国技能大师的赵郁，报名参加了北京大工匠技能挑战赛，与京内各企业的汽车装调高手切磋技艺。经过近4个月的理论和实操笔试，赵郁不负众望，夺得冠军，荣获北京大工匠称号。

（执笔：马超）

从慧敏：国企“牛人”护航乳品安全

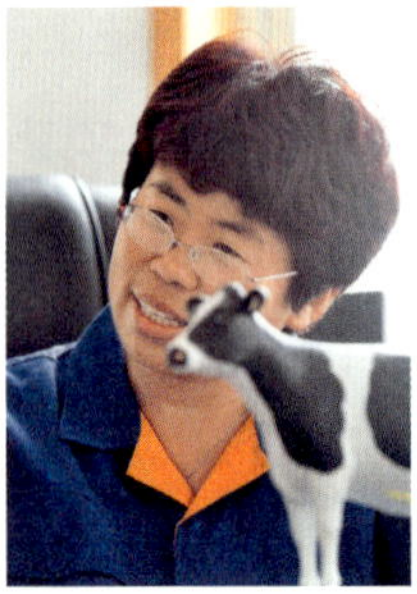

从慧敏，女，1976年8月出生，中共党员，北京首农食品集团三元食品北京奶牛中心副主任，高级畜牧师，党的十九大代表。曾获全国劳动模范、全国三八红旗手、北京市创先争优优秀共产党员等荣誉称号。

首农食品集团三元食品北京奶牛中心有一位“牛人”。她黝黑的皮肤，爽朗的笑声，总会给人留下深刻的印象。她就是全国劳动模范从慧敏。

为理想，硕士“牛倌”扎根偏僻乡间

“我2002年研究生毕业，当时，我们很多同学都到高校当老师了，大多数人都觉得这对于女同志来说是比较好的选择。”从慧敏说。可是，她却因为想把学校里学到的理论与实践结合，而选择了养牛场。

带着父母的牵挂，拎着简单的行囊，从慧敏来到了北京远郊区的养牛场。“当时，我也常想，多年寒窗苦读，追求的到底是什么，难道只是城市边缘的生活和工作？”很快，好强的她就告诉自己：既然选择了奶牛养殖业，就一定要吃得了这份苦！

2009年底，从慧敏到德茂牛场任场长，正赶上严峻的防疫形势，牛场必须进行封闭管理，而这就意味着，所有职工的吃住都要在场里。“德茂牛场于20世纪50年代建成，各种设施、设备都比较落后。”为了解决封闭管理后职工的食宿问题，她同职工一起给10个宿舍安装了暖气，购置了床铺，为食堂添置了新用具。只用了两天时间，她就妥善安排好了全场职工必需的生活设施，自己也住进了牛场里。

从慧敏的这些举动，父母和爱人都能理解，但当时只有3岁的儿子却无法接受。没有妈妈的日子，他开始上火，双眼红肿。万分焦虑的从慧敏只能求助朋友把一家老小搬到了牛场附近的小区。

新家的楼上就可以看到牛场，爱人把孩子抱到窗前，边打电话边玩“找妈妈”的游戏。电话接通后，从慧敏迫不及待地问孩子：“儿子，看到红旗了吗？”“看到了，看到了！”“妈妈的办公室就在红旗的脚下！”不等她说完，儿子高兴地喊起来：“爸爸，你快看，那儿有草，有大奶牛，我看见妈妈了！”电话一头的孩子还在说着笑着，而电话这头的她却已泪流满面。

“作为一名母亲，我很想陪着生病的孩子，但作为国企职工，作为一名乳业人，我更知道，为马上要过春节的首都市民提供安全放心的牛奶比什么都重要。”从慧敏说。

组建技术服务团队，助力奶业振兴

首农食品集团作为全国重要的牛奶供应基地，奶牛存栏近9万头，平均单产超11吨奶，比全国平均水平足足高出3吨。在这一数字的背后，离不开从慧敏和同事们的辛苦付出。

要想获得更多的牛奶，首先要养出产奶高的奶牛，而这样的奶牛怎么来，关键是先找到优秀的“牛爸爸”，所以培育优秀种公牛就成为从慧敏的一项重点工作。

“优秀种公牛的选育费时费力，最初那些年，我们从胚胎、冻精

研究入手，要不停地做实验，还要持续跟踪、记录数据、细致分析。选出一头优秀种公牛通常要五六年的时间。”从慧敏坦言，这项工作看似简单重复，但实际上，对团队所有人来说都是一项挑战，因为它极度考验人的耐心和细心。

随着分子技术的发展，他们在选育工作中引入了基因组选择技术。“这项技术可实现对青年公牛的早期准确选择，不一定非要通过后代测定，大大节省了时间，降低了成本。”从慧敏感慨道。

随着在奶牛育种、养殖方面的技术愈加纯熟，如何发挥首农食品集团近70年的积淀，将良种和技术更好地服务全国奶农成为从慧敏和团队伙伴们思考的问题。

在深入调研基础上，从慧敏牵头组建奶牛技术服务团队，以奶牛肢蹄保健和奶牛繁殖配种服务为切入点，派技术人员长期驻场，点对点、手把手帮扶牧场。目前，服务牛群规模从2019年的15万头拓展到2021年的35万头，年服务牧场由113个增加到214个。奶牛中心技术服务团队现已成为国内最大的奶牛社会化、专业化技术服务团队。通过不断摸索完善管理组织架构、开发信息化管理软件，实现了奶牛育种、技术服务、良种推广“三统一”。我国奶牛奶单产从2017年的7吨提高到2021年的8.7吨，有力推动了奶业振兴。

临危受命，护航乳品安全

2019年，从慧敏开始分管北京奶牛中心乳品质检站工作，并兼任站长。新的岗位，意味着新的任务。当时，由于北京市产业政策调整，小型乳品厂外迁，大型乳品厂送检对象分散，社会第三方检测竞争激烈，导致乳品站的检测市场萎缩严重。同时，大批老员工退休，新员工需培训上岗，乳品质检站各项工作面对巨大的考验，从慧敏深感压力巨大。

从慧敏一方面努力学习实验室管理专业知识，提升自己的管理水平，另一方面通过推行一对一师带徒、每人每季度讲一堂课等方式，提高质检站全体员工的综合素质。质检站以申请通过中国合格评定国家认可委员会认证为突破口，以多参加国家权威机构举办的能力验证为手段，根据市场开发需要积极扩项。质检站通过扩大检测范围、提升检测能力、提高实验室管理水平，为乳品站检测市场拓展打下了坚实的基础，为乳品质量安全检测提供了保障。

2020 年新冠肺炎疫情暴发后，从慧敏带领奶牛技术服务团队紧盯 120 多个技术托管模块人员的工作、生活、思想动态情况，密切关注各项目各牧场动态。“一边是疫情，一边是服务任务，哪边都不能放松。”从慧敏说。各技术服务团队遵守企业所在地疫情防控规定，施行“区域服务、属地防控、集中配送”的策略，实现了疫情防控与生产的稳步推进，使疫情对奶牛中心和项目牧场的影响降到了最低。

20 年来，从慧敏扎根一线，默默坚守，通过不懈的努力和辛勤的付出，不断创下佳绩。“我要在奶业振兴的路上坚定地走下去，让人们不再为牛奶质量担心，让广大农牧民赶着牛儿奔向富裕。”从慧敏说。

（执笔：陈曦　供图：陈艺）

代康伟：世界级电驱动能源供给的“攻坚标兵”

代康伟，女，1983年6月出生，中共党员，北汽集团北京新能源汽车股份有限公司党委副书记、董事、总经理，北京新能源汽车股份有限公司工程研究院原党委委员、副院长，高级工程师。曾获全国劳动模范等荣誉称号和全国五一劳动奖章，以及中国汽车工业科学技术一等奖等奖项。

代康伟负责公司电动化能力建设，基于电动化建立了电控系统、电驱动系统、电池系统集成的自主研发系统，从而为北汽新能源公司在纯电领域行业占据头牌打下坚实的基础，为新能源汽车行业发展作出了积极贡献。

坚持梦想，牵头攻克新能源汽车电控技术

2010年3月，“绿色北京”行动计划（2010—2012年）提出进一步推动“绿色北京”建设，确定了第一批新能源汽车推广应用城市和区域。代康伟果断瞄准新能源汽车动力电控产品自主研发空白领域并进行自主开发。

自主研发的道路是艰辛的。面对技术团队理论基础薄弱，可借鉴开发资料几乎空白的局面，代康伟废寝忘食，一边思考如何解决领域最前沿的研发问题，一边手把手地指导团队做开发。经过不懈努

力和刻苦钻研，代康伟带领团队先后完成三代动力电控产品平台开发工作。产品搭载车型自投入市场销售以来，覆盖私人市场、分时租赁、出租汽车、微公交、驾校用车、政府机关单位以及物流用车多个领域。其中，搭载第二代电控平台的C30平台纯电动乘用车关键技术于2015年荣获“中国汽车工业科学技术一等奖”，获得了行业内的充分认可。

2015年至2017年，代康伟再次带领青年攻关团队开启打造第三代三电电控产品之路。她协调资源，高效推进，层层分解工作任务，制订全员参与的培训计划。经过两年艰难攻关，该产品于2017年6月获得德国TUV颁发的“ASIL D级”功能安全流程认证证书；同年12月，获得德国TUV颁发的MCU、VCU和BMS功能安全产品“ASIL C级”认证证书。至此，北汽新能源公司的技术达到国际主流水平，成为国内唯一的一家在电动化领域完整自主掌握功能安全产品及流程技术的整车厂，而代康伟团队所研制的三电电控产品成为国内规模最大的电控部件提供主体，有效保障和推动了新能源汽车产业的示范推广。

引领创新，自主研发高性能一体化电驱总成系统

北汽新能源公司以“打造世界级科技创新中心，成为世界级新能源汽车领导企业”为发展目标。在国家级新能源科技创新中心建设中，代康伟积极参与推进创新中心建设工作。她牵头组建了一支年轻的以党员为主的攻关团队，建立基于国际软件标准AUTOSAR4.0的软件架构平台，开创性地将国内外先进技术整合至一个标准平台中，实现整车三电核心控制系统协同开发与创新，为企业自主三电电控平台标准化开发奠定了基础，同时整合全球优质供应商资源，为企业年度节约上亿元开发费用，有效提升了产品竞争力。

代康伟在电驱动领域攻坚克难，牵头完成自主研发的高性能一

体化电驱动总成，总体技术水平达到国内领先、国际一流，在“中国心”年度动力总成评选活动中连续两年获得新能源汽车动力系统最高奖项：2018 年，第二代动力总成关键技术获得“中国汽车工业科技进步奖二等奖”；2019 年，第三代一体化电驱动总成技术获得“北京市科技进步奖二等奖”。目前，相关技术应用已超过 20 万套，为目前国内最大规模的集成式电驱动总成应用案例，带动了国内新能源汽车动力总成的技术升级和发展。截至 2019 年 10 月，北京新能源一体化电驱总成直接销售额接近 40 亿元，为北京市创造直接利税接近 10 亿元。同时，该系统每年为国家降低碳排放 20 万吨，取得了良好的经济效益和社会效益。

持续创新，构建完备的电池系统研发平台及测试验证体系

代康伟在电池开发领域持续攻关，带领团队建立完善的动力电池系统正向设计开发平台和以用户使用安全、使用可靠和使用体验为出发点的动力电池 DV2.0 测试验证体系，有效保障了北汽新能源 50 万辆电动汽车在市场端的运营安全和用户口碑。

她带领团队始终站在电池技术创新的制高点上，创新全气候电池技术，填补了高寒区域无法使用电动汽车的技术空白；创新 CTP 电池技术，打造全球首款乘用车用无模组动力电池系统，极大提高了电

池产品竞争力；牵头创新“四重安全电池技术”，构建从材料级到整车级的多维度全方位电池安全设计模型，引领国内电池安全技术迈向新高度。

培养人才，推进党建与技术互融共进

以自主培养为主，北汽新能源公司打造出了一支行业领先的三电人才团队。近 3 年来，团队有 25 人获得功能安全工程师认证，32 人获得 ISTQB 认证，国内占比 50%；共计发表论文 36 篇，年均申请专利 272 项，年均授权专利 160 项，其中代康伟本人参与授权专利共计 230 项。2018 年，代康伟培养的团队获得“全国工人先锋号”殊荣。

在研发业务领域不断创新的同时，代康伟作为一名年轻的基层兼职党务干部，积极探索党建工作创新，始终坚持以党建创新带动技术创新。在她的牵头下，公司开展了一系列的技术研发党课、共建交流、多层次的培训分享等活动，党员攻关项目也取得突破性进展。她坚持利用午休时间，开展“书记有约”座谈，倾听员工心声，为大家答疑解惑，深受员工喜爱，而她所联系的基层支部，也多次获得北汽集团表彰。

“甘将热血洒春秋，构筑科技强国梦。”代康伟在工作岗位上有责任、有担当，不畏压力，勇于挑战，兢兢业业，平均每日工作 13 个小时，为她身边的团队照亮前行的道路。

（执笔：孙越）

王佳伟：打造污水处理的智慧工厂

王佳伟，男，1976年5月出生，中共党员，北京城市排水集团有限责任公司科技研发中心主任，教授级高级工程师。曾获全国劳动模范、全国水业杰出青年等荣誉称号和首都劳动奖章，以及国家科技进步奖、国际水协会全球项目创新奖和省部级科技进步奖等奖项。

从清华大学环境科学与工程专业博士研究生毕业后，王佳伟在北京城市排水集团一干就是18年，如今已成长为集团科技研发中心主任。王佳伟坚定创新与实践的执着信念，在研发岗位多年，致力于科技创新以及技术转化工作的落地。他带领研发中心团队通过反复论证，提出了建设“全国水环境科创中心”、北京方庄“未来水厂”等具体实施规划方案，完成了一批科技项目。

污水处理提档升级

2003年，王佳伟进入北京排水集团，当时正值新的科研项目研发——沼气脱硫，这是第一家大规模排水企业采用厌氧消化处理污水。“厌氧消化在当时是非常先进的技术，但在处理污水过程中，会产生有毒有害气体，所以专门成立了研究沼气脱硫课题组，集团给出的实验时间是4个月。”王佳伟回忆道。

时值酷暑。白天，全副武装的王佳伟跟同事们一起在现场做实验，一次、两次……晚上，进入实验室检测分析数据。经过大家不懈努力，2003 年 11 月 10 日，实验终于取得了稳定成果，集团建成了自主研发的第一个沼气脱硫装置，同时也开启了王佳伟污水资源化研究的新征程。

北京是典型的资源型缺水城市，将污水资源化是解决城市缺水至关重要的手段。可是当再生水回补至河湖时，水体富营养化很难避免。如何避免回补时出现水体富营养化，提升河湖水质，是王佳伟一直努力的方向，也是他研究脱氮除磷技术的根本目的。

为了打破技术壁垒，他学习了自动控制原理、数学建模和互联网知识，结合污水处理的专业知识，开发了一套实验装置。实验的过程漫长而艰辛，他带领团队每天 24 小时值守，分时取样进行数据分析，就这样，整整“盯”了一年半的时间。除了每天“泡”在实验室，他还经常到生产一线了解情况，探索将控制系统的指令设计与生产实践结合的有效途径。

经过缜密的实验与分析，王佳伟的研究思路不断成熟，最终开发了基于脱氮除磷原理的前馈模型和反馈调节相结合的优化控制技术，并结合互联网实现了工业化和信息化在污水处理行业的融合，形成了具有污水处理行业特色的污水处理厂动态调度控制系统，这也是国内首次实现污水处理技术从单一污染物减排到多元综合利用的转变。

科学精神引领向前

由于脱氮除磷处理工艺相对复杂，王佳伟带领团队建立了一个每天可处理 300 吨污水的实验装置，以此模拟和实验在各种条件下对污染物去除的影响。

研究的过程中需要反复进行实验，不断调整工艺，每一个环节，王佳伟都秉持严谨求实的科学精神进行探索研究，有时为了保证数据的科学性和连续性，需要进行至少十几个小时的测试实验。

终于，在团队的不懈努力下，在一次次的实验和数据分析中，实现了在合理范围内的精准脱氮除磷，使再生水水质稳定达标。仅脱氮一项，应用新技术就将污水中氮的数值降低了一半以上。

“这项采用生物处理工艺的高效脱氮除磷节能控制技术在北京排水集团的‘三年行动计划’中得到推广应用，再生水水质得到了进一步提升。”王佳伟说。

技术创新实现双赢

随着再生水水质变好，出水稳定达标，王佳伟又开始琢磨新的研究方向。结合自己在北京高碑店污水处理厂工作 8 年的实践积累，王佳伟始终认为，污水处理厂在运行方面还有进一步优化的空间，为此他开始积极探索水厂的自动化、智能化运行。

“污水处理是一个复杂的微生物过程，由于污水本身具有腐蚀性，所以一些设备设施不太容易实现自动化。”王佳伟表示，研究自动化、智能化运行技术具有重要意义，可在合理能耗水平下，尽量减少人工干预，以此实现能耗和物耗的双节约。

面对此项研究涉及的环境工程、自动控制技术、通信工程技术和数学建模技术等多学科知识，王佳伟不断充实自己，一边加强自身学习，掌握自

动控制原理、数学建模等相关知识，一边统筹精干力量，聚力开展研究。

他带领团队建立了实验模型预测和计算药物的投加量及参数，做好实验参数的记录和分析，查看数据变化趋势是否与预测预想相符合，并根据实际情况不断调整参数。

为了将实验成果与现有工艺更好地结合，王佳伟带着技术实施方案来到了再生水厂，积极推动技术成果的应用转化，希望技术可以更好地服务基层。"通过再生水厂的升级改造，实现了精准曝气，加药除磷、脱氮等正在逐步实现智能化。"

作为技术骨干，王佳伟先后承担了国家高技术研究发展计划、国家科技支撑计划、北京市科技计划等近10项省部级课题的研究工作，解决了国内污水处理厂处理设施能耗高、达标不稳定等一系列问题，研究成果获得了国家科技进步奖1项，国际水协会全球项目创新奖1项，省部级科技进步奖5项。在科技创新领域的辛勤耕耘，王佳伟收获了全国劳动模范、首都劳动奖章、全国水业杰出青年等荣誉。

王佳伟经常嘱咐团队中的年轻人，科研要有前瞻性，"未来要继续朝着让再生水厂智慧化、资源化、生态化的方向，打通技术研发、产品开发、市场推广应用的创新链，让科技创新真正应用到实际当中"。

（执笔：张爽　康琪）

李太生：痴迷的努力　科学的胜利

李太生，男，1963 年 8 月出生，中共党员，中国医学科学院北京协和医院感染内科主任，主任医师，博士生导师。曾获全国先进工作者、全国抗击非典优秀科技工作者等荣誉称号和全国五一劳动奖章、首都劳动奖章。

人类自诞生起就在与疾病做斗争，尤其是最令人恐慌的大范围传染性疾病。在一次次疾病对人类意志、智慧、情感和道德的考验中，医务人员始终以专业精神、职业风范冲在最前线，手持科学的武器与病魔展开生死较量。在这个闪耀杏林的大医群体中，北京协和医院感染内科主任李太生就是其中一位勇攀科学高峰、护佑人民健康的医学家。

“我必须亲眼去看看病人”

“我把各个病床的指标数据都做了记录，每天查完房，我都要对着本子‘发呆’一段时间。”面对新冠肺炎疫情，李太生坦言自己是“老革命”遇到了新问题。他所说的“发呆”绝不是放空自己，而是定下心来让大脑高速运转。“新冠肺炎是全新的病毒所导致的全新疾病，对它可能引起的变化，我们没有任何准备。因此我必须动用所有的知识，不断琢磨、想对策，比对每天的变化，再去调整、验证。”他说。

2020 年 1 月 25 日疫情暴发初期，李太生和二十几位专家讨论形成了《北京协和医院关于“新型冠状病毒感染的肺炎”诊疗建议方案》。“协和方案”提出的加强医务人员防护培训、强化早期筛查、规范重症治疗等观点，受到业界高度评价，并向全国推广。他因此代表医院参加了国务院疫情防控工作多部委协调会议并作为专家发言，提出在尚无有效抗病毒药物情况下，可考虑应用免疫球蛋白以及康复期病人血清抗体治疗的方法。

“之前有人劝我不必来武汉，但有些疾病的数据和症状，不在现场根本就不会了解，所以我必须亲眼去看看病人。能够到现场，就是来武汉最大的价值。”2 月 7 日，李太生作为北京协和医院第二批驰援湖北国家医疗队队长来到武汉。在武汉连续工作的一个多月里，他每天都要进入病房。疾病的复杂程度令他整个人一直处于战时的亢奋状态。“新冠肺炎不仅是一种肺炎，它更是一种感染综合征。我们发现重症病人的手指、脚趾，甚至整个脚部都出现绀紫的现象，这已经是弥散性血管凝血的表现了。从外观都能够看到缺血状态，说明脏器一定存在微血栓，甚至可能因此而加速脏器衰竭乃至死亡。”对此，他提出应尽早实行抗凝治疗的原则，给予低分子肝素治疗。

一系列原创性策略及措施使北京协和医院对新冠肺炎极危重症病人的“总攻”取得了可喜成果，20 多位病人成功脱离危险，转入普通病房。

“解决别人解决不了的问题”

如果说奔赴抗击新冠肺炎的战场是英勇应战，那么攻坚艾滋病毒的 27 年可以说是李太生矢志不渝的人生选择。

1985 年，北京协和医院的王爱霞教授就发现了我国首例艾滋病人。可是直到 1993 年，全国 8 年累计报告病例仅 1300 例，这与中国 10 亿人口相比简直可以忽略不计！从当时国内情形来看，选择研究艾滋病无疑是选择了“冷门”。李太生经过大量的学习和认真的思考，认为从流行病统计学分析看，中国必然要经历一个艾滋病暴发流行的阶段。1993 年，他受教育部委派，前往法国巴黎攻读艾滋病专科医生学位，师从世界著名的艾滋病临床专家卡特拉玛教授和免疫学专家奥特朗教授。

当时，国际医疗领域认为晚期艾滋病难以医治，李太生凭借临床观察，挑战了实验数据的“权威”，并和导师在 1997 年共同向世界宣布，艾滋病人免疫功能可以重建。多年以后，讲起这段经历，他仍然非常激动和感慨不已：“我在一个最好的时期进入了这一领域，又在最好的医院里选择了最好的导师。当时大家都急于报告最新的结论。起初三四个月，我们的实验结论与其他实验中心并没有区别。虽然实验室数据没有改观，但是病人的身体状态还是很不错的。我们坚持到第九个月时，就发现了艾滋病人淋巴细胞亚群数目开始出现恢复和反弹。这一发现提醒我们，临床与基础医学很重要，坚持独立思考更重要！”

1999 年，李太生被法国授予“优秀外国医师奖——维多利亚雨果奖”，成为首次获得该奖项的中国人。1999 年，李太生已成为国际抗艾领域小有名气的青年才俊。在博士答辩后仅一周，他谢绝了导师的热情挽留，回到了祖国，回到了北京协和医院感染科工作。置

身于协和医院这一沃土，李太生团队仅用了 10 年时间，便让中国艾滋病抗病毒治疗水平与国际比肩。如今，在李太生团队的努力下，中国的抗艾治疗方案成为迄今为止国际范围内性价比最高的方案，也为其他发展中国家提供了有价值的借鉴模式。

“科学研究就得追求原创。做前人没做过的，解决别人解决不了的问题，这更有意义。”李太生是这样想的，更是这么做的。

时至今日，李太生团队已经成功推动观点的更新，将艾滋病从不治之症变成像高血压一样的内科慢性病，还在朝着进一步提高染艾者生活质量的目标不断拓展“中国方案”。

1969 年，美国军医署长威廉·斯图尔特（William H. Stewart）曾说过：“或许我们应该合上感染性疾病的教科书了。”如今看来，病原微生物对人类健康的威胁还将长久伴随人类文明史。正是通过无数像李太生一样的科学家们的不懈努力，人类才能逐步揭开疾病的谜团，用科学的光芒照亮未来的道路。

（执笔：黄晨）

贾　磊：让科技改变生活

贾磊，男，1975 年 12 月出生，百度首席架构师。曾获全国劳动模范荣誉称号，以及中国专利银奖、电子学会一等奖、国家技术发明二等奖等奖励。

他是智能语音界举足轻重的 AI 大牛，不仅是业界公认的学术研究顶尖学者，更是用科技改变生活的行业引领者。他主导研发的百度语音识别和语音合成等一系列百度自有知识产权的语音核心技术，每天被亿万客户使用。他主持研发的小度智能音箱的远场语音交互系统、小度车载语音交互、百度鸿鹄语音芯片、百度智能语音呼叫中心系统等一系列百度语音类产品推广应用后，正逐渐改变着越来越多人的生活方式。他，就是百度语音首席架构师、百度语音技术负责人和百度语音搜索、语音输入法创始人贾磊。他，是互联网行业首位全国劳动模范。

潜心研究，打破"从无到有"的艰难

2011 年，加入百度团队的贾磊开启了自主研发语音技术的新征程。面对没有任何语音搜索系统核心技术的窘迫局面，他义无反顾地投入到技术研发当中。那时候，他每天忙着写代码、建模、做原型系统，不停地提方案、做设计，“每天只要睁开眼睛就是工作，连走路坐车的时间都用来思考”。贾磊的工作劲头是百度工程师“狼性工作”的经典写照。在不断攻克核心技术难关的过程中，贾磊收获了团队成员的认可与支持，最终经过大家不断细化、完善和产品打磨，仅用6个月时间，百度完全自主研发的语音搜索系统就上线了。让贾磊倍感骄傲的是，产品上线时就已经明显超越了谷歌的中文语音搜索产品，成为语音技术产业化最成功的经典案例。

“从无到有的过程是非常艰难的，技术调解和优化、深层次的探索都需要我们全力以赴去应对。”贾磊用超强的判断力和执行力，把原本漫长的科学研究工作快速转化为科技产品，百度完全自主研发的语音搜索系统应运而生，短短几年间，中国的语音搜索技术实现快速跻身世界前列的大跨越。

创新发展，接受“摒弃经验”的挑战

“做创新发展的先驱，就要懂得摒弃过往经验，为发展另辟蹊径。”在研发小度音箱的过程中，相比于之前手机上的语音交互系统，需要克服的技术难题是远距离说话时候噪声干扰和识别提升问题。对此，国际上已经有了相对成熟的技术解决方案，且国际上以亚马逊智能音箱为代表的智能音箱产品，也采用“成熟经验”走在了前面。但贾磊团队不甘于让人在核心技术上“卡脖子”，他组织团队进行科研和产品攻关，提出了基于复数卷积神经网络（Convolutional Neural Network，CNN）的语音增强和声学建模一体化端到端建模技术，并成功应用于小度音箱产品的远场语音交互中。

这种技术抛弃了数字信号处理学科和语音识别学科的各种学科先验假设，使模型结构设计和数字信号处理学科完全脱钩，用一套深度学习模型直接描述多路麦克风采集到的声音和识别文字的映射关系，两个学科复杂的数学理论级联优化过程，变成了一个深度学习模型的建模过程，一下子打穿了数字信号处理和语音识别两个学科的学科技术壁垒，也打破了国外多年的垄断技术优势，实现了产品上的性能超越。

迎风远航，适应“高速迭代”的发展

语音技术和人工智能都是时代发展的需要，人们可以回到家用语音指挥智能产品做家务，可以坐在车里在语音交互的引导下安全驾驶，也可以在智能语音呼叫中心系统中享受精准优质服务。在贾磊眼中，科学技术不仅是一门学科，更是应用和服务于社会及人们生活的手段。他说：“所谓‘学以致用’，所学为所用，才是真正的意义所在。”

近年来，在中国互联网行业高速迭代发展的过程中，亿万客户的实时反馈让贾磊团队几乎每天都在迎接新的挑战。推出基于 AI 语音芯片的端侧语音交互、在特定场景下实现语音交互的日渐成熟……社会生活需求推动科技进步与发展，而面对未知的挑战，贾磊和他的团队总是善于学习，勇于创新，他们拥有打破壁垒和常规的勇气，拥有忍受挫折和失败的决心，在坚持技术理念的过程中，始终保持着与时间赛跑的状态，用超前的意识进行技术革新，从而实

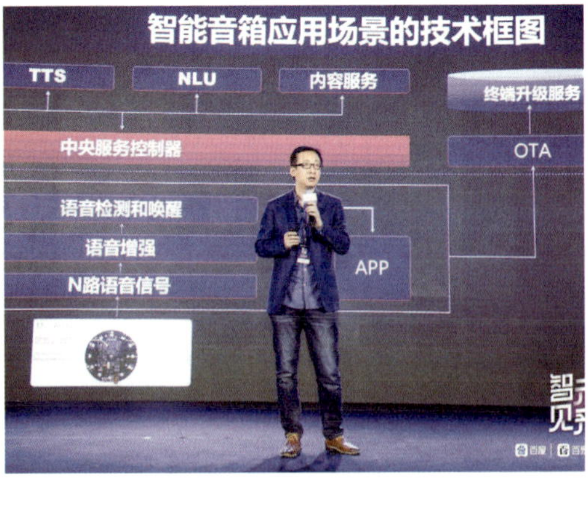

现弯道超车。

贾磊说，目前，百度语音团队正着力发展端侧 AI 语音芯片、端侧执行语音交互和云端定义语音交互等技术应用，沿着视觉语音一体化和语音语义一体化的发展方向发展多模态交互技术。针对语音交互的环境噪声和个体口音差异，发展个性化语音识别、个性化语音合成和情感语音合成等个性化相关的语音交互技术，让语音技术不但可靠流畅还同时具备亲情和温暖。

面对未来，贾磊坚信中国技术可以改变中国社会生活，而且它的力量将会越来越强大。

与无数扎根一线的技术人员一样，贾磊努力用行动践行“科技强国”伟大梦想，怀揣着让中国技术屹立于世界之巅的自信和勇气，继续砥砺前行在奋斗的路上。

（执笔：王路曼）

第四篇　甘于奉献　不怕牺牲

李桓英：为了一个没有麻风病的世界

李桓英，女，1921 年 8 月出生，中共党员，首都医科大学附属北京友谊医院医生，北京热带医学研究所研究员。曾获时代楷模、新中国成立 70 周年“最美奋斗者”等荣誉称号和全国五一劳动奖章，以及国家科技进步奖一等奖、中国麻风病防治终身成就奖、何梁何利科技进步奖等奖项。

“她是党领导卫生健康事业发展的见证者、亲历者和参与者。她对党忠诚、热爱祖国，始终心系人民健康福祉，把毕生精力贡献给了卫生健康事业；她视病人如亲人，精心医治、破除歧视，为数以万计的病患解除了疾苦；她尊重科学规律、坚守科学认知、勇于探索创新，致力于建设人类卫生健康共同体，为破解麻风病防治的世界难题贡献了中国智慧，体现了心有大我、赤诚报国的爱国情怀，生命至上、护佑苍生的医者仁心，求真务实、勇于攀登的科学精神。”2021 年 8 月 20 日，中共中央宣传部在授予世界著名麻风病防治专家李桓英同志“时代楷模”称号的决定中，这样高度评价李桓英。

“我回国的目的就是要为贫穷落后的祖国服务！”

1945 年，24 岁的李桓英毕业于上海同济大学医学院。1946 年，李桓英到美国约翰斯 · 霍普金斯大学攻读细菌学和公共卫生学硕士学位，毕业后留校任微生物学系助理研究员。1950 年世界卫生组织

（WHO）成立后，李桓英成为首批世卫组织官员和性病专家，曾受派到印度尼西亚、缅甸开展雅司病、性病防治工作。1957 年，她婉言谢绝了 WHO 续签 5 年合同的盛情，瞒着在美国的父母和弟弟妹妹，踏上了曲折的回国之路。

1958 年，李桓英回到祖国后，被分配到中央皮肤性病研究所工作。面对当时艰苦的生活条件，她说："苦的不是我一个人，我回国的目的就是要为贫穷落后的祖国服务！"回国后，她完成的第一项任务是国家消灭性病规划中的"梅毒螺旋体制动试验"，随后又开展了麻风抗原检测研究，成功提取了麻风杆菌脂质抗原。

"麻风病的历史在我们这一代该完结了！"

新中国成立后，党和政府高度重视麻风病防治工作。但是，直到 1978 年，麻风病防治仍然是棘手而又必须解决的公共卫生问题。

1979 年，李桓英调到北京友谊医院。在北京热带医学研究所，她正式走上了麻风病防治的科研道路。

1982 年，李桓英为了争取到世卫组织免费的药品支持和实验项目，开始在全国范围进行走访调查。李桓英的办公室有一张云南、贵州、四川 3 省的交通图，上面画了 20 多面三角旗，那是她的足迹所到之处。麻风村寨都在人迹罕至之处，山高路险，道路崎岖。李桓英曾 4 次遇险，包括两次翻车、两次翻船。她遭遇过最严重的翻车是从翻滚的汽车前窗挡风玻璃甩出去 10 多米，躺在覆盖着厚厚白雪的山坡上昏了过去。这次车祸导致她两侧锁骨和 3 根肋骨骨折，头部外伤缝了 7 针。

李桓英认为，非隔离治疗现场研究是及早解除麻风病人痛苦、消除麻风歧视的首要任务。为此，她毅然把实验室搬到了现场。

勐腊县有3个大麻风寨，居住着将近200名病患者。1983年春节前，李桓英来到勐腊县，开始了全球第一个不住院短程联合化疗试点。“早晨和晚上，你们要这样做，”李桓英把手伸进病人刚脱下来的脏鞋里，“摸摸有没有沙子再穿上。”这是李桓英在麻风寨必做的动作，因为麻风病人的神经末梢没知觉，鞋里有沙子会把脚磨烂。她用自己的行动来消除大家对麻风病的歧视，不断向人们证明：麻风病是可治之症，麻风病人并不可怕。

李桓英向WHO递交了关于中国麻风病情况的详细报告。不久，WHO批准在中国进行联合化疗方法的试验项目。随后，李桓英带着申请的免费药品来到勐腊县的麻风寨。她到每个病人的家里劝说他们服药。她亲自给病人打针、喂药，帮助失去劳动能力的病人料理生活。1990年，勐腊县的麻风病患者被全部治愈，麻风寨的“帽子”被摘掉了。泼水节这一天，李桓英和这些昔日的麻风病患者一块儿跳起了欢乐的傣族舞蹈。

1994年，WHO开始向全世界推广李桓英的短程联合化疗法。在WHO的资金资助下，李桓英把试点扩大到全国59个县。最终，通过这种疗法，我国的麻风病人从原来的11万人下降到不足万人，而且年复发率仅为0.03%，远低于WHO年复发率小于1%的标准。

“麻风病的历史在我们这一代该完结了！”李桓英满怀信心地说。

1998年，国际麻风病会议首次在北京召开。李桓英开展的短程联合化疗法和消灭麻风病的特别行动计划，被誉为全球最佳治疗行动。2000 年，中国卫生部向全世界宣布：中国的麻风病患者已经下降到 2000 人左右，患病率在十万分之一以下，基本消灭了麻风病。

“以党员的身份为麻防事业奋斗终生”

1998 年，北京友谊医院党委副书记郑瑞芬随李桓英去云南的麻风村工作了 5 天，和李桓英同住一个房间。一天晚上，她和李桓英聊天，问她：“你工作这么出色，符合入党条件，为什么不入党？”李桓英回答：“我还不够条件，我会努力的。我合格时，会提出申请的。”

2016 年，95 岁高龄的李桓英向党组织递交了入党申请书。“我深知如果不入党我一定会后悔……以前我总觉得自己还不行，还不合格，现在我觉得自己应该合格了。”她在申请书中写道：“我真心热爱中国共产党，诚挚地申请加入中国共产党。我虽已进入鲐背之年，但愿意以党员的身份为麻防事业奋斗终生，请党组织考验我吧！”

2016 年 12 月 27 日，在鲜红的党旗下，鹤发童颜的李桓英举起右拳向党旗宣誓。入党宣誓仪式结束后，“今天我入党了，死而无憾了。”李桓英激动地说，“我愿意在岗位上，为党和人民继续工作，为了实现一个没有麻风病的世界而奋斗。”

（执笔：孙昶）

李久林："双奥总工"为国争光

李久林，男，1968 年 8 月出生，中共党员，北京城建集团总工程师，教授级高级工程师。曾获全国劳动模范、国家级有突出贡献中青年专家等荣誉称号和全国五一劳动奖章，以及国家科技进步二等奖、国际焊接学会 Ugo Guerrera 奖等奖项，获授权发明专利 9 项、国家级工法 3 项。

李久林是名副其实的"双奥"工程师，主持和领导了国家体育场"鸟巢"、国家速滑馆"冰丝带"等多项重大工程施工建设。

科技创新　领筑经典

1992 年，李久林从中国地质大学（武汉）水文工程地质专业硕士研究生毕业后来到北京城建集团，在一线工程从事技术工作。2003 年 5 月，35 岁的李久林担任了集团技术中心办公室主任。"那时，我想到基层一线工作，我喜欢在工地的感觉。"李久林说。

机遇出现了，而且是常人难以想象的时代重任。当年 9 月，李久林被任命为国家体育场"鸟巢"施工总工程师。

国家体育场是北京 2008 年奥运会主会场，也是当时世界规模最大、技术含量最高、结构最复杂、施工难度空前的超大型钢结构体育设施工程。"当时很多人认为中国人建不了'鸟巢'，还有人建议进行施工国际招标。"李久林说。

形如“鸟巢”的国家体育场主要是弧形、扭曲的异型钢结构，几乎没有横平竖直的线条。“我们要突破传统施工方式，用建造飞机、船舶的技术来建造‘鸟巢’。”李久林说。

李久林团队在国内首次引入了建筑信息模型 BIM 技术，精准计算出每个节点的施工工序和细节。在此基础上，他们完成了 2 万多张施工图纸的深化设计。

建造“鸟巢”的 1800 个日日夜夜中，李久林组织制定了施工组织总设计、钢结构施工组织设计等施工方案 500 多项，组织策划上百次专家技术论证，解决了国内首次应用的超长空钻基础桩施工技术、Q460E 高强度钢焊接技术等数十项世界级施工技术难题。

为了确保工程质量，李久林团队研发了一套钢结构工程施工信息管理系统，实现了钢结构加工、运输、拼装、吊装、焊接、检测的全过程质量管控。

“鸟巢”4.2 万吨的钢骨架上，没有一个螺栓螺母，通体均由焊接连成。24 根超强厚钢板焊接成的桁架柱托起了世界最大的屋顶结构。一条 1 米长的焊缝需要两个工人轮流不间断焊 14~17 个小时，一口气焊下去。焊接完成后，经超声波检验，30 万米焊缝合格率达 100%。

坚守情怀　自我超越

2017 年，李久林再度披挂出征，担任北京 2022 年冬奥会标志性场馆国家速滑馆“冰丝带”的总工程师。他提出了“对标‘鸟巢’，超越‘鸟巢’”的建设目标。“使用国产高钒密闭索，让 3360 块玻璃呈现‘丝带飞舞’，造出世界‘最快的冰’，打造世界最智慧的场馆。”

国家速滑馆屋顶采用索网体系，就像将一个马鞍形的网球拍扣在屋顶上。“这是全世界最大的一个‘网球拍’。”李久林说，“索网

结构总重量只有600吨，是传统屋顶用钢量的1/4。”这种名为高钒密闭索的材料主要由欧洲少数几个国家生产厂家供应。

“在满足安全、质量、工期、功能和成本的前提下，我们提出选用国产材料，通过国产化过程，推动我国相关生产企业进行技术研发。”李久林说。他和团队与各参建单位、生产方及第三方检测单位一同开展技术攻关：优化Z型钢丝拉丝技术指标、攻关拉丝模具……仅用3个月便突破核心技术瓶颈，研制出第一根试制钢索。

为了确保实现高精度建造，李久林带领团队采用了“平行施工”方法。大部分零配件都在工厂定制好，建设工地作为组装车间。场内场外平行施工、时间空间有序衔接，整个施工现场如同一个区域分工明确的总装厂。

2020年5月17日，国家速滑馆工程以148.5分的最高分通过2019年度中国钢结构金奖年度杰出工程大奖评审。

“国际一流，是一点一滴干出来的。我们2000名建设者的共同心愿就是打造绿色环保的场馆、充满智慧的系统，让飞舞的‘冰丝带’点亮冬奥会的‘北京时间’。”李久林说。

自主创新　跻身一流

“我国建筑行业从跟跑到领跑，就在于依托重大工程实践，创新突破核心技术，牢牢把握了自主权。”不断突破创新的动力，来自李久林想要更多地实现建筑技术国产化的执着情怀。

在北京城建集团建成的一座座经典建筑中，李久林用奋斗镌刻了自己的成长轨迹："鸟巢"钢网架卸载成功，"书写了世界建筑史上的奇迹"；昆明长水国际机场航站楼在国内率先在机电工程和运营维护中引入 BIM 技术，引领建筑业向绿色化、工业化和信息化转型；北京槐房再生水厂首次构建了集成 BIM 技术、物联网、大数据的智慧建造体系；新首钢大桥采用全数字化造桥技术；国家速滑馆首创基于平行施工的高效高精度建造工程组织方法和支撑技术体系。

"从'鸟巢'到'冰丝带'，我们的技术创新是一脉相承的，为的是给'双奥'之城奉献一项项精品工程，为中国打造一座座经典建筑，为世界留下新的建筑遗产。"李久林说，"我们在'鸟巢'开创了我国 BIM 技术应用的先河，开启了中国建筑行业 BIM 与数字化建造技术的创新发展之路，借助双奥工程等重大工程建设，这项技术目前已经集成了 BIM、物联网、云计算、移动互联网、大数据、人工智能、数字孪生等先进信息技术，并在'冰丝带'建造中得到了成功应用。"

"从'鸟巢'到'冰丝带'，您被称为'双奥总工'。您的职业生涯最深刻的体会是什么？"记者问。

"做好眼前的事，让优秀成为习惯。"李久林说。

（执笔：袁瑛　供图：北京城建集团）

刘　宏：美丽绽放的钢铁焊花

刘宏，女，1970 年 3 月出生，中共党员，首钢集团有限公司技术研究院用户技术研究所焊工，电焊高级技师，党的十八大、十九大代表。曾获全国劳动模范、全国技术能手、全国机械冶金建材行业工匠、北京市“群众心目中的好党员”等荣誉称号和中华技能大奖、全国五一劳动奖章。

刘宏从事焊接技能操作及焊接工艺技术研究 30 多年，熟练掌握了手工电弧焊、钨极氩弧焊及熔化极气体保护焊等多种技能操作方法。她在工作中总结出的 4 个最佳操作法，每年为企业节约成本百万余元。2013 年成立的北京市“刘宏电焊工首席技师工作室”是国家级技能大师工作室。作为首钢焊接技术创新和服务用户的窗口，该工作室拥有 26 项科研成果，获国家科技进步二等奖 1 项、北京市科学技术一等奖 2 项、冶金科学技术一等奖 1 项，为首钢发展作出了突出贡献。

练就技术高超女焊工

1990 年，刘宏在首钢运输部当上了一名焊工。为了做好这项工作，她连过“蹲关”“苦肉关”“理论关”，积极参加气焊、锅炉压力容器的焊接培训，一心一意投入到焊接技能提升中。三年间，她的焊接技艺突飞猛进，专业职称连升四级，从电焊中级工连续晋升到高级技师。2008 年，刘宏在首届北京・下萨克森（德国）国际焊接对抗赛中，获得手工钨极氩弧焊第三名。一名女焊工能取得这样的成绩，让德国专家非常惊讶。2009 年 3 月，刘宏参加中国首届焊工电视大赛。凭借高超的技能，她以近乎完美的现场发挥击败了其他 5 名男选手，一举夺冠。

争做科研创新带头人

2011 年，刘宏被调到首钢技术研究院工作。在这里，她和多名博士、硕士一起从事新钢种的可焊性试验、新焊材开发及用户技术服务等工作。让一名技工参与新产品的研发和国家重大项目建设，是首钢的大胆创新。实践证明，这一举措为首钢钢铁产品实现产学研协同融合发展发挥了重要作用。

在水电钢焊接中，800 兆帕级水电压力钢管用钢焊接的接头低温韧性难达标是公认的行业性难题，关系到水电站的运行安全。凭借丰富的现场焊接经验，刘宏分析国内外一线厂家的焊材后，提出了改进方向，并通过有针对性的技术创新，成功开发出适应野外恶劣环境的 800 兆帕级水电钢配套焊材，打破了国外的技术垄断，帮助首钢成功中标老挝色边—色那姆水电站项目。刘宏算了一笔账，从瑞典进口一吨焊材需要 40 多万元，而首钢开发的焊材一吨才 10 多万元，仅此一项就可节约建设成本 3 亿元！

“首钢钢板 + 配套焊材 + 焊接工艺”的一体化解决方案完全替代进口，成功应用于 31 座国内外高水头大型水电站，提高了中国水电和钢铁业的国际竞争力。该项目荣获 2018 年度国家科技进步二等奖。

焊出冬奥梦幻“水晶鞋”

首钢滑雪大跳台是2022年北京冬奥会的正式比赛场地，主体设计灵感来自敦煌“飞天”。夜色下的大跳台，五彩缤纷，耀眼夺目，被人们形象地昵称为梦幻“水晶鞋”。

大跳台的主体结构为钢结构，包括多种接头形式和各种位置焊接，属于高难度钢结构施工项目。为了高标准、高质量完成首钢滑雪大跳台工程，首钢成立了由刘宏师徒三代焊工组成的专家组，对参与项目的电焊工进行严格的理论和实操考试，择优使用。施工期间，正值酷暑，刘宏不顾烈日炙烤，坚持在大跳台焊接现场进行监督指导，为确保大跳台的焊接质量保驾护航。

大跳台裁判塔原设计采用Q345B钢种，但为了满足防火要求，后又决定改用耐火耐候钢。刘宏采用高Ni的焊材成分设计思路，成功开发出埋弧焊丝、气保焊丝等配套焊材，确保了整个工程的顺利施工。

首钢滑雪大跳台建成后，成为世界首例永久性保留和使用的滑雪大跳台。北京冬奥会期间，在首钢滑雪大跳台上共产生了4枚金牌，参赛选手纷纷称赞首钢滑雪大跳台是“最好的场地”。

当好薪火相传“好师傅”

这些年来，除了在工作上努力创新外，刘宏最大的心愿就是做好“传帮带”，培养更多的优秀焊接人才。

刘宏发挥自身的技术优势，坚持言传身教。她把自己多年来总结的实践经验、解决疑难问题的心得体会，从焊接理论到实操技术，毫无保留地传授给徒弟们，一对一讲解，手把手示范。在她的细心教导下，徒弟们的焊接技术得到了迅速提升。

工作上是严师，生活中却像亲人。徒弟们学习焊接技能时，岁数都不大，因此刘宏总是把他们当成自己的孩子，经常把他们带到家中改善伙食，给他们准备生活用品，关注他们的心理变化。

几年下来，刘宏先后带出了 7 名高级技师、1 名技师、12 名高级工。徒弟们多次在国家级和北京市级的焊工比赛中斩获大奖。

刘宏还尽己所能地帮助团队中的科研人才成长。在她的激励下，青年党员张侠洲毅然赴藏工作两年，参与西藏技师学院“零基础”筹建，为填补西藏技工教育空白、开启技工教育全国覆盖的新篇章贡献了力量。

看到徒弟们和团队成员成长成才、独当一面，刘宏由衷地为他们感到骄傲和自豪。

（执笔：宋鹏心　刘恬龙）

韩　笑：致力于传播首都园林优秀文化

韩笑，女，1986年4月出生，中共党员，北京市颐和园管理处东宫门队副书记、副队长，党的十九大代表，北京市第十二次党代会代表。曾获全国劳动模范、住房和城乡建设部先进工作者、北京市三八红旗手等荣誉称号和中国青年五四奖章、北京青年五四奖章。

在世界文化遗产地颐和园，韩笑用自己的实际行动传播着首都园林优秀文化，被喻为“金牌讲解员”“最美园林人”。

勤奋努力，快速成长

2008年7月北京奥运会前夕，韩笑入职颐和园，从事导游讲解接待工作。作为四川外语学院专业八级英语的高才生，她从入职第一天起，就希望能用自己所学为颐和园这座皇家园林的发展贡献一份力量。仅3个月时间，韩笑就从对讲解一无所知的新手迅速成长为一名专业的讲解员。同时，她充分发挥自身英语特长，经常利用业余时间将中文讲解词与英文讲解词进行互译，不断练习，很快成为一名中英双语讲解员。

韩笑认真对待每一次接待任务和游客提出的每一个问题。不管任务级别高低、服务对象是外国国家元首还是普通游客，她都以最良好的状态、最优质的服务、最精彩的讲解展现颐和园所代表的中国园林优秀文化。凭借“80后”年轻人不服输的韧劲和对导游讲解事业的热爱，韩笑迅速成为一名能够担负颐和园重大内部活动和外事任务的优秀讲解员。

由于业务娴熟、表现突出，韩笑脱颖而出，担任了导游服务中心讲解班班长，经常在北京市公园管理中心和颐和园举办的重大活动中被委以重任。多年来，韩笑已经接待来自世界各地的游客 8000 余人次，圆满完成了重大内部活动和外事任务 720 余次。先后在“一带一路”国际合作高峰论坛接待任务中接待了匈牙利总理欧尔班・维克托和夫人，接待了美国前国务卿基辛格的夫人等外国友人。作为一名“80 后”，韩笑通过自己的讲解向世人展示了中国传统文化的魅力，展现了中国青年人的风采。

兢兢业业，真情服务

作为一名讲解员、一名文化传播者，不仅要做好各项重大政治任务的接待，更重要的是要把中国园林文化传播给每一位游客。

参加工作以来，韩笑始终默默奉献在一线服务岗位，把微笑带给每一位游客。在完成 APEC 会议接待任务后，为了让更多的普通游客能够感受到精品、优质的服务，颐和园推出了“APEC 精品线路”，由韩笑担任义务讲解员。一样的路线，一样的语言，一样的“娓娓道来”，韩笑再次将“APEC 接待服务”的金牌讲解义务带给每一位普通游客。

在“一带一路”国际合作高峰论坛期间，即使工作任务再繁重，韩笑都一如既往地利用岗下休息时间坚守在服务游客的第一线，为中外游客提供义务咨询、语言翻译、答疑解惑服务，根据游客需求设计游览路线，并为有需要的游客解急排难。

每逢节假日，韩笑都会与其他志愿者一样，毫不犹豫地披上

“学雷锋志愿服务”绶带，坚守一线，用微笑把专业、细致、温馨的服务带给每一位游客，以实际行动践行劳模精神。

在韩笑眼里，付出中收获的成长与赞扬、进步与快乐是最为珍贵的，而游客的满意、同事的成长则是对她最好的回报。

身体力行，发挥榜样作用

韩笑是一个充满热情、执着而又勤奋努力的年轻人，积极将正能量带给身边的同事和周围更多的人。2014年，她与首都各行各业的宣讲员一起，奔赴街道社区，深入农村，走进企事业单位，历时6天，行程近500千米，讲述自己岗位奉献的故事。2015年获得全国劳动模范荣誉称号后，她更是身体力行、无私无畏，处处发挥榜样带头作用……

“建党百年，广场有我！”在雀跃欢呼声中，一张张略带疲惫却又极度兴奋的笑脸定格在庄严热烈的庆祝中国共产党成立100周年大会现场。这就是庆祝大会服务保障和广场活动指挥部所有幕后工作人员的缩影，韩笑也是他们中的一员。为了把握“党的盛典，人民的节日”的定位，韩笑和其他工作人员一次次通宵达旦地热烈讨论、修改完善方案。在筹备工作进入最后冲刺阶段时，韩笑突然接到通知到

庆祝建党100周年庆祝大会和文艺演出现场观礼。接到电话，韩笑内心止不住狂喜，可当她回到办公室，看到一个个深夜还在坚守忙碌的身影时，她犹豫了……现场观礼机会难得，但她放不下手上的工

作，放不下并肩作战的“战友”……最终，她向组织汇报了情况，决定放弃观礼，坚守服务保障一线。

7 月 1 日，天安门广场红旗飘扬，党徽熠熠，礼炮齐鸣，歌声嘹亮，彩烟辉映，献词铿锵……大会结束的那一刻，177 天筹备过程中的苦辣酸甜都化为喜悦尽情释放，而那一刻也成了令韩笑珍视一生、矢志难忘、笃定前行的永恒烙印。

如今，韩笑已从原来的接待岗位调整到综合管理岗位，更多地面向普通游客提供服务。于是，她把自己多年来在讲解岗位上积累的丰富工作经验、工作心得运用到现在的工作岗位上，以最佳状态来服务广大游客……

（执笔：余翠平）

李学玲：用自己的脏和累换来城市环境的优美整洁

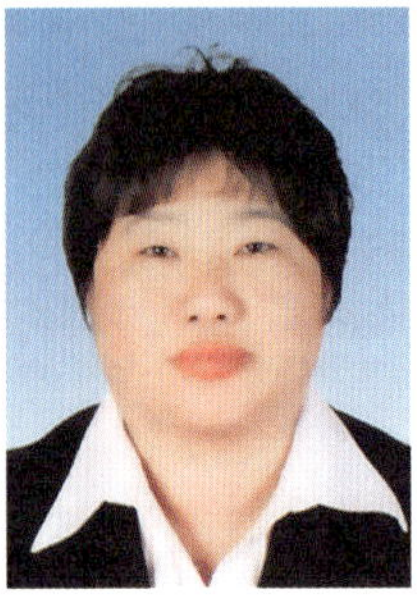

李学玲，女，1968 年 12 月出生，中共党员，北京市东城区环境卫生服务中心三所职工，曾担任“三八”女子抽粪班班长，北京市第十一次党代会代表。曾获全国劳动模范、北京市优秀共产党员、北京市“群众心目中的好党员”等荣誉称号和全国五一劳动奖章。

作为首都环卫战线上的一名普通抽粪女工，李学玲从事的工作苦、累、脏、臭、险，不是与粪便打交道，就是与蚊蝇、虫蛆、臭味常相伴。她默默无闻地坚守在岗位上，每日重复着简单枯燥的劳动，烈日晒黑了肌肤，寒风吹裂了手脚，但她无怨无悔，她用自己的脏和累，换来了城市环境的优美整洁。

不怕脏和累，做新时代的环卫人

李学玲曾经是一名会计，也做过售货员，工作虽然辛苦，但也不失体面。

1997 年，李学玲加入环卫战线，成为东城区环境卫生服务中心三所的一名职工。刚到三所报到时，本来心里是很高兴的，当得知领导安排自己做一名抽粪工时，李学玲的心一下子凉了半截，她愣了好半天才缓过劲儿来。“淘大粪，这是什么工作？”李学玲不敢看领导的脸，她在心里问自己："难道我要与粪便和臭味打一辈子交道吗？"李学玲做梦也不会想到自己有一天会去做抽粪工作。倔强而坚强的李学玲没有表露出来，她心有不甘地接受了领导安排的工作。

实际工作中，挫折和打击接踵而来。第一次和同事们外出工作，抽粪水时由于技术不过关，操作不熟练，导致粪管子突然爆裂，霎时间粪汤从头到脚灌了李学玲一身，顺着脸缓缓地往下流淌，又脏又臭。委屈的泪水混在粪水中往下流，一直流到了李学玲的心里。回到所里，李学玲一遍又一遍地清洗，但总觉得洗不干净，总觉得身上有一股臭味。吃饭时，端起饭碗就想吐；走在回家的路上，总觉得好像有人用异样的目光盯着自己。李学玲的心里有说不出的难受，工作中总是打不起精神，她变得沉默寡言了。

李学玲的思绪和神情没能瞒过领导的眼睛。了解情况后，所领导带着李学玲来到了三所的荣誉室，给她讲述了环卫三所的历史和一块块奖牌的故事。原来，东城环卫中心三所是曾经受到刘少奇主席亲切接见的、新中国十大劳模时传祥生前工作的单位。站在前辈们劳动时留下的照片前，李学玲感慨万千。望着刘少奇主席握着时传祥那双长满老茧的双手的巨幅照片，李学玲的泪水夺眶而出。老前辈时传祥"宁愿一人脏，换来万家净"的崇高精神，深深地感染和激励着李学玲，打那时起，李学玲就暗下决心：一定要好好干，绝不能给这个先进集体抹黑，争做新时代的环卫人。

适应工作搞创新，带班组每天运粪 80 余吨

环卫三所"三八"女子抽粪班成立于 1998 年，有 10 多名姐妹，主要任务是负责原崇文区全区 160 余座公共厕所的粪便抽运、清渣及管道疏通等环卫保障工作。作为"三八班"的班长，闲暇时，李学

玲就琢磨：如何才能把淘粪工作做成一项光彩、高尚、圣洁的事业？这成了李学玲人生不懈的追求。

在工作实践中，李学玲经过多次总结，创造性地提出了“一二三四”工作法。“一”即一百，粪井合格率百分之百；“二”即二互，班前会互通信息，有困难互相帮助；“三”即三勤，嘴勤、手勤、腿勤；“四”即四打破，打破工作范围、打破负责地段界限、打破不满不冒的最低标准、打破公休日限制。

李学玲带领“三八”女子抽粪班的姐妹们，爱岗敬业、不怕困难、勇于拼搏，平均每天抽运粪便80余吨，提升了工作效率，减轻了劳动强度，出色地完成各项工作任务，受到各级领导和辖区居民群众的一致好评。李学玲以身作则，脏活、累活、重活，干在前、抢在先，“我是班长、共产党员，关键时刻我必须第一个上”，成了李学玲的口头禅。

“行行都需要有人干，行行都能出状元，环卫工作也是一项神圣的职业，干一行就要爱一行。”这是一位领导接见李学玲时说过的话，李学玲把这话当作自己的座右铭，并经常对姐妹们说这话，用来鼓励姐妹们。

带新人担重任，让城市整洁舒适

2006年，李学玲加入了中国共产党。在2009年新中国成立60

周年环卫保障和2010年北京40多年不遇的大雪铲冰扫雪任务中，李学玲积极带头参与，主动加班加点，连续作战。队领导考虑女同志身体和家庭等原因，夜里尽量不让女同志参加应急工作。但是每次李学玲都积极要求参加，她说：“作为一名党员、一名班长，必须带领大家干在前、抢在先，我想只有这样才能带好这个班组，才能不辜负大家的期望。”

在李学玲的带领下，“三八班”的姐妹们个个斗志昂扬、精神焕发，班里营造了浓厚的“比学赶帮超”工作氛围，遇到难活、累活，大家抢着上；谁有困难了，姐妹们一起帮忙。尤其是对所里的年轻人，李学玲常说：“他们就像我的小弟弟小妹妹一样，我必须要拉着他们、拽着他们一起干好工作，不能让他们走弯路，他们才是环卫的未来和希望。”在环卫中心举办的“五四”青年节座谈会上，李学玲和几十个年轻人愉快地交流沟通，用她的亲身经历去鼓舞年轻人树立信心、干好工作，引导青年人牢固树立热爱环卫、扎根环卫、发展环卫的理念。每年清明节前后，所里组织党员、积极分子到时传祥纪念馆参观学习，她第一个站在时传祥雕塑前庄严地宣誓，决不辜负老前辈的期望，出色完成任务，为政府分忧、为百姓解难。班里有个叫李萌的“80后”，参加环卫工作才几年时间，是大家眼中的“小丫头”，在李学玲的呵护和帮助下，从最初的委屈、抱怨，到后来思想上、工作上的飞快进步，最终接棒李学玲，成为“三八”女子抽粪班班长。

（执笔：边磊）

陶建伟：方寸电梯间尽显匠者本色

陶建伟，男，1975年11月出生，中共党员，北京市设备安装工程集团时代电梯公司主任工程师，高级技师，北京建工集团工会副主席（兼）。曾获全国劳动模范、全国技术能手、北京市优秀共产党员、北京市劳动模范等荣誉称号。

他刻苦钻研，从技校毕业生成长为练就“望、闻、问、切”绝活绝技的“电梯医生”，多次在技能大赛中夺冠；他坚守一线，在方寸空间里实现着百姓乘梯的平安梦；他矢志创新，带领团队科研攻关、硕果累累，打造出国家级劳模创新工作室标杆；他敬业奉献，从应急抢修到重大政治活动电梯保障，在急难险重任务中彰显共产党员本色。

他，就是26年来奔走于施工现场、埋头于技术攻关一线，以精湛技艺守护百姓乘梯平安，以责任担当展现新时代共产党员风采，以专注和创新注解新时代劳模精神和工匠精神的北京市设备安装工程集团有限公司时代电梯公司主任工程师陶建伟。

学艺：干一行，爱一行，钻一行

1994年6月，陶建伟毕业于北京市设备安装工程公司技工学校。参加工作后，为了更快掌握电梯安装维修技术，他一边拜劳模为师，一边利用业余时间学习计算机、VB程序设计、CAD工程制图等相关课程。当时条件有限，电梯维修的技术图纸每个站点只有一套，而且说明都是英文。为了能够随时随地翻看图纸，他就将常用图纸用手画出来，并用红笔画出重点，标注中文注释。就是凭借这股不服输的拧劲头，在很短时间内，他就掌握了多个品牌电梯安装维修的关键技术与操作要领。1997 年、1998 年，他连续两次在公司技术大比武中夺得第一名。2010 年，陶建伟参加北京市首届职工职业技能大赛电梯安装维修工组比赛，在与京城电梯行业 1800 多名从业高手的比拼中，他凭借扎实的基本功一举夺冠。

凭借精湛技艺，他完成了党的十八大和十九大会议驻地、2014 年 APEC 会议、“一带一路”国际合作高峰论坛会议、第 86 届国际刑警组织大会开幕式、中非合作论坛北京峰会等多项国家重大政治活动电梯保障任务，先后 4 次完成为中外领导人乘梯保障服务工作，实现电梯安全运行零故障。他参与和组织了东方广场、北京饭店、北京城市副中心、北京大兴国际机场等国家、北京市重点电梯工程 1000 多台电梯的安装调试与前期论证工作，实现了电梯一次交验合格率达 100%，创造产值达 3 亿元。

坚守：电梯“医生”护航乘梯平安

在北京市最大保障房项目——双合家园住宅小区电梯安装施工中，为了让 7160 户居民早日住上新房、用上电梯，施工现场各个方面都在全面推进。由于长时间超负荷、高强度工作，2013 年 1 月 7 日 22 点，陶建伟在现场病倒了。会诊后，医生抛出了一个应该离 37 岁的他很远的医学名词——心梗！医院立即为他做了心脏支架手术。手术醒来后，妻子泪流满面地说：“你不要命了！你认真工作我们理解，但是也要照顾好自己的身体，考虑一下我们的感受呀！”然而陶建伟却说：“我是一名共产党员，我就要对得起这个称号，没有大家哪里来的小家！”

在双合家园保障房电梯安装工程中，陶建伟凭借过硬的技术实力和忘我的拼搏精神，总结创建了“陶建伟工作室图纸会审 8 步工作法”，提高了电梯安装施工进度，保质保量、按时按点完成了 88 台电梯安装工作。该工程先后获得北京市安装工程优质奖和全国安装行业最高奖“中国安装之星”。

2018 年 6 月的一个深夜，陶建伟接到一个来自海淀区的求助电话。海淀区某小区 28 台电梯因年检不合格被全部停止使用，停梯共涉及 10 栋楼 432 户居民。该小区为单梯运行设计，电梯停运直接影响到居民的日常生活。百姓的需求就是命令！陶建伟带领团队连夜赶赴现场，组织各方召开现场协调会，查阅相关电梯技术资料，逐台检验电梯，开出了 3200 余字“先救人，再治病”的《电梯监护运行建议书》。在建议书的指导下，小区电梯得到了快速修复并恢复运行。

担当：急难险重显本色

“只争朝夕，不负韶华。”2017 年 10 月 9 日，在党的十九大召开之际，陶建伟受中组部邀请，参加了由国务院新闻办公室举行的中国共产党年轻党员代表中外记者见面会。会上，陶建伟向世界讲述了“不忘初心跟党走，精益求精创辉煌”的大国工匠故事。当主持人问他为什么加入中国共产党时，陶建伟干脆地回答：“因为中国共产党始终把人民放在第一位。”

2020 年大年初二，公司接到负责北京小汤山医院改造工程电梯安装参战命令，要在最短的时间内完成 5 部大载重医用电梯的安装与调试运行任务。陶建伟和团队

第一时间赶赴现场，与设计院、电梯厂家、土建施工单位开展技术交底工作，将图纸中的每一个数值都精准标注到了毫米。大雪纷飞、天寒地冻，他穿梭在各个电梯井道之间，由于长时间在户外工作，手上冻裂了四五条口子。

第一天完成图纸交底，第二天完成订货排产，第三天完成起运发货，3 天完成以往 30 天才能完成的工作量，陶建伟以实际行动践行了“北京建工小汤山精神”，实现电梯提前 6 天“闪速”投入使用，创造了北京小汤山医院改造工程中电梯安装的“速度奇迹”。

传承：打造劳模工作室标杆

1999 年，陶建伟建立了以电梯安全运行保障为攻关重点的科研开发团队——职工创新工作室，并将“百姓关心什么、期盼什么，就抓住什么、推进什么”作为团队宗旨，实现了从单一的技改技革到创新创造质的转变。工作室先后完成科研成果 40 余项，获得国家专利成果 15 项。近 3 年来，陶建伟带领团队承担的为老年人和儿童等特殊群体安全乘梯科研课题，被中华全国总工会、北京市总工会确立为全国职工创新补助项目和“北京大工匠”助推创新项目，并实现创新成果转化，技术创效达 6000 余万元，推动了特种设备行业创新发展。

工作室先后被北京市总工会、北京市科委、北京市人力资源和社会保障局评定为市级职工创新工作室和北京市首席技师工作室，2019 年 12 月被人力资源和社会保障部评定为国家级技能大师工作室。陶建伟领衔的职工创新工作室成为劳模工作室标杆，成为叫得响、立得住、传得开的劳模工匠品牌工作室。

（执笔：宋濛）

廖　明：刷新全国地铁安全行车最长纪录的人

廖明，男，1963年9月出生，中共党员，北京地铁运营三分公司电客列车司机。曾获全国劳动模范、全国“最美职工”、2016年感动交通年度十大人物等荣誉称号和全国五一劳动奖章、首都劳动奖章。

手柄轻四两，责任重千金。从1988年5月24日第一次独立驾驶地铁列车，到2018年驾驶列车安全行驶超过2.5万小时，廖明创造了150万余分钟安全驾驶、安全行车110万千米无事故的纪录。目前，他是国内保持地铁安全运营里程最长的人。

在廖明看来，如果你用5年去学做一件事，你就可以做好这件事；用10年，你就是做这件事的专家；20年、30年你还在专注这件事，你就是做这件事的权威，才称之为这个行业的“工匠”。

人车合一

地铁司机这个职业，看似平凡，实际上却承担着不平凡的使命。1988年，廖明走上地铁司机的岗位。早晚高峰时段，廖明所在的2号线车厢乘客往往会超过额定载客量的数倍，而列车的间隔只有2分钟。“一趟车慢3秒钟，整条轨道上的车辆都要跟着减速，1分钟意味着有超过1100人上不了车。”廖明说。

廖明在2平方米的驾驶室内，密切关注网压表等10余种行车设备，每进行一个操作，每看到一个信号灯，廖明都要手指、嘴唤，一趟车开下来，这样的动作要做将近200次。

廖明对列车的理解和感受，远超于常人。这与他做徒弟阶段的钻研不无关系。1985年，廖明参加工作后被分配到北京地铁公司当实习司机，他利用休息时间泡在检修车间向师傅请教。为了学到更多知识，廖明几乎走遍了机械班、电机班、充电班等所有检修班组。

与列车“亲密接触”的时光，使他对列车更为熟悉，能够在各种情况下及时作出准确判断。一次，他在黑暗的隧道中行车，眼前闪过一丝光亮。他找来维修工反复检查，电缆被提起的瞬间火光四射，原来是绝缘层出现裸露；2007年，一场暴雨后出现雨雾天气，第六感告诉廖明前方轨道异常，他立即停车，下车后才发现一块地毯被大风刮落在轨道上，若不及时停车，有可能导致十分严重的运营事故……

这样的紧急时刻，廖明不记得有多少次了。30多年来，廖明凭借丰富的经验和认真细致的工作风格，避免了各种大小事故的发生。

不惧挑战

2002年，地铁13号线开通，很多地铁司机觉得老线老车都摸熟了，不愿意到新线重新学。在地铁2号线工作了17年的廖明主动选择前往13号线支援。“很多人劝我，40岁的人了，吃老本都够了。”当时，很多像廖明一样的司机并不情愿离开“舒适区”。但廖明认为，人不能靠吃“老本”活着，他愿意接受新挑战。

13号线和2号线有着重大区别：车型变了，所有的仪表盘、按

钮都经过了重新设计；路况变了，2 号线是全封闭的地下运行，13 号线则全部是地面行车，复杂因素更多。40 岁的廖明要和年轻人一起学习新知识。新型列车完全颠覆了以往老车的设计操作理念，甚至连开关都变了名称。于是，他只能凭借对老车熟练的掌握，把新车知识和老车对照着学，记不住的地方，就不停地去写、去画、去念，遇到不懂的地方，就向技术人员请教，直到学懂学会为止。

除此之外，还要适应环境。13 号线开通初期，特别是 2002 年底持续 6 天的大雪，给廖明和刚开通仅 4 个月的 13 号线来了个“下马威”——最低气温达 -17℃。如果晚上收车时雪还在下，线路上没有列车运行，第二天很容易造成全线瘫痪。为了保证第二天的正常运行，就必须在晚上收车后安排列车空驶轧道。这是一项非常艰苦的工作。在一天中最冷的时刻，驾驶列车在线路上运行，出车半小时双脚就冻得麻木了。在这期间，廖明参加晚上轧道 10 多次，是 13 号线参与雪天轧道最多的人。

传道授业

对于自己多年积累的工作经验和方法，廖明毫不保留，只要有人愿意学、愿意问，他总是知无不言。廖明说，只有倾囊相授，才能让行车安全得到最大的保障。工作 30 多年，廖明培养了 40 多名出色的徒弟。

2018 年，廖明迎接了新的挑战，负责培训 13 号线列车司机。在刚成立的廖明创新工作室里，放置了一台地铁列车运行模拟器，新老列车司机每个月都要在这里学习操作技术，更重要的是培训司机故障分析、判断和实时查找及排除能力。

刚开始，廖明发现模拟器功能简单，故障点设置相对固定和单一，对模拟环境还原的逼真程度不是很高，只能实现部分故障处理操作训练。加入天气因素，将两个甚至更多故障点重合……根据自己 30 多年来的实践经验，廖明与软件开发单位不断沟通，将模拟器的功能加以完善。“将没出现过的、理论上有可能出现的故障‘造’出来，让司机熟练地掌握排除技巧，才能防患于未然。”廖明说。2018 年以前，廖明没怎么接触过电脑和网络。现在，他端坐在电脑前熟练地操作，在模拟器上设置故障点，考验检验学员的能力。“那段时间，头发大把大把地掉，斑白的头发也变得花白了。”廖明说自己不畏挑战学习新的知识。

董友已是有 9 年地铁列车驾驶经验的司机，但他说，每次来学习，总能学到新的知识，“廖师傅就像一个宝库一样，把经验和技巧全部传授给我们，强化了我们工作中对故障的处置能力”。“廖师傅的劳模精神影响着我，是一种恪守、执着和专注的精神，是我一辈子学习的榜样。”地铁司机梁硕表示。

截至 2021 年底，北京地铁总里程达到了 783 千米。地铁事业发展迅速，身为地铁职工，廖明感到无比骄傲。廖明认为，作为一名共产党员、一名合格的地铁列车司机，必须以乘客安全出行为己任，用实际行动诠释人民生命财产安全高于一切。

（执笔：周美玉　供图：陈艺）

吴华侠：舌尖艺术的传承者

吴华侠，女，1983 年 10 月出生，中共党员，北京前门都一处餐饮有限公司都一处前门店技术督导，高级技师。曾获全国劳动模范、北京市劳动模范、北京市级非物质文化遗产传承人、北京市有突出贡献的高技能人才等荣誉称号和首都劳动奖章。

1999 年以来，吴华侠一直在前门都一处餐饮有限公司都一处前门店从事面点工作。她以共产党员的标准严格要求自己，二十几年如一日，坚守在一线，以传承烧卖技艺服务顾客为初心，以创新发展为担当，用勤劳的双手赢得了大家的一致认可。2008 年被授予“全国优秀农民工”称号，2011 年荣获“首都劳动奖章”，2015 年被评为“北京市劳动模范”，同年被北京市文化局授予“北京市级非物质文化遗产传承人”称号，2019 年被授予“北京市有突出贡献的高技能人才”，2020 年被评为“全国劳动模范”。

内外兼修，培塑匠心

2001 年，吴华侠进入都一处前门店，师从李金秋大师学习烧卖制作技艺。烧卖制作要经过 16 道工序。为了能尽快掌握烧卖制作的每一道技艺，她坚持每天早出晚归，经常放弃休息时间钻研练习，以严谨、细致、踏实、尽职尽责的执着精神，凭借一股不服输的劲头儿，经过日积月累的苦练，在师傅的指点帮助下，很快掌握了制作技艺，快速成为业务骨干，逐步成长为门店的技术督导。吴华侠分别于2010年和2015年被评选为东城区和北京市非物质文化遗产技艺代表性传承人。

随着时代的进步，食客口味的变化，作为技术督导的吴华侠，深感自己的知识赶不上时代的需要变化，于2010年通过成人高考，学习工商企业管理专业。这些年，吴华侠利用休息时间如饥似渴地学习，为自己“加油充电”，最后取得了本科学历。多年的历练与成长，吴华侠养成了良好的工作习惯，坚持每天制订工作和学习计划，每天汇总工作重点，检验学习和工作的效果，以持之以恒的精神，督促自己不断进步。

吴华侠能够始终坚守一线，用勤勉的态度、专业的职业素养，严把产品质量关。作为老字号烧卖传承人，她用精湛的技艺向大家展示着老字号的文化内涵，以“匠心”的姿态诠释了老字号的文化精髓。

作为一名共产党员，吴华侠自觉加强政治理论和党的路线、方针、政策的学习，不断提高党性修养。她充分利用各种载体和渠道，了解掌握党的十九大、十九届历次全会精神，认真学习习近平新时代中国特色社会主义思想，用党的创新理论武装头脑。时刻以党员的标准严格要求自己，以党性强、作风硬、工作出色为具体要求，从思想上、作风上加强自身建设。

守住初心，传承匠艺

作为烧卖技艺传承人，将烧卖技艺掌握好、传承好，是吴华侠不变的初心。在不断丰富自己的同时，她带出了一批技艺精湛、热爱

烧卖技艺的后备人才。为将这门技艺发扬光大，她组建了烧卖制作团队，以东城区劳模创新工作室和东城区吴华侠首席技师工作室为载体，采取理论与实践相结合等多种形式，将制作技艺无条件传授给每位学员。面对很多年轻人吃不了苦、受不了累的情况，吴华侠在安慰和劝导的同时，身先士卒，冲在一线，用自己的实际行动教育和引导学员，使大家对烧卖技艺产生了浓厚的兴趣。在她的言传身教下，36 名烧卖制作技术骨干脱颖而出，目前在各个岗位发挥了主力作用，为企业的可持续发展提供了人才支撑。

吴华侠将传承烧卖技艺作为一种责任和担当，始终秉承在继承中传承、在传承中创新的理念，始终坚持匠心精神，在精益求精中创新、在创新中发展。

为适应市场变化和顾客的消费需求，吴华侠带领团队利用休息时间积极研发新产品，先后结合时令食材，通过调整面皮颜色、原料搭配、营养配比等多种手段，研发出了“四季时令烧卖”“五谷烧卖”“蟹黄烧卖”等创新产品。2008 年奥运会期间，专门研发出“奥运五彩烧卖”；2009 年新中国成立 60 周年庆祝活动期间，专门研发出“炫彩烧卖”；2019 年新中国成立 70 周年大庆时，专门研发出“70 年大庆团圆烧卖”。这些新产品一经上市就深受顾客欢迎和喜爱，既满足了食客的需要，又增加了企业收入。

担当作为，匠著文化

为将烧卖技艺发扬光大，吴华侠不但注重产品的研发和创新，更注重品牌文化的宣传。工作中她既是操作员又是宣传员，她采取不同的形式用淳朴的语言经常向民众宣传烧卖制作技艺，她还利用业余时间走进校园，到北京联合大学、中央财经大学、景泰小学、光明小学等学校宣传烧卖品牌文化，让烧卖文化逐渐走入大众心中，让更多的人全方位地去了解老字号烧卖文化和烧卖制作技艺，传承非物质文化。

作为一名共产党员，吴华侠“不忘初心、牢记使命”，坚持做到吃苦在前、享受在后，舍小家为大家。她克服家里老人、孩子需要照顾的困难，始终冲在一线。特别是2020年疫情暴发期间，她主动提出坚守一线，在做好店内各项防疫工作的同时，每天为社区防疫一线人员送餐200余份。吴华侠用自己的言行践行了一名共产党员的责任和担当，用传承人的良好形象为老字号品牌的传承与发展作出了突出贡献，得到了企业和社会的广泛认可。

（执笔：耿天成）

朱忠义：建筑“塑骨”人

朱忠义，男，1972年6月出生，中共党员，北京市建筑设计研究院有限公司总工程师，教授级高级工程师。曾获全国劳动模范、国家“有突出贡献中青年专家”等荣誉称号和首都劳动奖章，以及国家科技进步二等奖等奖项。

北京大兴国际机场航站楼、昆明长水国际机场、首都国际机场T3航站楼、北京奥运会国家体育馆……20余项大型工程的复杂结构设计和隔震设计，都出自他的妙手。他把自己的工作通俗地称为“给建筑做骨架”，是一名大型工程“塑骨”人。他，就是北京市建筑设计研究院总工程师、全国工程勘察设计大师朱忠义。20多年来，朱忠义不断攻坚克难，在科技创新和服务国家重点工程建设等方面，作出了突出贡献。

勇挑重担，献身国家重大工程建设

北京大兴国际机场是国家重大标志性工程，是展示中华民族伟大复兴的新国门。航站楼如凤凰展翅般的造型彰显了其结构之复杂。如何保证这个全球最大航站楼在8级地震下的结构安全，如何以8根C型柱支撑起核心区18万平方米的大跨度结构，如何保证高铁在高速穿越时航站楼的结构安全及乘客舒适，这些都给这个超级工程的设计带来了史无前例的挑战。朱忠义带领团队攻坚克难，历经 1800 个日夜，圆满完成任务，为 2019 年 9 月航站楼的如期竣工作出了重大贡献。

作为结构工程师，让朱忠义难以忘怀的还有绵阳九洲体育馆。2003 年，年轻的朱忠义利用预防连续倒塌设计，建成了这个当时全国拱形体育馆中跨度之最的建筑。2008 年，汶川“5・12”特大地震来袭，九洲体育馆经受住了主震的考验，安然无恙，成为当地最大的抗震指挥和灾民安置中心。但随着余震不断来袭，大家的心情都非常紧张。朱忠义全面考虑各种可能出现的情况，对关键部位逐一筛查，反复验算并实时检测，做好安全提示。在主震和上万次余震的考验下，九洲体育馆结构完好，保证了上万避难群众毫发无损。

坚持创新，设计世界最大“天眼”工程

由中国自主设计建造的 500 米口径球面射电望远镜（FAST），是世界最大、最灵敏的单口径射电望远镜，被誉为“中国天眼”。朱忠义作为 FAST 主动反射面主体支承结构设计负责人，主持了其设计、科研及施工配合工作，创新多项重要设计理念、方法及重大工程技术，取得的成果居于国际领先水平。朱忠义获得“FAST 工程建设突出贡献个人”，其所在单位北京市建筑设计研究院有限公司获得“FAST 工程建设突出贡献单位”和“贵州省五一劳动奖状”等荣誉。

FAST 位于地质地貌复杂的喀斯特洼地，圈梁支承柱高度为 3~50 米，结构和基础受力复杂，圈梁温度作用明显。为了解决这个问题，朱忠义提出将柱子与圈梁隔开，通过一个径向可动支座进行滑动释放，并且发明了满足力学模型的相关产品，有效解决了复杂山区环境

对结构受力的影响，并且减小了索网变位过程中应力变化幅，FAST反射面变位也更加灵活。已故 FAST 首席科学家南仁东听取方案汇报后兴奋地说：“这就是我心目中的方案。”

为国争光，竞标赢得国际重大项目

卡塔尔卢赛尔体育场是 2022 年世界杯足球赛的主体育场，具有广泛的国际影响。在与德国、法国、英国等国际同行竞争中，朱忠义率领中国团队以技术优势赢得设计资格，与美国、澳大利亚和英国等国的公司组成国际设计团队，负责最复杂的钢结构设计。“体育场有 9 万多个座席，比鸟巢还要大很多，结构工程设计也是我接过最复杂的。”作为中国建筑工程师参与其中，朱忠义很自豪。该项目是中国工程师参与设计的最有影响的国际建筑项目，在欧美建筑设计事务所占据主导地位的海外市场上，为中国创造赢得了国际地位与声誉，以

实际行动践行了国家“一带一路”倡议。

朱忠义尽职尽责，任劳任怨，为国家建设和行业发展作出了突出贡献，获得了一系列荣誉。在成绩面前，朱忠义不骄不躁，坚守初心和使命，始终发扬着谦虚谨慎的精神，保持着勤奋务实的作风，与广大建设者一起，在国家重点工程建设中继续挥洒心血和汗水。

（执笔：梁怡）

罗　岗：用信念成就建筑梦想

罗岗，男，1972 年 3 月出生，中共党员，北京城建集团有限责任公司工程总承包部总经理，北京城建集团有限责任公司工会副主席（兼）、北京市建筑工会副主席（兼）。曾获全国劳动模范、北京市劳动模范等荣誉称号。

从通州北环环隧一标工程到备受关注的中国国学中心工程，罗岗以创新的思维实践着他对项目管理独具匠心的理解，以身先士卒的魅力与出色的管理业绩向行业内外传递着满满的正能量。他领导建设的每一个项目都成为企业乃至行业的“样板工地”和业主心中的“满意工程”。

勤学好问，不断积累实战经验

1996 年 7 月，罗岗从哈尔滨工业大学道路桥梁建设专业毕业分配到北京城建道桥有限公司工作。23 岁的罗岗口袋里揣着 60 多元钱，从哈尔滨坐火车来到了北京。

培训一周后，单位要将新人分配到下属的项目部。人力资源部负责人说：“想出去干事业，就去外地修高速公路。谁愿意到外地工作？”80 多名新人中没几个人举手，可是罗岗举了，而且没有犹豫。

那年，正赶上北京城建集团负责施工建设山东济德高速公路。

到达施工现场的当晚，罗岗躺在工地的床上，在成群蚊子的嗡嗡声中，感受到了从大城市到艰苦工地之间巨大的落差。野外无遮无挡，盛夏毒辣的太阳烤得地面直冒热气，每天需要徒步往返一二十千米进行测量。大家每天都像从水里捞出来一样，全身是汗水。由于环境太过艰苦，一起去工地报到的另外两个大学生选择了离开，罗岗咬咬牙硬是坚持了下来。

工地上，有不少退伍复员回来的工人。一有时间，罗岗就去找工人师傅聊天，帮他们擦机器，骑车送他们去公交站……“这工地上的所有工人都是我的师傅。”罗岗说。和工人打成一片，让罗岗学到了许多书本上没有的知识，实战经验与日俱增。

勇往直前，誓让工程质量得满分

2011年，罗岗第一次独挑大梁，出任通州北环环隧工程一标段项目执行经理兼党支部书记。项目进场的前一天，业主方召集全线4位项目经理开会，唯独对罗岗提出了质疑：“你从来没有单独干过项目，能行吗？!”

这声质疑，非但没有吓退罗岗，反而激发了他勇往直前、不服输的干劲。“我要对信任我的领导与企业负责，干，就干到最好，我要在北环打响城建品牌，创誉通州市场。”

带着这样的信念与决心，罗岗带领整个团队拼管理、拼意志、拼创新。从“麦苗护坡”“开心菜园”等绿色施工举措到精心为一线工人编印《安全口袋书》，从安全、质量、进度一路领先北环环隧其他标段到连续3年将业主方设置的“安全质量流动红旗”变为项目的“不动红旗”，从“北京市市政结构长城杯”到“全国建筑业绿色施工示范工程”，从“全国建筑业优秀项目经理部”到“全国建设工程优秀项目管理成果一等奖”，罗岗带领项目团队争创每一项荣誉，勇夺每一个第一。

罗岗用勇往直前的担当，让“北京城建”大旗在通州市场高高飘扬。凭借良好的履约信誉，他和项目团队先后为企业赢得了通州玉带河大街改造及西延工程、通州区中西医结合医院、通州南环环隧二标段等项目施工任务。

从业主的质疑到市场的青睐，罗岗坦言，第一个工程让他深深体会到：项目经理最重要的担当，就是干好在手工程；只有干出“响当当”的工程，才能赢得尊重，才能在市场站稳脚跟！

攻坚克难，打造国字号工程

2013 年 11 月，位于奥运公园核心区的中国国学中心工程交到罗岗手中。工程总建筑面积 81362 平方米，主体建筑 8 层，裙楼东西两翼北侧 4 层，东侧与西侧 3 层。施工难度大，项目上人人皆知。

“工程难度再大，也要克服困难，不能给北京城建丢脸！”时任工程总承包部国学中心项目党支部书记、执行经理的罗岗以实际行动践行了这一诺言。

由上万根大小不一的钢构件搭出的国学中心工程，每平方米用钢量重约 260 公斤，这与国家体育场的用钢量相当。

施工中，罗岗

要求构件厂家按照图纸加工制作，尺寸误差控制在 2 毫米，所有产品必须经过驻场人员严格测量才能送到工地，到工地进行二次检查后才能用到工程上。整个工程 1.1 万个钢构件安装后未出现偏移数值超标问题。

针对钢构件数量多、体量重，吊装难度大等困难，罗岗采取矩阵管理方式，增加了 9 台汽车吊，使施工速度不断加快，以最短的时间把一根根钢构件准确安装到位，最多一天，吊运安装钢构件达 200 多吨。在这里，罗岗一次次地挑战自己的极限，一次次把难题迎刃而解：一个月完成 30 万的土方开挖任务，100 天完成 5.4 万平方米的地下结构工程施工任务，210 天完成 8 万平方米主体结构封顶。

2016 年 8 月 30 日，经过项目职工 33 个月的艰苦奋战，该工程顺利通过竣工验收，工程获得中国钢结构金奖等多个奖项。

“在建筑行业摸爬滚打 20 多年，我深深体会到，任何工作想干好有作为，都需要坚定地讲奉献。”尽管很辛苦，但罗岗觉得自己很适合建筑行业，因为他通过建筑实现了自己的梦想和人生价值。罗岗说，奋力工作的过程让他明白，“建工程干工作需要一股子较真的精神，认认真真做好每一件事情，兢兢业业干好每一项工程，是对国家、对企业、对个人最大的负责”。

（执笔：刘欣欣）

刘　军："北漂"逆袭　城市圆梦

刘军，男，1976 年 12 月出生，中共党员，北京基业达电气有限公司工艺员、工程师，北京市总工会兼职副主席。曾获全国劳动模范、全国"最美职工"、北京市劳动模范、北京优秀青年工程师等荣誉称号。

25 岁时，刘军抱着对未来生活的美好向往，从河北老家来到北京打拼。凭借刻苦和努力，这位当初的"北漂"农民工已经扎根北京，还"逆袭"成为发明家、工程师，获得了全国劳动模范等荣誉。

一"战"成名，配电箱装饰画获专利

初入社会，刘军做过餐厅服务员，开过首饰加工店，还在电脑公司做过技术支持，但这些工作始终没让他停下追求的脚步，因为他还没有找到心中的热爱。直到他来到北京，来到他供职的这家民营企业。"我 2004 年到基业达公司工作，最开始做车间的工艺员，接手的第一个产品就是配电箱装饰画。"刘军说。

北京基业达电气有限公司是一家以生产、开发高低压配电设备为主的民营企业，产品质量在同行业中有着较好的口碑，但因为产品外观不美观，一些客户颇有微词。

"为此，我和同事们展开头脑风暴，提了几十种方案。"有人说，将配电箱表面做成不锈钢的，像玻璃镜一样；有人说，改变配电箱的形状，做成椭圆形；还有人说，通过热转印的方式，把花鸟、山水等图案印在配电箱外面。综合各种因素后，刘军建议：设计一种装饰附件，使用磁铁直接吸附在配电箱上。

刘军的设计，既不改变现有产品结构，也不影响安全，而且改动小、投入低。提议得到公司认可后，刘军很快绘制出了一套图纸。为了使产品更加精美，他亲自带着图纸到浙江寻找合作伙伴。历经 4 个月的攻关，一项全新的产品“配电箱装饰画”诞生了，其中独创的“永磁安装板”更是获得了国家实用新型专利。

迎接挑战，转型设计电车充电桩

刘军的才华帮助企业赢得了喝彩，企业的发展也给刘军的工作带来了更大的挑战。2012 年，基业达成立新能源事业部，开始研发电动汽车充电桩，刘军负责其中的结构设计和工艺分解工作。

虽然在产品设计方面，刘军已经积累了不少工作经验，但电动汽车充电桩对他来说却是一个全新的领域。为了把工作做好，刘军不仅在上班时间跟同事们积极交流，下班后也总是扎在一堆书籍、资料里，给自己大脑“充电”。有时晚上熄灯后，他就躺在床上琢磨设计方案，想到好的点子，会立刻爬起身来，持续修改图纸到深夜。那段时间，连妻子都说他“入魔了”。

“我们必须要站在消费者的立场考虑问题，设计出来的产品要符合人体工程学。”比如充电桩的高度、充电枪的位置要遵从人们的使用习惯，而且防护方面，也要遵守国家标准规定。

刘军表示，他们生产的充电桩的防护等级已经达到较高的标准。“无论是自上而下喷水，还是自下而上喷水，都没关系……都不会对充电造成影响，这些都跟结构设计有关系。”

再圆大学梦，不断用知识充实自己

工作的同时，刘军也没有放弃学习的机会。2011 年，北京市总工会发布“农民工大学生助推计划”，资助优秀农民工免费上大学，满足他们提升技能和提高学历的双重需求。获知这一消息后，刘军埋藏已久的心愿也开始萌芽。

“我从小喜欢画画，高三那年，老师推荐我考了一所高校的美术系，考上了自费生，学费 4.8 万元。家里没有钱，爸爸说要卖房子供我上学，可我不想全家人因为我没有了家。”刘军说。

怀揣没上大学的遗憾，刘军走上了工作岗位。这次，面对突如其来的好消息，他默默下定决心：“我要边工作边上学，再苦再累都要坚持上完。”

“这个助推计划，对我特别有吸引力。而且我上这个也不仅仅为拿学历，我想认真学东西。因此，我毫不犹豫地报了名。像我学的建筑管理，就包含了建筑学、力学、CAD 制图等诸多课程，对我现在的工作也很有帮助。”刘军说。

从 2012 年 3 月到 2014 年 7 月，每个周末，他都要从位于清河的公司宿舍出发，到南二环的北京市总工会职工大学上课。每天他都会在繁忙的工作间隙挤出时间学习。面对这些，他一点都不觉得辛苦。他不但顺利拿到了大专文凭，而且一鼓作气又报考了一个本科学习，也顺利毕业。刘军说："我一直坚信：用珠宝装扮自己，不如用知识充实自己。"

关注社会，政协提案为基层职工发声

这些年，刘军在不断实现个人人生价值的同时，开始关注社会问题。

"作为一名非公企业的基层职工，我一直希望能代表同样是处于基层、从事着最辛苦工作的那部分职工发声。"他说。2018 年，刘军被推选为北京市第十三届政协委员。从那时起，参加政协委员调研活动、提交提案成了他分内的工作。

职工技能培训、职工素质教育、在京基层一线职工的居住生活问题……这些曾经困扰他、现在仍在困扰很多职工的问题，变成了一个个提案，被他提交到了市政协。

"我现在最关注的是新业态新就业群体缴纳社保的问题。"刘军说，"像快递、外卖、网约车等，近年来发展迅速。但是这些新业态的从业人员大多是外地户籍，无法通过街道等有关部门参加社会保险。这样，他们将来的养老和医疗就成了问题。"

对此，刘军建议，可以参照北京市公安局设立"公共户"解决暂不具备市内迁移条件的北京户籍人员落户的相关做法，由各区社保局设立一个自由职业者社会保险"公共户"，解决在北京地区工作的外地户籍劳动者的社会保险缴纳问题，减少他们的后顾之忧。

刘军认为，一个人，不管来自哪里，不管从事何种工作，只要奋勇向前，永不言败，就一定会发光发亮。

（执笔：陈曦　供图：陈艺）

张鹫制：打造服务型党组织
探索社区治理新模式

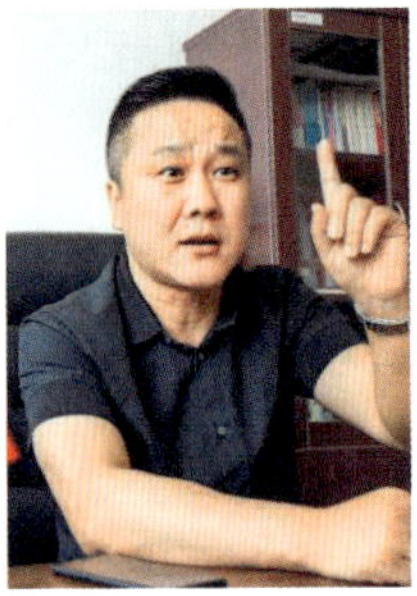

张鹫制，男，1969 年 1 月出生，中共党员，北京市朝阳区奥运村街道南沙滩社区党委书记。曾获全国先进工作者、第二届全国模范小巷总理、北京市劳动模范、首都最美社工、北京市优秀社区党组织书记等荣誉称号，以及首都精神文明建设奖等奖项。

张鹫制是北京市朝阳区奥运村街道南沙滩社区党委书记。他所在的南沙滩社区，有 5 个小区属国企宿舍楼院，无物业管理。作为社区党委书记，他充分发挥社区基层党组织龙头引领作用，创新社区工作方法、服务社区居民群众、积极探索居民自治，摸索出无物业管理的老旧小区治理新模式。

构建区域化党建，建设服务型党组织

作为一名社区基层党组织的党务工作者，张鹫制认识到，实际工作中要切实发挥党建龙头引领作用，以抓班子、带队伍为重点，结合社区的实际，进一步转变工作作风，团结带领社区“两委一站”、基层支部、广大党员，密切党群、干群关系，切实增强基层党组织的服务力、凝聚力和创造力，面对现实、实事求是、攻坚克难，以服务为根本，努力创建南沙滩基层服务型党组织。实际工作中他注重发挥社区党委战斗堡垒作用、党员干部的先锋模范作用，把党员的力量汇聚到社区建设中，使党员队伍在为民办实事、办好事、解难事的过程中，发挥了中坚和骨干作用，从而大大提升了社区党员、居民参与社区建设的热情，有效扩大了党建覆盖面。社区党员志愿者队伍从原来的几十人发展到300余人，形成了社区是我家、工作靠大家的工作局面。同时，张鹜制通过搭建载体平台，召开座谈会、深入走访，将辖区产权单位、物业公司、共建单位、“六小”门店、一刻钟服务圈、社会单位、社会组织纳入进来，成立社区党建工作协调委员会，围绕社区共同目标和共同需要，探索研究社区党建活动方法、形式和内容，推进和谐社区建设，实现党建工作全覆盖。

创新社区治理，推行“走动式工作法”

面对社会服务管理创新的新形式，张鹜制努力探索老旧社区治理新模式。张鹜制认为，把社区当家，心中装有居民，是做好社区工作的前提。社区里新老小区交错，社区居委会又坐落在新建小区，社区工作人员与居民距离远了，容易不接地气。面对这种状况，他再三思考，根据社区的实际，以创新的态度在社区工作者中提出“走动式工作法”，减少社区工作人员在案工作时间，增加离案工作时间，通过走动拉近“两委一站”与居民之间的距离，让“走”成为制度，成为纽带，架起了社区与居民的桥梁。自2009年10月至2020年的11年里，社区工作者共调解民事纠纷1187起，处理环境问题1134起，处理无物业管理带来的问题1843起。

依托“走动式工作法”，切实做到了老旧小区卫生、保洁自我管理、治安自我管理、装修垃圾自我规范管理。在南沙滩社区的几个老院，实行准物业管理，进行技防、物防改造，使这几个小区的道路、绿地和环境得到全面整治。居民从忧变喜、从怨气变赞扬，这背后都有着张鷟制带领下的社区“两委一站”一班人为居民服务的辛勤付出。

疏解整治促提升，狠抓落实治理开墙打洞

张鷟制带领南沙滩社区“两委一站”一班人，发挥党建引领作用，强化担当作为，在实际工作中，围绕一个“实”字，避免一个“虚”字，运用一个“听”字，突出一个“效”字。社区科学园南里西街一侧，有 33 家开墙打洞须整治。在街道工委和办事处的坚强领导下，在办事处各职能科室的支持指导下，张鷟制带领社区“两委”担当碰硬，对开墙打洞户进行分类，有重点地开展工作。宣传动员大多数、团队主攻极少数、专人专攻钉子户，统一行动、联合执法，最终打赢了社区治理开墙打洞的攻坚战。

面对新冠肺炎疫情，做好社区防疫工作

2020 年初，面对汹涌而来的新冠肺炎疫情，张鷟制带领社区工作人员做到了清楚武汉来京人员情况，清楚外来人员进入小区情况，清楚突发疫情工作流程，清楚疫情期间社区舆情，清楚社区各类人员情况。以此为基础，在防疫措施上做到“精准施策”。针对武汉来

京人员，建立动态管理台账，安排专人每日追踪访问；针对5个无物业管理的老旧小区，实行人员出入登记封闭式管理；针对居家观察人员及空巢、高龄老人等困难群体，成立服务小分队，为其提供基本生活服务，如代购米、面、油等，并通过电话等方式做好心理疏导工作。同时，张鹫制带领社区工作人员做到“十到位”：社区党组织核心领导作用发挥到位，宣传到位，社区居委会自治组织作用发挥到位，基层6个党支部党员志愿者模范带头到位，社区工作任务分工到位，物业联盟联动到位，社区工作者担当作为到位，群防群控到位，服务保障到位，对返京人员的服务到位。“通过各方面的‘到位’，社区多股力量拧成一股绳，打出组合拳，共同应对了突发疫情，保住了社区的平安。”张鹫制骄傲地说道。

（执笔：孙越）

郭玉全：水泥工圆了绿色环保梦

郭玉全，男，1964 年 1 月出生，中共党员，北京金隅琉水环保科技有限公司飞灰处置车间原党支部书记，北京市第十一次党代会代表。曾获全国劳动模范、全国技术能手、全国“最美职工”等荣誉称号和全国五一劳动奖章、首都劳动奖章。

从什么都不懂的毛头小子到靠一把“大锤”名震海外的技术工人，从传统水泥行业的普通职工到绿色企业的创新型人才，郭玉全一步一个脚印，用自己的聪明才智、勤奋肯干，走出了一条不凡的道路，也助力企业发展成为“政府好帮手、城市净化器”。

磨炼技术，窑头前练就“火眼金睛”

1983 年，19 岁的郭玉全，对水泥生产一无所知，仅凭着“当工人”“学技术”的梦想，就考入了当时的琉璃河水泥厂。在厂里，他先后做过输送工、看火工。

20 世纪 90 年代，水泥厂里都是用回转窑煅烧水泥熟料，没有仪表，没有监控，更没有电脑控制，看火工想了解窑内熟料煅烧情况，只能靠一块滤光镜和一双眼睛。“我第一次拿起看火镜时，什么也看不出来，就觉得这窑里白茫茫一片。老师傅就说了，什么都甭问，看火没有捷径，就是一直看，加深印象。”郭玉全回忆说。

虽然看火工是水泥生产线上最核心的工种，可是趴在窑头看火却是一件苦差事。窑头表面有 200℃以上的高温，即便什么都不干，待在旁边都让人觉得呼吸困难，可郭玉全却耐着性子，每隔 3 分钟看一次，一看就是十几分钟。眼睛看花了，他就休息一会儿，继续看。连续看了 20 多天后，老师傅才对他认可，开始一点点讲解看火知识。就这样，看火工这一大多数人都不愿干的工种，他一干就是 4 年，练就了仅凭肉眼观察就能判断出窑内状况的功力。“就像孙悟空一样，在八卦炉里炼成了火眼金睛。”郭玉全笑着说。

此后，随着水泥工艺革新和生产线更新换代，郭玉全不断参与到企业生产线的升级改造之中：消除“篦冷机红河”现象，年节约费用 8 万元；“东料西送工程”年综合效益 130 余万元；“预热器阀板、管路改造”创造效益 400 万元；引进先进节能理念实现能源和工艺的精细化管理，降低单位产品煤耗和电耗，年节电 1400 余万度，整体电耗下降 5%。

郭玉全倾心投入水泥窑，在不断的磨炼中，他成了厂里人人羡慕的“技术大牛”。

名震海外，一把“大锤”征服洋业主

随着琉璃河水泥厂实施技术服务“走出去”战略，郭玉全的技术在海外也打响了名号。

2012 年 2 月，厂里接到了求援电话，请求尽快派出技术人员前往阿联酋，解决一条万吨水泥生产线窑系统托轮过热的问题。郭玉全和同事坐飞机、倒汽车，12 个小时后就赶到了阿联酋阿莱茵公司施工现场。

其实，在郭玉全到达前，业主方已先后邀请多家世界知名厂家调试，各种仪器都用上了，可问题却没有解决。原本对郭玉全满怀希望的业主，看到他们没有携带任何精密仪器出现的时候，失望了。争吵、质疑，现场一片混乱。对方经理急切地对郭玉全说：“请你们来，所有人就听你们的，拿方案吧。”听后，郭玉全微微一笑，心想：“要的就是这句话。”

“放 1 毫米。”郭玉全脱口而出。闻此，在场的所有人都愣住了。因为他没有使用任何工具测量，仅仅是围着水泥窑看了一圈。操作工虽然半信半疑，但看到郭玉全笃定的模样，还是抡起了大锤。

一锤下去，奇迹发生了。原本过热的托轮，慢慢恢复了正常。6 个小时后，已经停工 4 个多月的窑竟然转起来了。郭玉全靠一把“大锤”征服了项目业主，在海外书写了中国技术工人的神话。

企业转型，自行研发设备攻克难关

现在，琉璃河水泥厂已经变成了北京金隅琉水环保科技有限公司。除了名称，公司的厂区环境也发生了翻天覆地的变化。

郭玉全回忆说，20 世纪 80 年代，没到厂区，远远地就能看到滚滚浓烟，穿着白衬衣根本不敢进，而现在，随处可见的就是绿树和

鲜花，简直就是“花园工厂”。“以前，北京的‘十大建筑’、重点工程用的都是我们的水泥。那个时候，我们的水泥可是‘皇帝的女儿——不愁嫁’。但 2000 年以后，水泥行业因为先进技术的应用和推

广，产能开始过剩了。如果我们还做传统行业，肯定会被迫退出北京市场。我们必须要与城市功能接轨，做‘政府好帮手、城市净化器’。”

近年来，社会各界对环境问题日益重视，全国各地垃圾焚烧厂都在快速上马建设，但是垃圾焚烧飞灰却没有配套相应的处置设备。针对这一难题，公司建成了国内首条飞灰工业化处置示范线。这条示范线的生产调试，正是由郭玉全带领的一线技术工人团队完成的。

因为没有经验可以借鉴，2015 年，郭玉全带领技术研发团队 3 天跑了 4 地，考察设备厂家。同时，自行研发设计工艺路线，组织实验，最终研制出一台符合飞灰处置工艺特性的机器。为了使飞灰处置线更加完美，郭玉全带领团队相继攻克闪干机挂壁、结晶分离器阻塞等核心技术难题。2017 年，历尽艰辛建成的飞灰处置二期工程投入试运行，两条飞灰处置线年处置飞灰 7 万吨，有效解决北京市目前 70% 以上的生活垃圾焚烧飞灰处置难题。公司也成功转型，成为北京市唯一一家减量化、资源化、无害化处置飞灰的企业。

忙碌的工作中，郭玉全还为企业培养了诸多新生力量。2009 年，以郭玉全名字命名的职工创新工作室成立。“郭玉全工作室”是北京市首批 10 个职工创新工作室之一，曾荣获“全国工人先锋号”及全国首批 10 家“模范创新工作室”等荣誉。工作室参与人员一度达到 150 余人，涉及环保、电气、工艺等多个工种。创新工作室成为示范引领、集智创新、协同攻关、传承技能的平台，成了企业可持续发展的“引擎”。

（执笔：陈曦　供图：北京金隅琉水环保科技有限公司）

秦俊彪：帮要帮到根上　扶要扶到点上

秦俊彪，男，1970 年 3 月出生，中共党员，首钢集团有限公司新闻中心专题室副主任。曾获全国脱贫攻坚先进个人荣誉称号，以及北京市扶贫协作突出贡献奖。

在山西农村长大的秦俊彪，对农业、农村天生就有一种特殊而又朴素的情感。2018 年 5 月，秦俊彪借调到市国资委脱贫攻坚领导小组办公室工作。刚接手扶贫协作工作，秦俊彪心里就想，在这个岗位上为脱贫攻坚伟大事业做有意义的事，是莫大的荣光。他兢兢业业，勤勤恳恳，任劳任怨，尽其所能，推动市国资委系统扶贫协作工作持续走在全市前列。

帮助国有企业解决“扶持谁、谁来扶、怎么扶”问题

到新岗位后，秦俊彪以饱满的热情和昂扬的精神状态投入到脱贫攻坚工作中，很快便由“门外汉”变成了三句话不离脱贫的“行家里手”。

开展扶贫协作，北京市属国企拥有资金、管理、技术、人才方面的优势，这些也正是贫困地区所需要的。由于信息不畅，企业想到贫困地区开展扶贫，往往又遇到到哪里去、该找谁、帮扶谁、怎么帮

这一系列问题。为解开这个扶贫“症结”，秦俊彪主动出击，先后参与起草了《北京市国资委系统助力受援地区开展精准扶贫产业协作三年行动计划（2018—2020 年）》《2019 年市国资委系统扶贫攻坚工作要点》等一系列制度、规定，使市管企业开展扶贫攻坚工作有章可循，使企业开展产业扶贫、就业扶贫等具体工作更有针对性和可操作性，为企业做好脱贫攻坚工作奠定了基础。

为使北京市国资委党委的决策部署得到有效贯彻落实，更好地做好精准扶贫、精准脱贫工作，秦俊彪在市国资委领导下，结合贫困地区产业发展特点、资源禀赋，以及市管企业资金、技术、管理、人才优势，引导企业在扶贫协作工作中做到扶贫对象、领域、方式“三个精准聚焦”，帮助企业解决好扶持谁、谁来扶、怎么扶的问题，做到扶贫扶到点上、扶到根上。

“帮要帮到根上，扶要扶到点上。”由于市管企业的业务领域大多是围绕城市服务开展的，对扶贫领域，绝大多数企业感到陌生，觉得有劲无处使。秦俊彪结合自己在企业的工作经历，摸索出一套行之有效的工作方法。每次到受援地对接前，他都积极与受援地区沟通，了解对方的需求及需要合作的产业扶贫项目，使帮扶工作更加有的放矢，更有成效。2018 年，在与承德市进行前期对接时，对方提出 90 多个拟合作的产业项目。经与企业沟通，形成意向合作项目 40 多个，签约落地 10 余个，产业投资达 10 多亿元。2020 年，秦俊彪重点协调推进市国资系统 7 个产业扶贫项目，向贫困地区增加投资 14.8 亿元。

为帮助企业扎实有效地开展扶贫协作工作，秦俊彪急企业所急，想企业所想，对每家企业报上来的脱贫攻坚工作实施方案和年度扶贫工作计划逐一审核，并与企业工作人员一同进行修改，直到合格为止。对企业提出的一些具体工作问题，无论是白天还是晚上，他都予

以耐心解答。如企业购买个人农产品无发票、给贫困地区捐赠是否上税等，他在咨询后，都给予详尽的解答。他还注重创新工作方式方法，为开展扶贫协作有难度的企业提供具体指导性建议。先后通过联系北京市支援合作办和河北张家口市、保定市，帮助首钢技师学院完成招录张家口市和保定市贫困生 31 名，帮助北京地铁公司结对帮扶阜平县大岸底小学，帮助轨道交通公司建立扶贫专柜等。

就医难一直是贫困地区发展中的一个短板。2019 年，在与张家口市工作对接过程中，秦俊彪了解到，为解决贫困地区百姓就医难问题，张家口市准备开展流动卫生室（车）建设项目，但存在巨大资金缺口。秦俊彪就及时向领导反馈，得到支持后，立即向市管国企发出捐款倡议，短短一周时间，就筹集到 2100 多万元捐款，为张家口市解了燃眉之急。如今，130 多辆流动卫生室（车）活跃在张家口市 700 多个偏远乡村，助力解决了贫困地区人民群众就医难问题。

3 年来，秦俊彪为企业和受援地牵线，为企业开展产业扶贫、就业扶贫、消费扶贫、公益扶贫、教育扶贫等做对接，取得了实实在在的成效。

总结可推广、可复制的扶贫模式

作为一个从农村走出来的大学生，秦俊彪深知贫困家庭供养一个大学生的不易。为帮助贫困家庭实现“一个就业、全家脱贫”，在工作中，秦俊彪协调企业在招录大学生时预留一定比例，录用建档立卡贫困家庭大学毕业生。2020 年，推动市属国企招聘录用 121 名北京对口支援合作地区贫困大学毕业生，相当于实现了 121 户家庭的稳定脱贫。为补齐贫困地区基础教育短板，秦俊彪协调企业结对帮扶两所贫困小学，捐款 100 多万元，大大改善了学校办学条件。

消费扶贫是解决贫困地区农产品滞销的重要途径。为帮助贫困地区农产品卖得出去，卖个好价钱，秦俊彪和同事们积极联系受援地区企业，努力减少中间环节，最大限度地为北京企业工会、食堂实现直采创造条件。2020 年，他们把“挂牌督战”的新疆洛浦、墨玉两县作为帮扶重点，协调组织企业购买这两个县滞销的和田鸭、大枣、核桃等农产品，金额达 2400 多万元，助力两县脱贫摘帽。

为扩大扶贫、带贫成效，秦俊彪注重对扶贫特色工作进行总结、推广。他先后深入到河北张家口国家级贫困县张北县、内蒙古自治区乌兰察布市和北京市低收入村等地调研，总结出一大批具有北京国企特色的可推广、可复制的扶贫模式，如首农裕农公司的“四金”模式、首钢技师学院“五免一保”模式、建工集团的“劳务派遣利益联结就业”模式等。这些模式推广后，对市管企业提高带贫人数起到极大的促进作用。

“作为首都国企的一名扶贫干部，能参与到脱贫攻坚这一伟大事业，我感到无比光荣。”秦俊彪说。

（执笔：李明宗）

邓鹏翔：助力和田　脱贫攻坚开良方

邓鹏翔，男，1977 年 11 月出生，中共党员，北京市发展改革委员会发展规划处副处长，新疆和田地区发改委党组成员、副主任（挂职），北京市支援合作工作领导小组新疆和田指挥部规划财务部部长。曾获全国脱贫攻坚先进个人荣誉称号，以及北京市扶贫协作创新案例奖。

2018 年 3 月，邓鹏翔受组织委派入疆。“公行天下，卫戍健康”，怀着一颗曾为医者的仁心，行走在新疆和田的大地上，为脱贫攻坚开出了一个又一个良方。

把好项目关，提升援疆项目投资效益

援疆资金数以亿计，怎么样才能将它们用在点子上，为老百姓带来实实在在的好处？ 3 年里，邓鹏翔行走在和田的风沙与旷野中，一边探索着，一边实践着。

2018 年初入和田的邓鹏翔，注重干学结合，不断创新工作机制，结合项目管理过程中存在的主要问题，委托专业机构研发了“北京市援疆和田指挥部投资项目信息管理系统”，极大地提升了和田地区项目管理效率和信息化水平，为长期援疆建疆提供了科学便捷的数据管理平台。针对项目管理过程中出现的问题，制定修改了援疆项目管理办法，严格落实“交支票不交责任”的使命担当，围绕提升援疆项目投资效益，将援疆工作重心转移到项目的全生命周期监督管理上。同时，为了规范和田政府投资项目咨询机构服务市场，创造性地制定了代建单位库、评审机构库的管理办法。指挥部成立后，首次对历史未结项的项目进行全面梳理，并形成规范化的月报机制。

3 年里，邓鹏翔扎根扶贫项目管理岗位，工作认真负责，任劳任怨。在项目管理前期，加强项目合规性审查，对提交办公会讨论的项目逐个把关，坚持实事求是，敢于坚持原则，敢于唱黑脸，反复与和田各县市、各有关部门和指挥部各部室沟通协调，做到数据准、来源清、情况明。主持编制完成《北京对口支援和田地区一市三县、兵团第十四师脱贫攻坚三年行动计划》和“十四五”援疆综合规划，耐心细致地肩负起各县市、团场扶贫项目库，以及《“十三五”中期评估调整方案》项目库、《2019 年北京援疆和田投资计划》项目储备库的建库工作，做到“三库合一”。加强与北京市支援合作办的沟通对接工作，确保了“三个项目库”总投资、建设内容、项目周期、绩效目标等关键数据及项目计划说明底数清晰、数据完整。

善抓机制建设，提高援疆工作效能

实践层面，在脱贫攻坚具体工作中，邓鹏翔协助指挥部领导班子逐步探索建立起四方联动机制、联席会商机制、项目资金追踪机制、项目全方位管控机制和联合监督管理机制等“五个统筹机制”。积极推动项目管理体制机制性改革，项目管理由审批制转向备案制，项目资金管理由专户管理转向专项管理，项目审计由结项审计转向过程审计。

邓鹏翔引入北京先进管理经验，助力受援地建章立制，完善援受双方援疆项目管理制度体系，捋顺了援受双方在项目计划管理、实施管理、资金管理、信息管理等方面的权责关系，明确了关键技术环节。

2020 年，在新冠肺炎疫情猖獗的形势下，他精心组织撰写“十三五”援疆总体评估报告，编制“十四五”援疆规划报告，做好“十三五”援疆规划总结评估报告工作方案编制、素材收集、典型案例撰写和汇总及“十四五”援疆规划要点编制工作。他拟定项目资金管理办法，推进受援地财政部门开展援疆资金绩效管理，通过援疆资金协助受援地将援疆项目资金纳入地方绩效管理，实行“四个统一”，切实发挥绩效管理主体责任。他持续推进携手奔小康行动项目，与北京市有关区、和田地区 1 市 3 县和兵团十四师发改部门加强日常沟通，对项目开展情况进行监督指导。他督促各工作队按照项目工作进度安排推进项目落实，并做好项目进度月报工作。他高质量制定了 2019 年援疆和田扶贫支援成效考核有关情况反馈意见整改方案、2019 年国家对口支援新疆绩效综合考核整改方案等重要材料，配合市审计局来和田开展扶贫支援合作资金延伸审计工作。他做好“十四五”援疆规划开局之年综合绩效考核自评报告，组织研究会商 2022 年援疆工作思路要点，开展历年援疆资金账目信息和援疆项目结余资金梳理工作，梳理推进历史未结项目抓紧结项。会同市支援合作办、和田地区行署及十四师昆玉市，召开历史未结项目推进会，明确未结项目结项期限、方式、责任分工等。

邓鹏翔坚持带动干部总结工作经验、提升工作效能。通过研究近 10 年项目管理工作规律和援受

各方统筹协调工作规律，提出了精细管理、科技赋能、立体动员、纵深一体、专业化托管、市场化运作、产城融合和组团式援疆等八种援疆模式。

“如果说北京援疆是一场接力赛，我希望自己作为其中的一棒，能和大家一起推动援疆工作规范化、精细化、上水平。”脱贫攻坚的战役虽已结束，但乡村振兴的战鼓正响，邓鹏翔说：“站在新的起点上，我心潮起伏，激情满怀，心中有些期许。在实现乡村振兴的征途中，这片古老的南疆大地，将在我们的参与下，渐渐剥褪贫瘠的面纱，散发出古玉般润秀的光芒。相信多年以后，回忆这段火红的援疆青春岁月，心中或许再次升腾起‘扶真贫筚路蓝缕山河可鉴，踏昆仑披肝沥胆大爱无疆’的豪迈！”

（执笔：袁振）

张　嵩：扶贫协作架桥梁

张嵩，男，1984 年 1 月出生，中共党员，北京市东城区对外联络服务办公室对口帮扶和区域合作科科长。曾获全国脱贫攻坚先进个人荣誉称号，以及北京市扶贫协作突出贡献奖。

“比起深入脱贫攻坚一线的挂职干部，我做的这点事真的不算什么。”提起获得“全国脱贫攻坚先进个人”荣誉称号，38 岁的张嵩谦虚地说。

当好扶贫支援工作“操盘手”

2008 年，张嵩在北京市东城区安全生产监督管理局参加工作。参与扶贫协作和支援合作工作以来，他贯彻“精准扶贫、精准脱贫”基本方略，秉承“真心实意，真抓实干，真金白银”工作理念，坚持首善标准，立标杆、做示范，不断摸索创新，始终坚持以更大的决心、更精准的举措、更过硬的作风，有效开展扶贫支援工作，落实好扶贫支援任务。

张嵩协助组织召开区扶贫支援领导小组工作部署会及各项任务协调推进会，为领导统筹全区扶贫支援工作打下基础。筹划区领导带队赴受援地区调研对接事宜，为深入调研各地区贫困现状做好服务。研究完善调研会商、沟通对接、协调部署、汇总报告等工作机制，协助制订年度工作要点和帮扶计划，为有序推进落实各项扶贫支援任务提供保障。

张嵩牵头研究制定《东城区扶贫协作和支援合作财政援助资金项目管理办法》，加强和规范资金项目的监督管理，确保资金使用安全，提高项目帮扶成效。与受援地区加强帮扶项目计划的制订和落实，并督促做好帮扶项目三级公告公示，使受援地区贫困群众知悉脱贫政策、享受帮扶成果、监督政府执行，确保资金项目做到公平、公正、公开。协助区纪委区监委、区审计局等部门加大对扶贫支援工作的监督执纪问责力度，针对重点地区、重要领域、重点对象和关键环节，实施严格深入的监督检查，坚决杜绝违法违纪问题发生，确保向党和人民交上满意答卷。按照资金项目管理各项要求，通过“旬调度、月分析、季报告”机制，监督保障项目落实。

打造一批独具特色的扶贫品牌项目

为助力受援地区如期完成脱贫攻坚任务，张嵩翻阅大量资料，补充脱贫攻坚工作背景知识，学习先进经验做法。如何提升贫困地区群众脱贫的能力，从根本上摆脱贫困是张嵩一直思考的问题。

张嵩兢兢业业、开拓创新，为了与受援地区及时沟通协调、做好现场督导，加班加点成为常态。近年来星夜兼程，奔波数万千米，全力推动帮扶项目有序落实。多次不顾安危、顶风冒雪，驱车深入贫困地区调研对接。克服各种困难，舍小家顾大家，从不计较个人得失。

张家口市崇礼区是东城区的帮扶地区之一。崇礼境内 80% 是山地，人均耕地不足两亩。为了让帮扶工作真正扶到点上，助力崇礼

早日脱贫摘帽，张嵩根据当地地区产业发展和就业需求，为当地群众量身定制开展家政服务、酒店礼仪、手工制作等职业技能培训。当地村民小谢听说有滑雪教练的培训，立即报了名。经过一年的培训，年近40岁的他放下了锄头，当上了滑雪教练。像小谢这样找到合适工作岗位的当地群众还有很多。近几年，东城区为崇礼区开发就业岗位6000多个，帮助务工人员实现稳定就业。

张嵩注重协调发挥东城区的资源优势，打造独具特色的扶贫项目，协助建设一批独具特色的扶贫品牌项目。突出党建引领，在人才支援、产业合作、结对共建工作中发挥基层党组织战斗堡垒作用。开展央地联动，积极整合中央部委机关等驻区单位资源，构建扶贫大格局。打造带不走的人才队伍，全力配合保障教师、医生等专业技术人才的交流，力争斩断贫困代际传递，解决乡村缺医少药问题，助力受援地区提升公共服务能力。运用新媒体技术，创新“互联网+新媒体+消费扶贫”模式，拓宽特色产品线上销售渠道，向受援地区输送旅游客源。探索助残新模式，发挥温馨家园作用，通过培训、就业、代销产品，助力贫困残疾人脱贫。

提高帮扶成效

张嵩积极推动深化各领域帮扶。人才支援方面，配合相关部门组织党政干部、专业技术人才的挂职、交流，协助解决人才的后顾之忧。产业合作方面，积极宣传受援地区的资源禀赋和招商政策，前后方共同引导企业赴受援地区投资兴业。劳务协作方面，协助开展专场招聘和技能培训，为贫困劳动力提供更多的就业机会。社会动员方面，发挥协调优势，动员驻区中央部委给予受援地区政策和资金支持，引导社会力量参与结对帮扶和物资捐赠。携手奔小康方面，协调区属部门与受援地区乡镇、学校、医院、贫困村结对共建，并坚持向深度贫困地区倾斜。

立足激发受援地区内生动力，张嵩突出重点任务，坚持将消费扶贫作为巩固脱贫成效的重要抓手。通过组织特色产品展销推介活动，宣传受援地区文化旅游资源和特色农产品，助力提升产品品质和品牌影响力。积极推广受援地区滞销农产品，协助组织定向采购，解决贫困农户燃眉之急。筹建消费扶贫双创分中心，制定建设方案、对接产品资源、拓宽销售渠道，努力帮助贫困农户稳定增收。

工作中，张嵩狠抓责任落实，切实发挥协调推动作用，强化资金项目监管，与受援地区共同研究帮扶项目计划，确保项目合理、资金合规、贴切需求、内容可靠、责任到位、成效明显。紧盯资金流向，确保财政援助资金及时拨付主责单位，严格遵守援受双方财务制度。

翻开东城区 9 年来的扶贫成绩单，每一项都留下了张嵩奋斗的印记：谋划推动财政援助资金项目 100 余个，为 110 余名干部人才做好挂职服务保障，组织 140 余家区内单位与受援地区建立帮扶关系，撬动企业在受援地区投资近 46 亿元，助力河北崇礼等 5 个受援地区累计脱贫人口达 20 余万人……

（执笔：李洪涛）

马向涛：走出量身定制的医疗扶贫路

马向涛，男，1972 年 9 月出生，中共党员，北京市海淀区医院管理中心副主任，研究员、副主任医师。曾获全国脱贫攻坚先进个人荣誉称号，以及北京市扶贫协作突出贡献奖。

按照北京市委、市政府及海淀区委、区政府的相关要求，马向涛自 2015 年起承担了海淀区健康帮扶工作的组织管理职责，为受援地区实现精准脱贫作出了积极贡献。

从医生到健康帮扶工作领头人

在参与脱贫攻坚的过程中，马向涛先后数十次深入受援地区联系对接。无论是雪域高原还是大漠深处，都留下了他不畏艰难的坚实足迹。“打好头阵”是关键。“不离开北京，不知道北京的医疗条件有多好；不进行比较，不知道北京的制度有多规范。”2015 年，当他第一次来到西部地区时，落后的软硬件条件让他受到强烈震撼，决心一定要帮助受援地提高医疗水平。

马向涛 1996 年到北京大学人民医院工作，2003 年到海淀区卫生健康系统任职。做医生时，马向涛治愈过许多患者。做脱贫攻坚工作，可以让更多的百姓获益。马向涛说：“我其实只是换个方式做医生，扶贫让我能够帮助更多的人。”求学行医路上的耳濡目染，培养了马向涛严谨的工作态度与思维方式。“行医治学理念也可以应用在脱贫攻坚的伟大事业中。”

为切实提高受援地区医疗卫生工作的服务能力与服务水平，马向涛的足迹遍及西藏、新疆、内蒙古、河北、湖北等地的 8 个贫困地区近百家医疗机构。他和帮扶团队督促指导受援地区不断巩固县、乡、村三级医疗卫生工作服务网络建设，探索建立“分级诊疗”工作机制的有效途径，带动受援地区医疗机构的业务发展；围绕“医院管理、人才培养、技术支持、精准帮扶”，先后组织了海淀医院、中西医结合医院、航天中心医院等多家医院进行对口帮扶，为受援地量身定制出适合自身医疗卫生发展的路径；按照“突出重点、以点带面、广泛受益”的原则，与受援地区共同构建以“大病不出区、小病不出乡镇、慢病不出村”为目标的长效工作机制。几年来，马向涛推动海淀区卫健委累计选派专业技术人员 2120 人，接收受援地区专业技术人员 457 人进修，举办讲座 210 场、临床示教 92 场，开展手术 271 例、急诊 204 例、绿色通道转诊 145 例、会诊 267 例，完成健康体检 36238 人，提供诊疗服务 25920 人，减免医药费用 1397.5139 万元……这些数字的背后，有海淀医疗系统集体的付出，也见证着马向涛为受援地区量身定制医疗扶贫路走出的脚步。马向涛说：“现在带领团队去扶贫，要比一个人的能力强百倍。”

发挥专业技术优势扶志扶智

马向涛说，自己的职业生涯中，3 项事很重要：一是行医，二是扶贫，三是著书。正是在扶贫工作中，他深切地体会到知识的重要性，以及人们对知识的渴求，所以才强化了翻译图书、传播知识的初心。很多翻译作品他也是在扶贫路上完成的。马向涛把行医、扶贫与著书融合为一个相辅相成的有机体。“在许多贫困地区，人们获取知识的途径普遍非常局限。医务人员渴望能赶上现代医学发展的步伐。我深刻地理解到，想要培养出一支带不走的医疗队，就必须要从知识结构上进行更新。”作为中国癌症基金会肿瘤人文协作组副组长，马向涛利用业余时间翻译出版了100多万字的国外医学科普著作《癌症传》《基因传》《认识身体》《肿瘤临床试验》等，并将全部稿酬都用来购买图书赠予贫困地区，帮助当地医务人员及时掌握国际医学发展的动态。马向涛走到哪里，就把这些作品带到哪里。“虽然未必能在短时间内生根发芽，但是总会有人对此产生兴趣，于是就有了希望的种子。终有一天，这颗种子会成为参天大树，护佑当地人民群众的健康。”这就是马向涛作为一个传播现代医学知识“摆渡人”的梦想。

人民健康是民族昌盛和国家富强的重要标志。没有全民健康，就没有全面小康。医学兼具自然科学与人文科学的双重属性。医学精神需要注入人文色彩，医学发展需要人文护佑。随着文明的进步，医学模式对每一个当代医务工作者都提出了更高的要求。一个合格的医务工作者，不仅要有精湛的医学技艺，更要有博大的人文情怀、良好的医德风尚、善解人意的沟通能力、敏感细致的心理感受，要用璀璨的人文之光照亮医学发展的未来之路。

马向涛根据不同受援地区医疗机构的特点，采用了因地制宜的帮扶方式。针对不同地区及各个医院的实际情况，列清单划重点，细化具体任务，

明确时间节点，以问题为导向，逐一消化解决；对健康扶贫档案资料逐一检查督导，落实“一人一策、一病一方”，手把手、面对面帮助当地医务人员落实完善各项帮扶措施，为大病和慢病患者制定了有针对性的康复措施和健康管理方案。

马向涛组织多位专家编写了约120万字的《扶贫协作和支援合作工作手册》，作为指导受援地区医疗工作的指南，为打造一支带不走的医疗队奠定坚实基础，充分体现出一名共产党员的责任与担当，得到了受援地领导与群众的广泛认可。

（执笔：李明宗）

安钟岩：不是在扶贫的现场就是在扶贫的路上

安钟岩，女，1959年3月出生，中国民主建国会会员，北京丰顺工贸集团董事长兼总经理，北京市女企业家协会会长。曾获全国脱贫攻坚先进个人、全国三八红旗手、全国巾帼建功标兵、全国助残先进个人等荣誉称号和全国五一劳动奖章，以及北京市扶贫协作爱心奉献奖。

多年以来，安钟岩作为民营企业家，积极响应党和国家的号召，坚持奋战在脱贫攻坚的第一线。从天山南北到雪域高原，从草原大漠到革命老区，都留下了她为脱贫攻坚、奋战小康、奉献爱心的身影。她多次赴新疆和田，西藏拉萨，青海玉树，内蒙古林西、扎赉特旗，河北涞源、康保等地，与当地企业结对子，帮助它们打开产品销路，为当地老乡送温暖捐款，参与精准扶贫，帮助他们过上好日子，为脱贫攻坚倾情付出。

助力扶贫有股韧劲儿

为了帮助南水北调对口协作地捐建图书馆，她三赴湖北竹溪，捐赠价值450万元的20万册图书。为了让和田女性感受“京和姐妹一家亲”，她两个月之内四赴新疆，在和田、墨玉和昌吉等地分别捐赠价值百万余元的生活日用品和学习文具等，还促成了“百名北京妈妈关爱百名和田儿童”活动，并出资把墨玉的小学生接到北京开展夏令营活动，得到中国青少年基金会和中国妇女基金会的高度赞赏；在西藏拉萨和青海玉树，她分别捐赠了价值数十万元的食品、生活用品和学习用品。为了增加贫困人口收入，她在内蒙古扎赉特旗包下 30 亩水稻，每年定期收购。为了进一步巩固深化北京扶贫协作成果，她在内蒙古林西为整体搬迁离开大山沟的村民捐赠了 100 套铁门和 100 套卫生间设施。为了帮助乌兰察布的残疾人们出行，她给当地捐赠了一台 16 万元的中巴客车。她还多次奔赴内蒙古卓资县慰问“两癌”妇女。为了让大山里的孩子们有书读有学上，她多次前往河北涞源、康保、唐县等地，为当地的小学捐赠图书和学习用具。

对安钟岩来说，这样的事情不胜枚举，她就像永远奔腾向前的大海浪潮，总是奔忙在扶贫的路上，就连妇联领导见到她时也经常说：“你不是在扶贫的现场，就是在去扶贫的路上。”

助力扶贫有股拼劲儿

安钟岩扶贫有个特点，就是绝不当只出钱出物的甩手掌柜。

这些年，她上高原、进沙漠、钻山沟、赴牧区，就是要见实情、扶真贫、助真困，不但要帮助扶贫脱贫，还要把党和政府的温暖和关怀送到贫困户心里。因此她的路没少跑，汗没少流，苦没少吃，光是新疆和田她就去了 9 次，有时在颠簸崎岖的山路上一开车就是一整天，不但车马劳顿，还随时会遇到滚石滑落的危险。在青藏高原，她和同伴们遇到严重的高原缺氧，头痛、呼吸不畅甚至晕厥，都没有阻止她和同伴们到第一线去扶贫的意志和决心。第二次去青海玉树时，正好遇到发生地震，在面临生命安危之时，安钟岩和同伴们还念念不忘要完成预定的扶贫计划。接到湖北竹溪遭遇冰雪灾害的求助信息后，安钟岩连夜组织物资采购和运输力量，以最快的速度把棉衣棉被送去。2020年新冠肺炎疫情发生后，安钟岩还一直牵挂着那些扶贫的对象，想方设法为湖北十堰的竹溪县筹措了一批呼吸机、心电图仪、口罩、消毒液、营养品等物资，落实各项抗疫扶贫工作。

安钟岩深深地懂得，扶贫绝不是简单的捐款捐物和爱的奉献，还是一场坚持不懈的奋斗。不拼搏，就难以战胜各种困难和挑战；不拼搏，更难以真正体现首都北京的扶贫态度和力度。

助力扶贫有股真劲儿

“动真心、见真情，扶真贫、真扶贫”是安钟岩在心里为自己立下的规矩。本是在新疆墨玉搞文化扶贫，但她得知一位男青年不幸罹患白血病时，当即掏出身上所有的现金1万多元钱救急，还热情地为这位文艺男青年联系了在西安的演出创收机会，文化扶贫捎带了“医疗救助”。本是在青海玉树捐款捐物，但她与一位考上了青海大学的藏族女青年结上了对子，姑娘身体不好，安钟岩就给她寄钱看病，天冷了就给她寄去棉衣、围巾等，安钟岩真心希望扶贫能够“扶出”国家的栋梁。在玉树的大山里，她发现当地妇女有的连卫生巾也用不上，回到北京马上协调有关厂家捐赠800余箱卫生巾。在为河北唐县第二

小学捐赠图书时，她看到娃娃们翻山越岭来上学还要自带小板凳，马上自掏腰包捐赠了200套课桌和餐桌。在红色老区，安钟岩资助捐建白求恩雕像和抗日小英雄王二小博物馆，还出资帮助当地修建了一

座铁桥方便出行，她真心希望贫困人口能通过学习英雄精神来摆脱贫困。

可以说，安钟岩扶贫没有条条框框，她会随时随地发现那些需要帮助的人。只要是真有困难，她都会想尽办法去帮助。不仅扶贫如此，安钟岩还长期关心支持残疾人事业，关注关爱自闭症儿童，捐资助建老年大学，她所发起倡导的关爱北京环卫女工活动，至今已发展成颇具影响力的“橙美公益巾帼暖心”活动。

走近安钟岩，你会发现这个年过半百的女企业家始终充满激情，不管是做企业还是做公益，她呈现的都是一个与众不同的奋进者姿态。安钟岩个人和企业为脱贫攻坚事业捐赠的款物达1000多万元。

“为什么做公益？”

对此，安钟岩的回答十分朴实：“看不得别人苦，总是想尽自己所能给予别人甜。”

（执笔：袁振）

管浩明：就业帮扶扶真贫

管浩明，男，1974 年 11 月出生，中共党员，北京市门头沟区人力资源和社会保障局区劳动服务管理中心主任，一级主任科员。曾获全国脱贫攻坚先进个人荣誉称号。

管浩明在门头沟区人力资源和社会保障局工作，在与内蒙古、河北两省三地的帮扶对接工作中，他精准了解当地情况，掌握群众需求，坚持以问题为导向，安全为原则，脱贫为目标，分别指导帮扶地区制定了切实有效的促进就业政策，为受援地脱贫群众就业作出了重要贡献。

较真碰硬真扶贫

管浩明紧扣建档立卡贫困劳动力就业这一核心工作，研究制定落实稳定就业帮扶政策。工作初期，一些贫困村在拟定补贴措施时想图省事，“撒芝麻盐”。管浩明把这些“撒芝麻盐”的措施初稿统统打了回去：“扶贫的每一项政策都得是精准的，每一分钱都得用在刀刃上，在这个过程中，我不怕麻烦，不怕得罪人。”

为了精准施策，管浩明一次次与受援地有关部门沟通，逐条把关政策。河北涿鹿县贫困户愿意外出就业，那就加大外出就业补贴；内蒙古武川县贫困户缺乏劳动技能，那就增加培训力度……3 年间，管浩明先后四下河北，五入内蒙古，深入受援地开展实地调研、对接，在进行多次座谈的基础上，结合实际与结对地区携手完成了京蒙、京冀劳务协议书和备忘录，构建了顺畅的协作环境。

2020 年以来，受新冠肺炎疫情影响，结对旗县贫困群众就业受阻，管浩明主动与当地就业部门沟通，研究制定稳定就业帮扶政策，先后 10 余次进行优化，充分体现了促进就业政策的精度，有力促进了受援地劳动力稳岗就业。“疫情期间，我们还精简办事程序，比如申请补贴的材料既可以是纸质的，也可进行云提交，极大地方便了申领。”管浩明说。2021 年，3 个受援地有 5328 名脱贫群众享受到了补贴政策，同时，将结对地区西藏堆龙德庆建档立卡脱贫群众纳入促进就业政策范围，提升了协作的广度。此外，为确保资金的使用安全，管浩明还牵头制定了《扶贫资金监督管理实施工作方案》，并深入实地进行申请材料的抽检，强化了项目资金的监管和安全。

“就业扶贫绝不是一竿子买卖”

管浩明时刻以共产党员的责任感要求自己，坚守“为人民服务”的初心和使命，“我希望通过自己的服务，让每一个贫困的百姓劳有所得，用自己的双手实现自身价值，过上更幸福的生活”。

2019 年，在内蒙古武川县举办的一场招聘会上，一位刚毕业、有大专学历的小伙子王庆春来找工作，他的就业需求就是想在呼和浩特市当一名公交车司机。“他并不清楚自己有哪些优势，也不知道这个岗位需要什么技能，甚至自己都没有驾照，只是觉得公交车司机吹不着风、淋不着雨，工资还不少而且有保障。属于典型的盲目就业！”扶贫得从根上扶，改变观念很重要。管浩明和团队人员当时就协商出一个职业指导方案，一是分析其自身特点、优势，让他认清自己适合干什么；二是认清当前劳动力市场需要什么样的人；三是结合其自身实际，从北京能提供的岗位中筛选出 4 个合适的岗位，一一进行面试。“在我们双方的努力下，最终王庆春来到北京的一个超市工作，命运就此改变！”

对于每一个招聘到京的扶贫对象，管浩明都会进行追踪服务。3 年来，累计为在京务工的中西部 22 个省区市贫困群众提供就业服务 5231 人次。“就业扶贫绝不是一竿子买卖，得让来京就业的人稳定就业才行。”让管浩明欣慰的是，王庆春很满意这份工作，超市负责人也觉得这个小伙儿挺能干，把他列入了重点培养对象，准备发展为店长。

2018 年至 2020 年，门头沟区人力社保局举办对口扶贫专场招聘会 24 场，将 2.3 万个面向贫困群众精选的就业岗位送到家门口、送到田间地头。这中间，总能看到管浩明忙前忙后的身影。临到春节，管浩明又逐个给新招聘到京的一批扶贫对象打了电话，问情况、问需求。对于管浩明来说，他们的年过好了，自己的年就好了。

家在左边，他却一直向右

管浩明的老家就在呼和浩特市，离门头沟区对口帮扶地武川县不到 15 千米。可是，由于常年奔波在外，管浩明很少回老家探望。从 2018 年参与对口帮扶工作开始，管浩明更加忙碌，虽然每次前往武川县都会路过家乡，但他始终“过家门而不入”，在脱贫攻坚的路

上，没有一刻停歇。

管浩明说：“去武川的路上，下高速后有个丁字口，左转是我家，右转是武川。每次到了这个路口，我都会给家里打个电话，说一声‘我回来了’，离开的时候也是在这个路口给家里再去个电话，说一声‘我走了’。老爸每次都会在电话里说，有空就回家看看，但我一次都没回去过。我们是一个团队一起去工作，我不能因为个人原因私自离队，要以工作为重。……其实也想家，2020 年受疫情的影响，我从大年初五开始值守工作，到今天一直也没能回去看看。扶贫工作刻不容缓，以后我再好好弥补吧。”

不能回家一方面是出于工作纪律，另一方面也是真的没时间。组建一支北京赴扶贫地招聘的企业团队不容易，要把诸多企业凑在一起需要做大量的前期工作，每次帮扶活动团队都要把对口帮扶地转一圈。“今天涿鹿，明天武川，紧接着去察右后旗是常有的事儿，出去一趟就是一次‘连轴转’。”尤其是 2020 年疫情态势刚刚平稳的时候，对口帮扶地区就业需求明显增加，管浩明第一时间就赶到了受援地。这么多年，只要扶贫工作需要，管浩明没有任何怨言，风雨无阻，一定赶在前。跟很多一线扶贫干部不同，管浩明更像一个“幕后工作者”，做的很多工作都是默默无闻的，比如大量的沟通协调工作、参会企业的后勤保障工作等。这些工作不起眼，极其琐碎，却又是必不可少的。

（执笔：李洪涛）

许　静：用柔弱肩膀扛起脱贫攻坚大旗

许静，女，1982年10月出生，中共党员，北京市顺义区政府投资项目资金运行服务中心主任。曾获全国脱贫攻坚先进个人荣誉称号。

“姑娘，感谢你，感谢北京人民，感谢党，是你们的帮助让我们在家门口就能挣钱奔小康！”听到自己帮扶的贫困户连声感谢，许静心里暖暖的。她觉得，5年来的加班加点、3万多千米的奔波都是值得的。

2016年底，顺义区陆续接到扶贫工作任务，刚调动到区发改委工作的许静承担起对口帮扶河北、内蒙古、西藏3省区5地11万余名贫困人口的扶贫重任。许静坚持冲锋在前、甘于奉献、忘我工作、攻坚克难，以一位女性的柔弱肩膀扛起了脱贫攻坚这面旗帜。2020年，顺义区承担对口帮扶（支援）任务的3省区5地成功实现脱贫摘帽，11万余名贫困人口如期脱贫。

把脱贫攻坚的责任扛在肩上，在机制上下功夫

1982年出生的许静，眼睛大大，长发飘飘，看上去柔弱，其实工作起来拼劲十足。

面对压力大、责任重、风险多的严峻形势，许静勇挑脱贫攻坚重担，迎难而上，大胆探索，特别能吃苦。她经常加班加点，舍小家顾大家，克服高反不适，适应随时出差、经常外出的工作节奏，辗转于三省五地3万多千米，圆满完成接待、出访工作任务百余次，调研项目上百个，成为区内省外的扶贫“老黄牛”。

许静聚焦精准能战斗，牵头将精准扶贫工作进一步由“重速”转向“提质”，形成了政府主导，部门、企业、个人、社会力量广泛参与的良好工作态势，不断将精准帮扶推向深入。她与5个受援地携手奔小康行动积极推进，教育、医疗、人才、产业帮扶稳步实施。一把手工程深入落实、挂职干部精挑细选、执纪问责从严从重、一对一帮扶增点扩面，项目资金管理有据可依，特色亮点层出不穷。她善于抓轻重缓急，经得起磨砺、顶得住压力、打得了硬仗，参与多项重要工作的开展，连续3年带领工作组到结对地区备战国家考核，录入系统、整理档案、撰写报告、现场汇报、当面解答……各环节安排得井井有条，应考工作表现突出。

许静特别能创新，她参与顺义区“5+5+N”帮扶模式的创新打造，在全市率先同受援地区建立远程视频会议机制，首创支持援派挂职干部人才开展扶贫工作。她负责具体落实扶贫协作“一把手工程”，坚持以党建引领带动扶贫协作工作的思路，全区围绕“八到位”要求先后召开40余次区委常委会、政府常务会、领导小组调度会，研究部署扶贫协作工作，区委区政府主要领导先后18次到受援地调研对接扶贫工作。

把精准扶贫的举措落实在行动上，在措施上做文章

注重强化输血造血，加大产业落地。许静为受援地积极争取市

区帮扶资金，精准参与推动帮扶项目实施。累计引导几十家企业到受援地投资，带动贫困人口受益。兼顾扶贫扶智，人才支援到位。她紧锣密鼓地与组织、教育、卫健等多个部门沟通联动，同受援地互派挂职干部 50 余人次、专业技术人才 1000 余人次，组织受援地区 1600 余人来京参加致富带头人培训。动员社会力量，帮扶合力强大。她不断激发社会各界参与扶贫工作的主动性和积极性，引导 160 余家企业、社会组织积极参与对口帮扶工作，筹集款物过亿元。她发动顺鑫农业、顺商集团、供销社等区内优质资源，打通购销渠道、打破制约瓶颈，帮助受援地区农产品累计销售额达 6.3 亿余元，通过消费扶贫助推产业发展并惠及贫困人口 2.5 万余人。深化劳务协作，稳定增收见效。她协调区内选派优秀师资赴受援地区举办培训班 140 余期，培训贫困人口数 4500 余人。通过培训帮助结对地区劳动力在京、在地或其他地区就业脱贫，累计助力 2 万余人实现就近就业。

把精准脱贫的成果展现在福祉上，在行动中见成效

制定政策有保障。许静牵头制定了《一县一策一方案》《顺义区对口帮扶三年行动计划》，以及消费扶贫、社会帮扶、资金管理等多个领域的文件。机制做法更成熟。她推动“一把手工程”深入落实、挂职干部精挑细选、结对帮扶增点扩面、项目资金管理有据可依，扶贫领域的顺义路径和顺义做法被各大媒体宣传报道 500 余次。亮点纷

现战果丰。她在全市首创“扶贫产业搭平台，精准施策助小康”扶贫亮点，得到北京、拉萨两地主要领导高度评价。跨省联动、多元保障的精准医疗扶贫模式成功救治了科左中旗癫痫病人，帮助尿毒症贫困户在京顺利完成肾移植手术。

几年中，她帮助受援地获得北京市、区财政帮扶资金 11.76 亿元，获得 34 家企业投资达 6.5 亿余元，带动 1.7 万余名贫困人口受益；帮助受援地区农产品累计销售额达 6.19 亿余元，通过消费扶贫助推产业发展并惠及贫困人口 2.5 万余人……

“我们的工作经常需要熬夜，出差也是常态，最长的一次一个月不在家，我对家人的照顾和陪伴太少了。我特别感谢我的家人，能理解支持我的工作。”工作中一往无前的许静，内心深藏着对家人的愧疚。全国脱贫攻坚总结表彰大会那天，许静爱人特意请假在家看现场直播，之后，他自豪地发了朋友圈：“舍小家顾大家，你这么多年的辛勤付出得到了党和国家的肯定。我服气！”为了工作再苦再累都没哭过的许静，在看到爱人的朋友圈时哭了。

“我的生日是 10 月 17 日，正好是扶贫日，我感觉自己就是为扶贫而生的。功成不必在我，功成必定有我！我将继续勇往直前。”许静说。

（执笔：李明宗）

第五篇　守望相助　鼎力协作

孙金成：把北京项目建设的好经验、好做法带到拉萨去

孙金成，男，1979 年 10 月出生，中共党员，北京市发展改革委社会处副处长，西藏拉萨市发展改革委党组成员、副主任（挂职），北京市支援合作工作领导小组西藏拉萨指挥部项目管理部部长。曾获全国脱贫攻坚先进个人荣誉称号。

2019 年 7 月，按照组织安排，孙金成作为北京市第九批援藏干部团队中的一员，赴任拉萨市发改委副主任，分管规划、投资、北京援藏等方面工作。进藏后，他时刻思考和牢记“进藏为什么、在藏做什么、出藏留什么”，发扬“老西藏精神”，缺氧不缺精神、艰苦不怕吃苦、海拔高境界更高，在拉萨市发展规划蓝图绘制、重大项目谋划协调、稳投资保民生，以及推进北京援藏“闭环工程、组团工程、种子工程、携手工程、振兴工程”五大工程落实上发挥了重要作用，为助力拉萨市持续巩固脱贫防止返贫作出突出贡献。

勇挑大梁，组织协调重大项目和资金落实

为尽快熟悉当地情况，孙金成强忍进藏初期头痛、胸闷等高原反应，3 个月内跑遍了拉萨市的 8 县区、各功能园区，有的重点单位先后去了多次，努力做到底数清、情况明，为迅速进入角色、投入工

作打好基础。拉萨市发改委的同志戏称他是“政策通、数据库”。

孙金成在北京市发改委就是一名业务骨干，进藏后他注重发挥经验优势，在谋划部署、贯彻落实拉萨市重大规划、重大项目，以及北京援藏项目实施、产业就业扶贫、消费扶贫等方面勇挑大梁、独当一面。2019年以来，他先后组织调度156个拉萨市级重大项目，组织协调落实中央预算内资金约83亿元、专项债39.9亿元、抗疫特别国债13.06亿元，推动项目开工率从81%提升到95%，实际完成投资254.5亿元，为拉萨市农牧民持续增收、基层基础设施建设和民生改善提供了重要保障。

“通过我们调研发现，拉萨有得天独厚的优势——低温、低硫、低氧，同时比较干燥，特别适合建设大数据中心产业。”在孙金成和同事们的积极协调推动下，北京援藏科技企业、注册资本10亿元的宁算科技拉萨数据中心一期一阶段建设完成，并投入试运营。该数据中心全部建成达产后，年营收有望达到100亿元。

实施“项目结对管理联系人制度”，扶贫效果能持续

2020年是“十三五”规划收官之年，孙金成和同事们认真总结拉萨市“十三五”规划进展情况，分析“十四五”面临的形势、机遇和挑战，反复调研论证，征求各方面意见和建议，带领分管科室同志起草了拉萨市“十四五”规划纲要，数易其稿，为拉萨市在新的发展阶段下持续巩固脱贫防止返贫、加快与全国一道基本实现现代化谋划了新时期的发展“路线图”。

援藏期间，孙金成同时担任北京援藏指挥部项目管理部部长一职，他积极推进完善援藏项目管理制度机制，拓展实施了“项目结对管理联系人制度”，让援藏项目管理更规范高效，让扶贫效果更明显、能持续。3年共组织推进实施152个北京援藏项目，涉及资金10.59

亿元，实现项目开工率 100%，一次性竣工验收率 100%，项目完工率达到 94%；持续推进德吉藏家、藏鸡原种养殖基地、现代农业、生猪养殖、“尼木三绝”展销中心、数字经济产业园、牦牛育肥等 40 余个产业扶贫项目，相关项目带动近万人增收，人均增加收入 3000 余元；协调拉萨市 60 余家特色企业四大类 500 余种单品入驻北京消费扶贫双创中心，推动实施京藏产业促就业及消费帮扶奖励引导资金，实现“以奖代补”，带动拉萨各类产品在京销售额超过 2500 万元；注重引导北京企业到拉萨投资发展，先后有西藏考拉科技、考拉金科、筑博设计、中环寰慧、华大基因等 170 余家企业落实在藏实际投资超过 180 亿元，为当地 8400 余人提供就业岗位。

智力帮扶，助力拉萨市实现更高质量更可持续发展

智力帮扶促进实现内生式增长是巩固脱贫攻坚的关键。拉萨市作为西藏自治区的首府城市，任务要求、工作标准也非常高。进藏以后，孙金成在工作理念和角色定位上经历了一个从“以我为主”转向“以我为辅”“授人以鱼不如授人以渔”的转换过程。

“时间一长，我发现仅仅干好具体项目是不够的，应该把北京的好经验、好做法用到拉萨的建设中去，要当好辅导员的角色。”孙金成说。他通过耐心细心的帮助指导，努力提升本地干部发现问题、分析问题、解决问题、处理问题的能力，并下大力气着力帮助梳理

和填补工作中制度机制的短板，先后制定出台了政府投资项目咨询评估办法、重点项目前期经费管理办法、规划课题研究专项经费管理办法、拉萨市政府投资项目管理办法等系列制度，推动建立重大项目库管理系统，梳理形成投资项目政策汇编、投资项目审批手册等，以“功成不必在我，功成必定有我”的心态，为本地培养了一批懂经济、会管理的工作骨干，为拉萨市持续打好巩固脱贫攻坚成果、促进经济社会更高质量发展注入了更加持久的智力支持元素。

“作为一名援藏干部，我们要让扶贫效果看得见、能持续，让当地老百姓感受到，我们就是来干实事儿的。”孙金成说，希望通过自己的努力，为拉萨这颗高原明珠更加闪耀贡献一份力量。

（执笔：袁振）

康柏利：四次六载援疆　爱洒和田校园

康柏利，男，1966年10月出生，中共党员，北京市延庆区第一职业学校汽车工程系副主任。曾获全国脱贫攻坚先进个人、全国模范教师荣誉称号。

康柏利1988年到延庆区井庄中学任教，参加工作30多年来，把全部精力都投入到了他所热爱的教育事业。四次援疆，六载春秋，他为和田职业教育发展作出了重要贡献。

万里援疆促成京和两地职业教育学校“手拉手”合作

康柏利与新疆的缘分开始于2006年。了解到延庆区有援疆支教的消息后，他将瘫痪在床的母亲和临近初三中考的女儿交给妻子，便奔赴万里外的新疆和田地区，开始了他的援疆之路。

刚到和田地区教育学院，康柏利负责教师培训工作并承担两个幼教班数学课教学。一周35节课，平均下来每天多达7节。一天下来，嗓子疼得他不愿再多说一句话，可他从未叫苦。为做好教学，学校一时提供不了的设备，他就自己掏钱买，自己创造条件也要尽力把教学做好。一年半的支教很快过去了，他的辛劳与付出，得到了学院教师和学生的高度认同。

支教结束前夕，教育学院领导主动提出，希望康柏利能够留下来。面对着远在万里的母亲和妻女的深情盼望，面对着大漠和田的殷殷期冀，康柏利躺在床上辗转反侧，思忖再三，最终同意了。

第二次援疆还是在和田地区教育学院。这一次，他转变工作思路，积极帮助学院建立系统的职业教育规划，帮助组建了服装、汽车维修及畜牧专业，选派30多位维吾尔族教师到延庆职业学校转型培训学习。他引进北京市职业教育先进教育教学管理理念，帮助学院探索出了一条可持续发展的职业教育之路。延庆区第一职业学校与和田地区教育学院开展“手拉手”合作，幼教专业学习两年后可以到延庆学习一年，这一年的学习主要以普通话和专业技能培训为主，让这些学生学到立身发展的技能，开阔眼界，增加对祖国的更多了解。3年时间，有超过300名学生通过这一合作来到北京学习。在康柏利的牵线下，延庆区第一职业学校捐赠和田地区教育学院200多台缝纫机，为学院服装专业学生提供了更多的实操机会。

2009年7月，结束3年援疆工作的康柏利回到延庆。虽然人回来了，但他仍然时时关心着和田地区教育学院的发展。

从专业建设到制度建设，整体提升和田职业教育水平

2017年，康柏利送走了92岁的老母亲，在女儿也走上工作岗位后，他又动起了援疆的心思。

这年8月，康柏利再次出发援疆，来到和田地区墨玉职业学校担任副校长，主要负责专业建设和教学业务。

经过深入了解，康柏利发现学校师资严重缺乏，不能适应当下职业教育的需求。他结合自身所长，帮助学校建立专业实训室。2018年，在墨玉县职业学校举办的和田地区7县1市职业学校技能大赛中，

他辅导的汽车专业教师和学生队员包揽了一、二等奖。和田技师学院的领导看到墨玉县职业学校的变化，便主动邀请康柏利到技师学院开展援疆工作。

于是，康柏利申请获批后，开始了第四次援疆。这次，他担任和田技师学院院长助理。工作期间，他带着两位北京来的援疆教师，到课堂一线、实训室及车间深入调研，结合学校实际，制定了一系列教育教学管理制度。他大胆提出按工作实绩对教师进行考评调动教师积极性。在北京市支援合作工作领导小组新疆和田指挥部的支持下，促成北京6所学校15位职教专家来到和田，两年里为和田地区13所职业学校培训了300多名当地专业骨干教师。

协调引入多方资源，让学生掌握技能改变命运

康柏利表示，一人援疆力量有限，必须发挥社会力量，探索职教帮扶路径，提升“援”的层次，既要授之以鱼，还要授之以渔。扶贫先扶智，“一人就业，全家脱贫”是他挂在嘴边的格言。他发挥专业所长，令和田地区的众多学生通过掌握技能改变命运，提升了脱贫的内生动力。

针对和田地区7县1市13所技工学校普遍存在的实训资源短缺，专业师资严重不足、教育管理模式落后等问题，在康柏利的建议下，以和田技师学院为龙头，联合8个县市的13所职业学校成立了

职教集团。通过师资、实训设备、职教管理模式共享，推动集团办学提升技能培训战略的实施。通过集团化办学，快速提升了和田地区农牧民技能水平，推动以培训促就业、以就业促脱贫的脱贫攻坚目标。

在康柏利的建议下，和田技师学院成立就业指导中心，与国内最大的人力资源公司天坤集团联合组建天和蓝领培训就业服务有限公司，向内地企业输送培训学员解决就业难问题。公司紧紧突出高端引领，快速解决和田各县市职教集团成员学校学生高质量实习就业问题，为地区产业发展提供有力支撑，每年输送一万多名和田技工学生和农牧民转型培训人员到内地就业，为实现脱贫攻坚战略，创造了坚实的基础。

职业教育一头连着产业，一头连着教育。校企合作办学“双元”育人的模式是实现产教融合、成效最明显的扶贫方式。康柏利促成了福建泉州美克服装制鞋公司和北汽新能源汽车公司与和田技师学院合作办学。北汽新能源公司捐赠了价值 300 万元的 28 辆新能源汽车用于教学实践，并定期选派汽车行业专家到学院开展培训。福建泉州美克服装制鞋公司捐赠了价值 600 万元的制鞋生产线实训设备，在学院内建设了 5000 平方米的实训车间，开创了前校后厂的办学模式，实现理论实践一体化教学，2000 多名毕业生到企业福建总部工厂就业，收到了良好的社会效益。

（执笔：李洪涛）

马　晨：红墙意识下的援青情结

马晨，男，1975年4月出生，中共党员，北京中轴线申遗保护工作办公室文物腾退部部长、二级巡视员，曾任青海玉树州委组织部副部长（挂职），北京市支援合作工作领导小组青海玉树指挥部党委委员、综合办公室主任、宣传和人力资源部部长等职。曾获全国脱贫攻坚先进个人荣誉称号。

2018年3月，马晨从西城区委宣传部副部长、区新闻中心主任的岗位上来到青海玉树，开始了3年的援青工作。3年里，马晨除担任北京市支援合作工作领导小组援青指挥部党委委员兼综合办公室主任、宣传和人力资源部部长，还先后担任青海省玉树州州委宣传部副部长、州政府副秘书长、州委组织部副部长。援青期间，他积极推进“以党建带队建促援建”的北京援青模式，统筹做好北京扶贫协作和对口支援玉树的各项工作，为玉树州打赢脱贫攻坚战作出了自己的贡献。

坚持党建引领，推进团队建设

为了做好新时期的对口支援工作，第三批北京援青团队根据援青工作实际，以习近平新时代中国特色社会主义思想为指导，坚持党建引领，聚焦“精准扶贫，精准脱贫”，探索形成了“以党建带队建促援建”的北京援青模式。作为指挥部党委委员，马晨协助指挥部党委不断完善这一模式，为对口支援各项工作的顺利开展提供坚强的政治保障。

作为西城区“红墙意识”宣传的组织者和参与者，马晨对“红墙意识”中“绝对忠诚、责任担当、首善意识”的核心要旨记忆深刻。马晨觉得“红墙意识”是北京干部的起码要求，完全可以将其中的精髓融入北京援青的模式当中，于是重点从 4 个方面抓好工作：一是牢记援青使命。紧紧抓住政治建设这个根本，不断提高援青干部人才政治站位，增强责任意识、使命意识和首善意识，全身心地投入到各项援青工作中。二是坚持从严治党。认真贯彻落实党建工作要求，进一步完善党内政治生活、民主生活、组织生活、党内谈话、述职述廉等规章制度，通过落实各项从严治党要求，树立援青干部忠诚干净担当的良好形象。三是加强团队建设。大力弘扬“缺氧不缺精神，艰苦不怕吃苦”的北京援青精神，认真贯彻执行中央和北京市委组织部、青海省委组织部关于加强援青团队管理的有关规定，突出作风建设，进一步完善团队管理各项规章制度。四是强化服务保障。完善援青干部人才公寓的各项服务保障，充分利用北京援青医疗队的优势，全程跟踪援青干部人才的健康情况，建立援青干部个人档案，及时掌握并尽力帮助解决援青干部的困难。

坚持首善标准，聚焦“精准扶贫”

2016 年之后，根据中央的要求，北京对口支援青海玉树的工作进入了“精准扶贫”阶段。

要想真正做到“精准扶贫，精准脱贫”，其实离不开“红墙意识”中提到的“首善标准”。遵循这一理念，刚到玉树，马晨一面仔细调阅北京对口支援玉树 8 年来 200 多个对口支援项目的详细资料，

一面深入玉树1市5县进行调研，详细了解玉树州情和北京对口支援项目的建设情况。

玉树平均海拔4200米，3、4月份又是玉树气候最恶劣的时候，空气含氧量只有内地的30%~40%，但马晨顾不上自身的高原反应，一个县一个县地跑，坚持去到现场、下到工地，详细掌握项目建设的第一手资料。

根据调研了解的情况，按照中央和北京市“援建资金的80%以上用于改善民生、80%以上用于基层”“新增资金全部用于扶贫”的要求，马晨带领项目部着手对“十三五”时期对口支援规划进行中期调整完善，科学确定每年的对口支援项目计划，坚持项目资金向基层倾斜、向农牧民倾斜、向精准扶贫倾斜。

在关注民生的同时，马晨始终注意推动产业扶贫，在囊谦黑青稞加工厂项目、治多县畜产品交易市场等项目上，从前期可研、选址到正式施工建设，他坚持对所有产业项目全程关注、及时推进。在马晨的努力推动下，北京两家知名企业首农食品集团和首旅集团于2018年5月成功与玉树州政府签约，组建两家合资企业，成为带动玉树农牧业和文化旅游业规范化发展的龙头企业。

加强宣传引导，营造良好氛围

作为兼任指挥部宣传和人力资源部部长的党委委员，马晨在全面加强援青干部人才队伍日常管理和建设的同时，一方面积极与玉树当地相关部门配合，深入推进智力支援；另一方面深入援青工作方方面面，及时梳理、总结、提炼乃至宣传推广北京援青工作的做法和经验，为北京对口支援玉树各项工作的顺利开展营造了良好的舆论氛围。

按照北京市委的要求，他先后积极协调玉树州州委实现第三批、第四批北京援青挂职干部州、市、县副职领导协管扶贫工作全覆盖，以及指挥部专职干部全部到州相关部门挂职，形成了指挥部专职干部和挂职干部统筹使用的人事格局。同时，在自己的职责范围内，积极推进智力支援玉树的工作，切实将“扶贫先扶智”“扶贫必扶志”落在实处。一方面，围绕建设高素质领导班子、干部队伍和专业技术人才队伍的目标，重点针对玉树全州县级领导班子成员、乡科级领导干部及专业技术人员骨干进行专题培训；另一方面，依托玉树州基层干部学院，着力培养和打造一支基层后备干部队伍。截至 2021 年初，已有 172 名结业学员进入全州村“两委”班子，成为脱贫致富和乡村振兴的“领头人”。

3 年中，马晨在深入掌握援青各项工作进展情况和取得经验成绩的基础上，带领宣传和人力资源部的同事认真总结北京对口支援玉树的经验和模式，并及时宣传推广，吸引更多的社会资源和力量参与玉树的脱贫攻坚。据统计，3 年来，北京援青指挥部累计在各级媒体上刊登各类新闻稿件 600 余篇，推出了一大批援青先进典型，总结推广了“深化‘以党建带队建促援建’的北京援青模式”“打造一支带不走的高原医疗队”“异地教育‘剑走偏锋’育学子”“布局玉树三大特色产业全产业链”等一批可复制推广的援建经验，有效扩大了北京援青的社会影响，营造了北京援青的良好形象。

（执笔：李明宗）

刘长安：让小土豆成为农民致富“金豆子”

刘长安，男，1967年12月出生，群众，北京凯达恒业农业技术开发有限公司董事长兼总经理。曾获全国脱贫攻坚先进个人、全国脱贫攻坚奖（奉献奖）、全国农村创业创新优秀带头人、北京市劳动模范、北京市扶贫协作爱心奉献奖等荣誉称号。

1990年至2000年，刘长安曾在房山区农业局工作。作为一位民营企业家，在农业种植、农产品深加工等领域工作卓有成效。他积极响应国家号召，参与国家脱贫攻坚，结合内蒙古乌兰察布市马铃薯区域优势与自身农产品深加工技术优势，在察右前旗陆续投资20余亿元，建成了国家级马铃薯现代产业园，2025年达产后可以实现年产值40亿元，利税4亿元，带动产业链产值24亿元，将有3万农户农民参与50万亩基地的种植。凯达恒业马铃薯产业园成为京蒙合作、脱贫攻坚的示范园，在扶贫过程中真正实现了企业、农民、地方的三赢。

砸上全部身家建设马铃薯深加工厂

2015年，刘长安跟随京蒙挂职干部团队去内蒙古乌兰察布市考察，看到有“中国薯都”称号的乌兰察布土豆年产量达400多万吨，但产业发展水平低，一斤只能卖两毛钱，连成本都不够，他觉得很可惜。刘长安学的是农学，干了20多年农产品深加工，深知这里的马铃薯迫切需要以深加工技术来提升效益。

经过深入考察和市场分析，刘长安坚定了在内蒙古投资发展的信心，决定在乌兰察布投资 5 亿元，发展马铃薯深加工项目。决定刚一作出，却遭到了公司管理层及家人的反对。“当时公司正在北京扩建，再在乌兰察布投资 5 个亿建厂，哪儿来那么多资金？再者，北京市场这么好，去一个贫困地区建厂简直就是赌命。”说起当时的情景，时任公司总经理的庄楠仍然激动。

为了筹措到这笔资金，刘长安几天都吃不下饭，睡不着觉，眼睛红了，身体瘦了，他决心贷款也要让马铃薯深加工的大项目拉开序幕。他不仅把公司的所有资产全部抵押用来贷款，同时还把自己家、亲戚家的家当也拿来做抵押。职工们看到他为了筹措资金累得筋疲力尽的样子，便自发行动起来，有钱的出钱，没钱的就拿房子给公司做贷款抵押。人心齐，泰山移，在大家的共同努力下，只用了一个月的时间就筹齐了建厂资金，保证了项目的按时开工。

为了使新工厂早日建成和投产，刘长安和他的团队分秒必争，从第一次对接到签约只用了 20 天，从签约到开工也只用了短短 4 个月的时间。“压力就是动力！只有把事干好，才能对得起员工对我的信任，才能让这里的农民过上好日子。”刘长安说。

2016 年 4 月，乌兰察布“薯都凯达”正式开工建设。当地 10 月就下雪了，施工期只有短短 6 个月，而按照协议是当年就要出产品，很多人根本不相信，甚至有人说这个公司是跑马占地来了。刘长安对大家说：“就是脱皮掉肉，也要当年开工，当年投产。让怀疑我们的人看看，凯达就是要说到做到。”

4 月的乌兰察布，小风三尺土，大风漫天沙。要把 30 多个土建项目、国内国外设备公司、装修单位协调好，同步推进，真是太难了。刘长安和团队伙伴们吃住在工地，白天晚上连轴转，常常干到后半夜。2016年底，在乌兰察布察右前旗一片荒地上，一座占地200亩、年加工马铃薯7万吨、年产值可达6.4亿元的加工厂，赫然出现了！

探索“公司＋合作社＋农户”模式带动脱贫

工厂建成了，怎么才能更好地让当地贫困户脱贫增收？刘长安采取了多种长效造血扶贫机制，与合作社、种植大户和村集体建立了长期帮扶合作关系。通过这些措施，部分种植户开始和凯达恒业签订合同。“我们经过测算，按照一亩地盈利2000元的价格收购马铃薯，这样一来，马铃薯的售价基本可以达到每斤七毛到九毛之间，比之前大幅提高。”刘长安说。

目前，凯达恒业先后与当地80多个合作社、种植大户建立了订单合作关系，种植面积已达8万多亩，5000多户农民参与种植。凯达恒业以保护价收购，确保了农民、贫困户持续稳定增收，年年都挣钱。

2019年，刘长安还重点推进了两种新的扶贫模式：一是建立合作社，通过土地流转保证农民固定收益，规模化种植增加村集体收入，二次分红让农民增收，同时还能解决农民在家门口就业的问题；二是建设扶贫车间，贫困户、村集体入股分红，优先收购对

应村集体的农产品，村民优先就业。“我们希望，以此培育地方本土产业发展，建立当地自生造血功能，经过2~3年的时间，让当初的贫困村变成远近闻名的富裕村。”刘长安说。

打造国家级马铃薯产业园，推动产业融合发展

对于如何让贫困户脱贫不返贫，刘长安也有着自己的计划。结合我国构建新发展格局的大背景，他想在乌兰察布建设中国最大的马铃薯加工产业基地。

巨变发生在短短5年间。在此期间，凯达恒业陆续建成休闲薯条、豆制品、法式薯条加工厂，又从北京引进6家产业链上下游企业，同时建成中国薯都马铃薯博物馆和50万吨马铃薯仓储交易中心等全产业链项目。从占地200亩扩建到现在的1900亩，从投资5个亿到现在投资20余亿，从企业厂房建筑面积5万平方米到现在的50万平方米，从一个工厂变为国家级马铃薯产业园，凯达带领着当地农民一路高歌猛进。2020年，这些项目80%以上实现投产，产品出口到30多个国家和地区。

常有人问刘长安："你一个民营企业怎么如此热心扶贫？"

对此，他的回答是："任何一个企业的发展，都离不开各级政府的关心与支持，企业在发展的同时更应该有社会责任感和担当精神。"

刘长安表示，将不改初衷，在下一步巩固脱贫成果、解决相对贫困问题和全面推进乡村振兴行动中继续体现民营企业的社会价值和担当。

（执笔：袁振）

任　铁：尽我所能守护藏族群众健康

任铁，男，1978年2月出生，中共党员，首都医科大学附属北京口腔医院副院长，西藏拉萨市人民医院党委副书记、院长（挂职），北京积水潭医院办公室原主任。曾获全国脱贫攻坚先进个人等荣誉称号和西藏青年五四奖章，以及北京市扶贫协作突出贡献奖。

任铁2003年到北京积水潭医院工作，长期从事医院管理工作，2018年8月作为北京“组团式”援藏医疗队队长，到拉萨市人民医院工作，先后任副院长和党委副书记、院长，为守护藏族群众的健康作出了重要贡献。

深化“师带徒”机制助力拉萨市人民医院“强三甲”

2017年，拉萨市人民医院率先在西藏自治区7个地市中成功创建三级甲等综合医院。2018年8月，受组织委托，任铁作为第四批组团式援藏医疗队队长，前往拉萨市人民医院挂职。

来到医院后，任铁深刻认识到，提升医院技术水平与管理水平是助力拉萨市脱贫攻坚的重要途径。他带领团队用先进管理经验和清晰的思路，不断推进医院“强三甲”建设，医院各项业务持续增长，弥补多个领域技术空白，提升了疑难重症救治能力和学术地位，使医院“大病兜底”效力进一步强化，各族群众在家门口就能享受高水平医疗服务，有效助力了脱贫攻坚。

在任轶的带领下，医院走上了发展的快车道，医院各项业务取得新进展。胸痛中心、卒中中心、危重孕产妇救治中心、危重儿童和新生儿救治中心 4 个医疗中心成功创建和强化，创伤中心正在建设，五大医疗中心建设极大地提高了医院突发性疾病和常见病专业治疗水平，医院各个专业科室和平台科室协同配合进一步增强。全面推行“师带徒”培养模式，北京来的每名援藏专家要与医院 2~3 个本地优秀医生签署“师带徒”的协议结成师徒关系，明确交给学生多少技术能够落地、独立完成哪些手术、独立治疗哪些疾病、独立完成几篇科研文章，并进行考核，一大批优秀本地医生医疗水平不断提高。医院先后获批自治区生殖健康诊疗服务能力提升试点单位、国家住院医师规范化培训基地，荣获自治区唯一一家国家级母婴安全优质服务单位称号，成功建设全国首家省级助产士培训基地。2019 年，年门急诊量首次突破 30 万人次，达到 30.2 万人次。2020 年，受疫情的影响，下半年复工复产后，门急诊量达 15.14 万人次，同 2019 年下半年基本持平。全年住院人次达到 11410 人次，同比增长 0.78%。手术台次达到 3751 台，同比增长 8.03%。平均住院日由 2019 年的 9.84 天降低到 9.67 天。

协调引入多个健康基金开展医疗帮扶

扶贫事业既要综观全局，也要创新谋划。任轶带领援藏医疗队做好医疗扶贫走基层工作，组织开展健康宣教及义诊咨询活动。每年 20 余次组织北京援藏专家和拉萨本地医务人员 100 余人次开展送医送药送健康义诊和健康宣教活动，累计免费发放药品近 30 万元，健康宣教 3000 多人次，不仅提升了基层群众就医意识，还组织带领

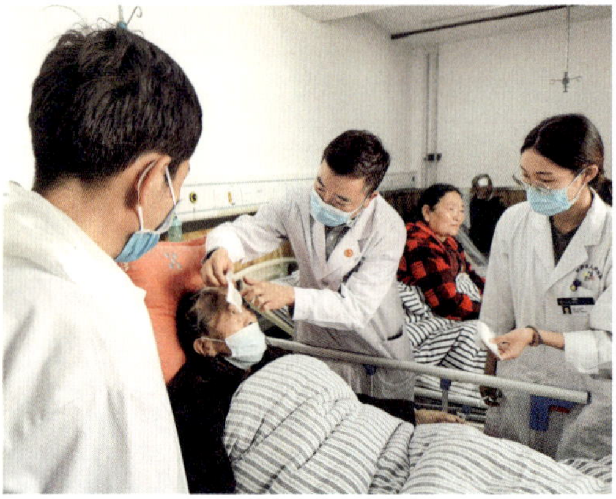

援藏医疗团队前往寺庙进行义诊咨询，用科学的医疗技术为僧侣进行健康体检、健康宣教及健康咨询，在解决僧侣们疾病困扰的过程中引导他们相信科学，以切身的经历和感受积极引导广大信教群众增强健康意识，自觉自愿到医院接受科学诊疗服务。越来越多的老百姓愿意到医院看病接受治疗，相信通过有效治疗可以为生活带来新变化。

任铁充分发挥援藏资源优势，以创新扶贫的新举措新方式“筑巢引凤”，促进健康扶贫工作向纵深发展，为贫困地区带来福音。他积极实施开展针对西藏高原地区骨关节病的“爱膝行”等专项救治行动，救助 15 例建档立卡户患者，投入北京医疗健康专项扶贫救助资金 170 余万元；引入北京市李桓英医学基金推进健康扶贫工作，免费救治建档立卡贫困户 16 人，投入救助资金 29 万余元；积极与凤凰网公益专项基金开展儿童大病救助工作，对拉萨市人民医院对口扶贫点羊八井镇彩渠塘村 128 名儿童进行疾病筛查，10 名儿童通过凤凰公益资金资助前往首都儿科研究所附属儿童医院治疗。

“以前只有在梦里我才能走路，是北京来的任院长帮我圆了梦。”41 岁的德吉，是当雄县羊八井镇彩渠塘村的村民，因为膝关节疾病生活不能自理，甚至连上厕所都需要家人帮助。作为建档立卡贫困户，德吉在任铁的牵线帮助下，没花一分钱就做了手术。后来她才知道，“爱膝行”专项基金为她提供了 30 万元手术治疗费。

援藏期间，任铁申请与两家建档立卡贫困户结对子，每个季度为他们送去米、面、油和衣物等生活必需品。

用真情和高效交出优秀战“疫”答卷

2019年，到拉萨的第一个春节，任铁退掉回家机票，选择留在医院值班；2020年春节，全国暴发新冠肺炎疫情，本该回京陪伴刚做完手术的母亲，他却毅然退掉机票，投入到医院的疫情防控阻击战中。

2020年1月15日，任铁参加完西藏全区卫生健康系统新冠肺炎疫情防控工作视频会议后，第一时间组织医院相关人员进行培训，迅速筹划发热门诊及留观病房建设。在任铁高效的组织协调和指挥监督下，仅3天时间，一个占地面积600平方米、拥有32间病房和诊室的发热门诊及隔离病房就高质量建成并投入运行。1月19日，医院启用发热门诊，从各病区抽调医疗、护理业务骨干组建发热门诊、隔离病区医疗救治队伍，在门诊、急诊做好发热病人预检分诊工作，实行临床三线、护理二线值班制度。医院多部门迅速协调配合，在最短的时间里建立起规范、科学、便捷的发热筛查流程，建立起联动机制，为拉萨百姓筑起防疫屏障。

“三年援藏行，一生援藏情。”任铁表示，将持续关注西藏医疗卫生事业的发展，持续关注拉萨市人民医院的建设。

（执笔：李洪涛）

吴进宝：把北京的温暖带到边疆小村落

吴进宝，男，1966年9月出生，中共党员，北京银行股份有限公司乌鲁木齐分行办公室经理，乌鲁木齐分行驻新疆和田市吉亚乡阿孜乃巴扎村“访惠聚”工作队队长、第一书记。曾获全国脱贫攻坚先进个人、新疆维吾尔自治区“访惠聚”工作先进个人荣誉称号。

2021年2月25日，早春渐暖，风轻云淡，全国脱贫攻坚总结表彰大会在人民大会堂隆重举行。吴进宝作为北京银行乌鲁木齐分行驻新疆和田市吉亚乡阿孜乃巴扎村第一书记、工作队队长被授予全国脱贫攻坚先进个人荣誉称号，为北京银行赢得了一项载入史册的荣誉。坐在台下聆听习近平总书记的讲话，吴进宝心中百感交集，奋斗在大漠戈壁深处的三度春秋，仿佛又回到眼前。

村民贴心的“吴书记”

2018年4月，吴进宝作为首都金融企业驻疆代表，积极响应新疆维吾尔自治区党委“访民情、惠民生、聚民心”工作号召，前往和田市参战脱贫攻坚。

阿孜乃巴扎村位于塔克拉玛干沙漠腹地南缘，有村民358户1672人，其中贫困户168户774人，贫困率近50%。村里有耕地面积1480亩，人均不足1亩。这里，气候恶劣，自然条件差，春夏两季经常黄沙漫天。

进村之后，更多挑战摆在了吴进宝带领的工作队面前。由于贫穷落后，村庄卫生条件差，跳蚤、臭虫、老鼠几乎家家户户都有。开展民族团结“一家亲”结亲活动，要求工作队队员与结亲贫困户同吃、同住、同劳动，跳蚤、臭虫叮咬厉害，大家都想尽各种办法克服各种困难。

凝聚人心是更大的难题。一些村民面对陌生的工作队，持有怀疑态度。“刚来的时候村民都不信任我们，他们觉得我们都是外地人，来到这儿也不了解情况，解决不了什么问题。再加上语言也不通，想要深入交流十分困难，工作开展起来非常艰难。”吴进宝说。

初到阿孜乃巴扎村，吴进宝带着工作队，挨家挨户地走访谈心。“最主要的问题是穷，村民们靠着种地生活，贫困户年人均收入只有3000多元。”在贫困户阿米娜·托合提肉孜家，吴进宝了解到，她的父亲生病多年，却一直熬着不去医院，就怕交不起医药费。吴进宝向她介绍了农村合作医疗政策：“拿着贫困户证明，住院可以报销95%。”阿米娜·托合提肉孜将信将疑地带着父亲去了医院，治好了病，出院时还真的像吴书记说的那样，个人只付了5%的医疗费用。

在北京银行总行和乌鲁木齐分行的大力支持下，工作队多方奔走，帮村里解决了核桃滞销问题；利用帮扶资金安装路灯，解决了照明问题；走访贫困户，建立精准识别档案，落实惠民政策，拓宽致富门路，办好实事好事。驻村期间，吴进宝带领工作队为村民解决各类困难诉求290余件，通过一点一滴真抓实干为老百姓办实事，让村民们心里暖和起来，吴进宝成了全村维吾尔族村民贴心的“吴书记”。

在广泛入户走访了解情况的基础上，吴进宝还从强化党组织建设入手，组织党员、村干部展开学习，积极发展党员，进一步壮大党员队伍。3年间，有45名村民递交入党申请书，确定入党积极分子

23 人，明确发展对象 15 人。

“工作中，吴书记以身作则，每天早上第一个起床，村里每一项工作都亲自统筹协调，并要求大家‘今日事，今日毕’。”“90 后”小伙韩旭强 2020 年加入驻村工作队，对吴进宝的敬佩之情溢于言表。

扶志扶智，授人以渔

脱贫攻坚不是简单地在经济上援助，更重要的是带领村民转变思想，自主脱贫。

艾德莱斯丝绸是维吾尔族传统手工艺织品，已被列入国家级非物质文化遗产名录。阿孜乃巴扎村有 6 家艾德莱斯丝绸手工作坊，工作队争取到项目资金，在村里建起了吉亚丽人艾德莱斯丝绸合作社。吴进宝组织非遗传承人艾麦尔 · 艾力到浙江义乌学习先进的丝绸花色设计和纺织先进生产技术，并打开了电商销售渠道。

同时，工作队将旅游金融与脱贫攻坚工作相结合，着力打造艾德莱斯文化旅游项目，通过“合作社 + 农户”的模式，实现了从单一手工生产、销售向产品展示、技术培训、文化旅游、休闲观光的升级转变，进一步提升了产品的知名度，吸引了 60 多名贫困人口就近就业。妇女们“宅”在家里，一个月就能“织”出 1600 多元的收入。艾德莱斯文化旅游项目已是国家 3A 级旅游景区，成为南疆地区文化旅游的一块金字招牌，深受国内外游人的喜爱。

2019 年，经过国家和自治区第三方检查验收，阿孜乃巴扎村实现贫困户脱贫，从贫困村出列。2020 年，人均收入首次突破万元大关。

如今的阿孜乃巴扎村，户户住上了富民安居房，家家通了自来水和天然气，道路硬化到了家门口，巷道安上了路灯，人居环境得到极大改善，人人就医有保障，学生可享受 15 年免费教育。村民精神面貌焕然一新，他们称赞“北京银行亚克西”！驻村工作队连续 3 年被评为新疆维吾尔自治区先进工作队。在新疆脱贫攻坚表彰大会上，北京银行乌鲁木齐分行获得“自治区脱贫攻坚先进集体”荣誉称号。

脱贫摘帽不是终点，而是新生活、新奋斗的起点。吴进宝说：“荣誉既是激励，更是鞭策。在接续乡村振兴的征程上，我将不辱使命、再立新功，为北京银行争光，为党旗添彩！”

（执笔：李明宗）

闫新疆：赤峰是我的另一个故乡

闫新疆，男，1977 年 6 月出生，中共党员，北京歌华传媒集团城市电视有限公司副总经理，内蒙古赤峰市扶贫开发办公室综合科副科长（挂职），北京北广传媒移动电视有限公司节目部、办公室原主任。曾获全国脱贫攻坚先进个人、北京市优秀新闻工作者等荣誉称号。

因为父亲曾经援疆的经历，他的名字取名新疆。2019 年 4 月，闫新疆作为第五批京蒙扶贫协作挂职干部，来到内蒙古。闫新疆立足自身优势、积极主动作为，充分发挥了北京挂职干部在赤峰市脱贫攻坚中的骨干作用。

脱贫攻坚就是命令：援二代“新疆”到“内蒙古”

7 月，正是内蒙古草原生机蓬勃的时候。刚到赤峰的时候，只要不开会，闫新疆就往市各旗县跑、往村里扎，希望尽快了解扶贫项目。“我尽量不在办公室闲着，多去乡里了解情况。”

一次从阿鲁科尔沁旗返回赤峰市区，路边广告牌引起了闫新疆的注意：一位农妇擎着黄澄澄的笤帚苗，脸上笑开怀。一问才知道，那是巴林左旗正在推广的笤帚苗加工产业。沙地种不活庄稼，可笤帚苗却长得带劲。当地用京蒙帮扶资金建起了加工车间，贫困户可在家门口就业。“用工灵活，生态绿色，这项目特好。可各村干各村的，没形成产业体系，也没有品牌。”闫新疆说，他当即掉转方向去巴林左旗，“我得下村看看，想办法帮他们打出知名度。”

有多年新闻一线工作经验的闫新疆深知，宣传品牌要靠挖掘鲜活的故事。可要想打开贫困户的心扉并不容易。就拿十三敖包镇的贫困户王文娟来说，这位年轻妈妈性格内向，更不愿把过去的坎坷和贫穷说给外人听。闫新疆不着急，也没放弃。从早到晚，他在车间里与农户一起干活、聊天，捆扎、销售，自己都上手体验。被这份诚恳所打动，王文娟建立起对扶贫干部的信任。一天，她主动邀闫新疆和村干部去家里看看。“去到她家，看到孩子，就更能感受到扶贫项目对于这个家庭的意义。”坐在小院里，王文娟和闫新疆一口气聊了 3 个小时。闫新疆跟着哭，也跟着笑，记录下她的忧愁与希望，记录下这个难忘的故事。很快，笤帚苗项目登上了央视新闻，销路迅速打开，销量同比增了 3 倍。

之后，当地和北京都因此追加了项目资金，笤帚苗的产、供、销全都在当地完成，形成了全产业链，外地的笤帚苗有的也送到这里来生产。如今，笤帚苗产业已经成为巴林左旗的主导产业，成为群众增收致富的主要经济来源，巴林左旗成为全国知名的笤帚苗生产基地，建成全国最大的笤帚苗交易市场。王文娟家也因此脱掉贫困帽，“王文娟现在出一天全勤就能挣近 200 元钱，一家人已经吃穿不愁了！”闫新疆说。

扑下身子干扶贫：行程 8 万千米　用脚步丈量国贫旗县

巴林左旗笤帚苗产业做大的路径能不能复制到其他项目上？闫新疆发现，当地的小米品质好，但卖不出好价格，“我们帮助他们策划，进行品牌的‘包装’和推广，打开市场销路，总之就是让大家收到产业链中利润较高的价值”。

两年多里，闫新疆用脚步丈量赤峰大地，踏遍了赤峰 8 个国家级贫困旗县上百个嘎查村，摸排第一手资料。冬天滴水成冰，春秋常刮“白毛风”，都没能阻挡他的脚步，扶贫累计行程超过 8 万千米，相当于绕赤道两圈多。

闫新疆以强烈的政治责任感和历史使命感，强力推动扶贫支援各项工作落实，尤其是发挥自身优势，重视扶贫产品宣传渠道的建立，让贫困地区的优质农产品“养在深闺有人识”。

通过闫新疆打造的系列传统媒体矩阵、数字会展矩阵和新媒体传播矩阵，阿鲁科尔沁旗的羊肉畅销了，敖汉旗的小米出名了，宁城县的蔬果不愁卖了，真正让贫困户甜了心头，鼓了口袋。

融入情感干扶贫：北京赤峰一家亲

“您是北京人，为啥叫‘新疆’?”初次见面，不少人都会好奇他名字背后的故事。1977 年，闫新疆的父亲是一名援疆干部。边陲遥远，无暇返乡看望初生的婴儿，只能用一个特别的名字——“新疆”来记录那段光辉岁月，也寄予儿子深厚的家国情怀。

这次赴赤峰，一去就是两年，父母、妻子和两个女儿却默契地一致支持。临行时父亲还叮嘱：“一定要扑下身子好好干，带着感情去扶贫。”

父亲是这么要求的，

闫新疆也是这么做的。在赤峰市扶贫开发办公室，除了负责京蒙帮扶主责主业工作以外，闫新疆还利用个人特长兼着政策法规科工作。他克服困难，利用下乡、京蒙项目调度的间隙及业余时间加班加点完成了诸多文件起草、宣传策划及新闻稿件的撰写工作。

同事、乡亲们对闫新疆有了感情，都开玩笑似的对他说："新疆，应该给闺女重新起个名，就叫闫赤峰吧，永远记住我们这个地方！"而他，也深深地爱上了赤峰这个第二故乡。闫新疆说："赤峰是我的另一个故乡。"

脱贫摘帽不是终点，而是新生活、新奋斗的起点。闫新疆说，脱贫攻坚战虽然胜利了，但现在不是躺在功劳簿上等交接的时候，还要把已经完成的脱贫工作成果夯得更实，并为下一拨负责乡村振兴的接棒同事谋划一些好的项目。他认为，乡村振兴需要更多地发掘适应乡村情况，能长期存在、带动当地经济发展的项目，并保障持续规模的资金投入。当然，这样的项目还必须是生态环保的，不能破坏当地生态环境。

（执笔：袁振）

刘金波：让怀安黄金小米变成脱贫“铁杆庄稼”

刘金波，男，1979年2月出生，中共党员，北京市怀柔区渤海镇党委副书记，曾任河北张家口市怀安县委常委、政府副县长（挂职）。曾获全国脱贫攻坚先进个人荣誉称号。

2018年4月，刘金波从北京怀柔来到河北怀安，挂职怀安县委常委、副县长，参与东西部扶贫协作工作。那个时节，怀柔的桃花已是灼灼其华，而在怀安，映入眼帘的却是童山濯濯。刘金波在心里默念，假以时日小树最终会成长为大树，贫瘠的山脊定会覆上新绿。

在挂职的3年中，刘金波坚持从实现共同富裕、京津冀协同发展战略的高度来认识推动京冀扶贫协作，高质量完成了各项任务。通过京冀“两怀”齐心协力、携手攻坚，怀安县158个贫困村全部脱贫出列，19683户36181人建档立卡贫困人口全部脱贫，历史性解决了怀安整体贫困问题。

迅速建立扶贫协作规范化机制

到怀安县后，刘金波第一时间建议县委县政府成立京冀对口扶贫协作领导小组，并组建东西部协作工作专班，研究出台《怀安县东西部扶贫协作项目资金管理办法》《怀安县支持北京市投资企业的八条措施》等规范性文件，把怀柔、怀安两地对接、议事规则、项目资金、产业就业等纳入制度建设，夯实两地扶贫协作基础。此后，他从抓好项目推进入手，注重实现精准帮扶，带领相关部门逐一核查申报项目的可行性及带贫效益，建立了《2018—2020年怀安县东西部扶贫协作项目库》。同时，他牵头对项目招投标、开工建设、资金拨付、竣工验收等环节进行全过程监管，确保北京市区两级1.2亿元财政资金安排的62个东西部扶贫协作项目全部实现了当年开工、当年完工、当年见效，助力怀安36181名建档立卡贫困人口受益增收。此外，他还多次带队赴京开展招商引资推介，引进7家北京企业落地怀安，带动贫困人口通过就业实现稳定增收。

建设种植基地和加工厂，打造“怀安贡米”品牌

以产业链为载体推动产业上下游一体发展，是脱贫攻坚中的重要一环。刘金波决定以怀安贡米为突破口，从怀安农产品基地建设、品质把控、源头供应、双线直销等环节入手，搭建起怀安扶贫农产品产业链，不断增加农产品附加值。

第三堡乡平均海拔1200米，农作物只能一年一季，种出来的黄金小米颗粒饱满、米粒金黄、米脂明亮。相传，怀安黄金小米清朝末年时成为贡品，有“贡米”之称。不过，在很长一段时间里，其品牌价值长期被埋没，当地农民只是将黄金小米用于自家吃或是送人。由于销路不畅，当地农民只能把黄金小米低价卖给外来商贩，贴上外地的商标销售。再加上黄金小米易倒伏，产量比普通小米低，久而久之，连当地人都不愿意种了。刘金波说，他刚到怀安时，一位老农向他诉苦：“辛辛苦苦干一年，可卖不出去多少，你说急人不急人？”刘

金波和挂职团队商量，决定先把品牌打出去，帮助小米找销路，“怀安小米品质虽然好，但如果形不成品牌，产业就做不起来”。把初级农产品变成商品，需要获得食品生产许可，这是进入商超的“入场券”。在挂职团队的努力下，怀柔区投入帮扶资金25万元，帮助乡政府所在地第三堡村杂粮加工厂获得了相关资质，打造了怀安贡米的品牌。挂职团队还把怀安贡米送上了电商平台，提升了品牌的知名度。

资质和品牌有了，还要调动起农民的积极性。在怀柔区和张家口市农科院的合力帮扶下，第三堡乡建成了优质谷子消费扶贫示范基地，种植户可以免费领取优质谷种，免费学习先进种植技术，种植黄金小米还能获得每亩地150元的补贴。谷子成熟时，加工厂以高于市场价收购，让农民吃了定心丸。

打通产销对接渠道，让怀安农产品走进北京

针对怀安扶贫农产品生产加工企业小而散的情况，刘金波优选京冀双怀张家口农科有限公司、北京源乡新农人农业贸易有限公司作为怀安扶贫农产品进京集散授权企业。两家企业通力合作，一家负责怀安本地农产品的生产、品控及货源调配，一家负责开辟北京消费市场，既减少了扶贫农产品进京销售的中间环节，又实现了销售渠道与市场售价的双统一，形成了一整套相对完整的业态链。

在此基础上，刘金波策划推出了怀安扶贫农特产品“七进”怀

柔系列活动，以进怀柔为切入点，逐步拓展北京消费市场。以怀安扶贫冷鲜肉、黄金贡米领衔的怀安扶贫农产品，已先后走进北京城市副中心、怀柔、通州、东城、朝阳、丰台、石景山、昌平、房山等地的200余家财政预算单位，1.89万名北京市民还通过发放工会福利的方式，品味到怀安味道，共享脱贫成果，全面打通了怀安扶贫农产品产销对接渠道。仅仅5个月的时间，2020年怀安扶贫农产品进京销售额就突破3亿元，稳居张家口地区13个东西部扶贫协作县第一位。

刘金波还积极发挥桥梁纽带作用，在开展两地乡镇村、学校、医院、企业和社会组织等层面的帮扶结对工作中，坚持“按需”结对，确保结对成效，实现了县域内教育医疗帮扶的群众满意度和获得感逐年提升。他多次赴怀柔区红十字会、残联、慈善协会及各类基金会进行走访，3年累计接收到社会各界捐款捐物1241万元，让怀安县建档立卡贫困人口切实感受来自北京对口帮扶的浓浓情谊。

（执笔：李洪涛）

张　杰：打造支援合作“亦庄样板”

张杰，男，1982年10月出生，中共党员，北京经济技术开发区经济发展局协同合作处处长。曾获全国脱贫攻坚先进个人荣誉称号。

张杰的书桌上，整齐放着3个文件夹，一个是京蒙协作文件夹，一个是对口支援新疆文件夹，另一个是与平谷结对协作的文件夹。自2019年负责对口帮扶工作以后，张杰一直奔波在开展工作的路上，他依托北京经开区产业力量、人才力量、文化力量、生态力量、组织力量，推动支援合作地区经济社会发展全面升级、全面进步、全面发展，打造支援合作“亦庄样板”。

勇于担当，服务大局

2019年，北京经开区首次独立承担对口支援任务，支援合作地区包括内蒙古锡林郭勒盟苏尼特右旗、赤峰市巴林右旗和新疆生产建设兵团第十四师225团。

面对新形势、新任务，张杰克服任务新、责任重、人员少等困难，结合支援合作地区实际情况，精准研究制定北京经开区《支援合作项目资金管理办法》，规范支援项目资金管理，确保支援合作资金发挥最大效益。

几年来，张杰安排协调领导调研对接 10 余次，召开联席会议研究部署支援合作工作；对标对表考核任务，研究制订年度支援合作工作计划，组织召开各类重要会议 40 余次，有效推动各项任务落实；拨付区级支持资金 8000 余万元，推动 50 余个区级资金援建项目顺利实施，严格督促规范验收，让当地群众看到变化得到实惠；组织 4 所学校、2 家医院、10 余个社区、20 余家企业开展结对帮扶、“万企兴万村”等活动。北京经开区的支援合作工作开展得有声有色。

技术帮扶，产业合作

在张杰与前方挂职干部的共同努力下，北京经开区与支援地区的产业合作初见成效。

北京经开区京东方能源公司与内蒙古苏尼特右旗政府签署合作意向协议，就开发利用当地优势资源开展产业合作。仅用了一个月时间，京东方能源 20 万千瓦牧光储综合示范项目指标就顺利申请成功，创造了当地项目落地的“第一速度”，项目实现当年开工、当年竣工、当年并网发电。项目总投资额约 9 亿元，占地 7000 亩，采用“光伏 + 储能 + 综合治沙 + 养殖”模式。项目建成后，年均生产绿电 3.4 亿度，年均减排二氧化碳 25 万吨，年均营业收入近 1 亿元，年均税收 1250 万元。

北京经开区与内蒙古赤峰市签署战略合作协议，共建“京蒙（亦庄 · 赤峰）科创产业园”，探索“产业孵化在北京，发展壮大到赤峰”的模式，致力于将该产业园打造成人才服务、科技创新、产业孵化、投融资服务、京蒙协调联络平台。项目占地面积 26.4 亩，计划投资超 5 亿元，将成为行业科技创新与产业深度融合的标杆、京蒙多层次全方位合作的典范，有效带动赤峰市、巴林右旗经济高质量发展。

发挥区内企业技术优势，张杰积极推动京东集团与新疆生产建设兵团第十四师 225 团合作建设数字化“京东农场”，依靠物联网、大数据、人工智能技术和设备，实现对水源、土壤、病虫害等自然环境的监控，以及对化肥、农药等投入品和除草、施肥等农事行为的监管，做到精准施肥施药、科学种植管理，从源头把控农产品质量，对传统农场进行智能化升级，打造“羊脂籽米”品牌。通过以每年每亩 300 元的价格租用 40 余农户的 380 亩沙土地，长、短期聘请 57 位脱贫群众到农场务工，实现脱贫群众长期稳定增收。225 团的 1770 位建档立卡贫困群众提前一年全部脱贫。

创新机制，扶贫扶智

“北京经开区作为经济功能区，农业领域帮扶是我们的短板，但我们的支援合作地区还是以第一产业作为基础的，这就需要我们开阔思路，积极响应对方需求。”张杰说。针对 225 团农业种植经验匮乏情况，张杰充分利用北京经开区—平谷区结对协作体制优势，积极联系平谷区发改委、农业农村局等部门，协调选派 4 名农业方面专家对 225 团进行农业技术现场教育指导，探索开展大桃产业合作，当地 100 余名群众受益。

“北京经开区区属学校少，在编教师只有 1000

余名，做不到像其他行政区大规模地选派教师，经过与支援合作地区协商，一是我们更加精准选派，二是多邀请合作地区教师进京跟岗学习。”张杰说。推进制定《经开区教育系统赴内蒙古选派教师相关待遇及标准》，保障支援专业人才生活补贴、健康体检、人身保险等福利待遇，精准选派了6名教师赴内蒙古挂职交流；克服疫情影响，组织内蒙古48名乡村振兴带头人、70余名专业人才（教师、医生）、8名技工院校人员进京跟岗培训，2021年计划推荐100余名教师进京学习。

发挥北京经开区产业集聚优势，张杰加大北京市劳务协作帮扶政策宣传力度，积极吸纳内蒙古务工人员进京稳定就业。开展点对点直播专场招聘会，发布北京奔驰、京东物流、京东方科技、悦康药业等14家企业工作岗位1000多个；建立高校毕业生就业信息共享长效机制，每月向支援合作地区高校毕业生提供高效、精准的就业信息共享。

北京经开区核心区汇聚了全球40多个国家和地区的3万多家企业。张杰联系区内企业履行社会责任，向受援贫困地区捐款捐物。协调北京赛诺威盛公司向内蒙古额济纳旗捐赠方舱CT机，价值669.4万元；推动宝健公益基金会向新疆墨玉县捐赠100万元扶贫款，用于当地10个村扶贫助农，直接带动当地贫困群众20余人就业；组织博奥晶典公司向兵团第十四师捐赠5000人份针对5岁以下儿童的药物性耳聋基因检测，价值75万元……据统计，在张杰积极组织协调下，北京经开区内企业向贫困地区捐款捐物折合近2000万元，直接受益贫困村20余个，脱贫群众500人以上。

（执笔：李明宗）

张　钧：为墨玉县北京中学留下“带不走”的教师

张钧，男，1974 年 11 月出生，中共党员，东北师范大学附属中学朝阳学校副校长，新疆和田地区墨玉县北京中学党支部副书记、副校长。曾获全国脱贫攻坚先进个人荣誉称号。

参加工作 20 多年来，张钧始终把为党育人、为国育才作为首要责任，坚持工作在教育教学一线，兢兢业业、诲人不倦。2018 年 8 月至 2020 年 7 月，张钧主动申请援疆，在生活条件艰苦的深度贫困县——墨玉县支教两年，带领当地教师在教育扶贫路上作出重要贡献。

开展有效教研，助力受援区域学校管理和学业质量双提升

2018 年 8 月，张钧来到新疆和田地区墨玉县北京中学，任高三（12）班语文教师，担任学校党支部副书记、副校长，兼任语文教研组组长。张钧帮助学校整理课程资源、编辑学案，开展示范教学，不断提升教学水平和效果。

张钧尝试用不同课型执教同一篇课文，引发同组教师针对语文教学效能和美感的思考；面向高二执教《廉颇蔺相如列传》片段教

学，为教师示范“记—读—赏—思—辩—写—改”七环节教学法，引领教师思考问题导学、智慧导学及课堂的有效互动；他和徒弟同台讲授《故都的秋》，引导教师思考“破题入文—披文入情—知人论世—叩问反省”散文教学流程，向全校教师示范学科建设中专家引领、同侪合作的有效做法。张钧在语文课教学中，注重以文质兼美的学科教材为学习载体，引领学生增强国家认同，感受中华优秀传统文化的魅力。

对标管理岗位，张钧规范考务流程，组织系列校本培训，提升备课、教研、辅导批改、课堂环节有效性。组建学校高考研究专家库，开展专题研究、课堂诊断、备课指导、命题研究、专题讲座等教研活动。指导完善常规教学管理，编订“一本三手册一日志”。助力受援学校科研工作起步，从无到有创建教研室，拟定各项制度，以及开展教师学术成长规划设计、微课比赛、教师评价、课题培训等工作，无不倾注着张钧的心血。

2020年新冠肺炎疫情期间，张钧开展远程支教活动，指导当地学校语文组进行“网络读书沙龙”“课程开发”等活动。

两年来，北京中学本科上线率由30%升至48.6%，专科上线率由75%升至97.7%，985、211高校录取人数由个位数升至两位数，师生普通话水平、精神面貌提升明显。

除了支教的墨玉县北京中学，为改变周边乡镇师资力量不强的情况，张钧同样不遗余力。他曾10次送课下乡，到雅瓦、萨伊巴格、喀瓦克等乡镇示范教学，通过执教示范课、举办教育教学经验交流研讨会、举办云平台讲座等方式，让不少乡镇学校的教学质量得到了提高。

实施“种子工程”，培养一支“带不走”的优质教师队伍

“为期两年的援疆支教工作，我们能为受援校留下什么？”这是张钧常常叩问自己的问题。

张钧来到墨玉县北京中学后，发现学校的师资队伍平均年龄不到30岁，学科带头人、骨干教师少；教师课堂教学效率不高；语文、英语等专业教师严重短缺……面对这些问题，他说：“援疆支教只有两年，我要为学校留下一批‘带不走’的优质教师。”

“要为学校留下一批‘带不走’的优质教师。”有了这份答案后，张钧开始组织实施基于教师学术发展的“种子工程”。2019年3月，张钧选择了一批对工作充满热情、责任心强、虚心好学的老师，开始实施“种子工程”。工程提出“五个一”考核标准，即要求教师在培养学习期间上一节全校示范性公开课，写一篇教学论文，读一本教育论著，做一个微课题，做一次学术演讲或主题报告。8位援疆教师“一带五”，40名本校教师被吸纳入“工程”队，“工程”周期为一学期，通过手把手帮扶、面对面传授、心与心沟通的方式，以专业引领、实践指导、同伴互助、个人反思为基本路径，实现活动互助、专业共赢。

王娜是张钧带的一名“种子”教师，张钧采用双轮磨课的方式对她进行培养。“第一轮上课前，我会听她说说备课情况；上课

时，我到教室现场观摩；课后，我们一起讨论上课情况，分析存在问题，再提出教学改进建议。”第二轮上课时，王老师的授课质量迈上了一个台阶。

经过培养，第一批 40 名“种子”教师后来都成长为学校中层干部或学科组长、教研组长等，在各自岗位上发挥传帮带作用。

第一批 40 名“种子”教师出师后，每人每学期帮带一名本校新教师，用自己的成长过程垂范其发展。取得成效后，8 位援疆教师接着开展了第二批“种子”教师培养。通过这种“星火燎原”式的“师带徒”培养方式，张钧这批援疆教师离开墨玉返回北京时，墨玉县北京中学已有 160 名教师参与到“种子工程”，占教师总数的近 70%。经过“传帮带”形成的这批生力军，成为学校教育教学质量持续提升、终身服务学生高质量发展的主力。

张钧还在北京中学组织开展“班主任修炼”“如何撰写教案”“教学基本环节”等系列教师培训，由专家引领教师发展；为受援校研究拟制“教师执教能力”“师生沟通能力”等评价量表，用评价唤醒自觉，由个体反思促进教师发展。

通过种种措施，张钧为受援校培养了一支优质的教师队伍，助力了学校可持续发展。

（执笔：袁振）

贺迎潮：在贫困乡村播撒希望的种子

贺迎潮，女，1976年12月出生，中共党员，北京市石景山区接受捐赠事务管理中心七级管理，机构改革前为接受捐赠事务管理中心主任兼区慈善协会秘书长。曾获全国脱贫攻坚先进个人荣誉称号，以及北京市扶贫协作创新案例奖。

多年来，贺迎潮注重发挥民政捐赠救助工作在组织、动员、协调等方面的职能优势，以石景山区对口帮扶地区建档立卡贫困户为重点，以发展教育、阻断代际贫困为突破口，在促进贫困地区困难群众脱贫和教育事业发展等方面作出了积极贡献。

实施重度失能病人家庭救助项目

石景山区东西部扶贫协作和对口支援地区包括内蒙古自治区宁城县、莫力达瓦达斡尔族自治旗，河北省顺平县和青海省称多县。在贺迎潮的电脑里，详细记录着石景山区民政部门和慈善协会几年来对这4个国家级贫困县的帮扶台账，包括每一个项目的内容、每一笔善款的支出、每一位受助对象的回访记录及相关的影音资料等。

贺迎潮说，让她记忆最为深刻的是对宁城县五化镇困难群众的救助。为了更精准地开展帮扶工作，石景山区民政局、慈善协会一行人于2018年6月赴当地调研，对贫困家庭的实际情况进行摸底。鸽子山村是五化镇的一个偏远山村，汽车绕着蜿蜒崎岖的盘山公路行驶将近 3 个小时才到达。58 岁的村民李文友（化名）是生活在这个小山村里的重度失能病人，与其相依为命的儿子也因身患癫痫无法从事体力劳动，两人虽享受低保，但生活仍十分困难。在李文友家的院外，众人还没走进大门，远远就听到了房屋内隐约传出的哭声。原来，身患肝癌的李文友因疼痛难忍，正跪在炕上呻吟哭泣。见有人来看望，他立刻忍住了哭声，挣扎着想站起来，大家赶忙上前扶他坐下。看着瘦弱的李文友，贺迎潮的眼泪夺眶而出，本想说些什么，可又不忍再多说。

回到北京后，石景山区民政局和区慈善协会第一时间研究启动五化镇重度失能病人家庭救助项目，协调 16.5 万元捐赠资金为李文友等 64 名病人购买了护理用品，减轻他们的医疗负担。

以教育为重点推动慈善帮扶工作

扶贫必扶智，治贫先治愚。“我们对口支援的 4 个旗县地理位置偏远、自然资源匮乏、教育事业发展滞后，帮助学校提升办学水平、帮助贫困学生完成学业，是阻断代际贫困的根本之策。”贺迎潮说。

经过反复调研并征求当地有关部门意见，石景山区民政部门和慈善协会决定将帮扶重点放在教育扶贫上。多年来，先后协调 59.3 万元资金，帮助宁城县 130 名、莫力达瓦达斡尔族自治旗 325 名、顺平县 110 名、称多县 100 名贫困学生解决就学难题。有的孩子穿上了新鞋，有的孩子买了新书包……每每收到当地工作人员反馈的照片，看到孩子们天真烂漫的笑脸，贺迎潮的心里总是甜滋滋的。

有一年，石景山区慈善协会收到了宁城县慈善总会发来的函，上面写道："宁城县财政资金严重匮乏，对教育设施投入不足，一些学校多年未添加教学器材，现有的器材设施严重老化，请求石景山区慈善协会伸出援助之手。"这份特殊的求助函，让贺迎潮的心里顿感沉甸甸的。"这忙必须得帮！"区慈善协会迅速协调55万元资金，为宁城县3所学校建立了电脑教室和音乐教室。如今，学生们在这里学会了操作计算机，有的在这里能够伴随钢琴曲放声歌唱……

建章立制促进帮扶项目取得实效

东西部扶贫协作和对口支援工作没有固定的方法和模式，需要因地制宜、量体裁衣。为此贺迎潮边工作边总结，会同贫困地区民政和慈善部门同志建立相关工作制度。

一是协调联系制度。坚持年初征求受援贫困地区帮扶需求，研究制订帮扶方案计划，互通帮扶工作措施打算，并及时沟通解决工作中遇到的矛盾问题，有效提高工作的针对性和有效性。

二是工作会商制度。定期向主要领导和主管领导汇报扶贫工作进展情况，主动争取上级业务指导；协调民政局定期召开专题会议，研究结对帮扶工作，促进工作的落地落实。

三是效果跟踪制度。每个项目落地后，第一时间协调当地民政部门和慈善协会提供文字、图像、票据等佐证材料，并对项目后期管理使用研究、制

定具体的工作措施，达到脱贫工作务实、脱贫过程扎实、脱贫结果真实的要求。

为加强对帮扶项目的跟踪问效，真正把扶贫工作做好做实，经得起群众的评议和历史的检验，在区民政局领导的有力指导下，她带领工作团队专门研究制定了帮扶项目跟踪管理流程，总结形成摸底、推荐、审核、公示、发放、签领、回执、回访的帮扶工作“八步法”，确保程序环环相扣、工作紧密衔接。采取全程跟进、随机抽查、信息公开等形式保障捐赠款项使用公开透明，实行阳光操作，确保了每一分钱都用在贫困人口身上，每个帮扶项目都做到了“救助人员确定精准，协议签约严谨规范，项目拨款安全迅速，签领手续齐全完善，材料反馈及时高效”，在各级部门的考核中受到充分肯定。

贺迎潮说：“打赢脱贫攻坚战，是我们党对全世界的庄严承诺。作为一名基层工作者，我为自己能够参与到这项伟大的事业中而感到光荣和自豪。”花开无声，大爱无形。几年来，她带着“扶贫必扶智”的坚定信念，以发展教育、阻断代际贫困为突破口，在“扶智”的道路上不遗余力，有力推动受援贫困地区实施教育帮扶工作，只因“多付出一点，多努力一把，就能点亮更多寒门学子眼中的光，让他们多了一分希望”。一张张稚嫩的笑脸总能让贺迎潮感到欣喜，她愿意让孩子们带着暖暖的爱幸福成长，将来把爱心的接力棒传递下去，用实际行动感恩、回馈社会。

（执笔：李洪涛）

蒋京春：支教是一辈子的事业

蒋京春，男，1970年5月出生，群众，北京市通州区大杜社中学高级教师。曾获全国脱贫攻坚先进个人等荣誉称号，以及北京市扶贫协作突出贡献奖。

2018年，蒋京春积极响应号召，毅然选择成为一名支教教师，先后来到内蒙古翁牛特旗、奈曼旗和四川大凉山地区，如今依然在大凉山地区支教。在支教过程中，他用自己的专业能力和奉献精神，为受援地物理学科教育教学水平提升作出积极贡献，得到了受援地、学校、师生、家长和社会的一致好评。

填补翁牛特旗物理学科教研空白

蒋京春是通州区初中物理中心组的核心成员，为全区初中物理教师讲过多节研究课，做教材指导、经验介绍几十次，做区教学比赛评委10余次，多次编写练习题、教学设计、抽测题等，获奖论文几十篇。他扎根农村教育30年，曾3次被评为通州区优秀教师，3届（9年）被评为通州区骨干教师。

讲起支教的初衷，蒋京春轻描淡写地说："就是觉得自己还年轻，还能为国家脱贫攻坚做点儿事儿。"可说这话的时候，蒋京春已经 48 岁。

2018 年 9 月初来到内蒙古赤峰市翁牛特旗，蒋京春要克服自己做饭、冬天 -30℃严寒等困难，更要面对物理学科教研的一片空白。当地的物理学科基础薄弱，蒋京春看在眼里，急在心里。为此，他把每个节假日都用在了下校调研上，回到宿舍经常已经是二十一二点，简单吃一点，就开始整理调研材料，拟订教研提纲。他下决心不能让孩子们输在起跑线上。在乌丹一中临时缺老师的情况下，他主动请缨，兼任 4 个班的物理教学，经常累得嗓子哑了，说不出话来。功夫不负有心人，蒋京春终于为每个学校制订出翔实的物理学科教研方案和教学计划，一年中孩子们的物理成绩显著提高。支教工作快要结束的时候，蒋京春想，翁牛特旗的情况会不会在其他地方也存在，自己有了丰富的改进当地物理学科教研的经验，就这样回来太可惜了，于是他又主动先后申请到奈曼旗和四川大凉山支教。

以赛促教研，提升教学能力和水平

2019 年 9 月，蒋京春来到内蒙古通辽市奈曼旗，做起了物理教研员。“那里太缺少教研员了……”蒋京春感叹，奈曼旗教科体局教研室仅有 8 位教研员，且都是语文、数学、外语教研员。一直在物理学科一线教书的蒋京春，开始了物理教研零的突破。他走访调研了十几所学校，听课评课几百节，并针对学校实际情况，结合物理学科新课程理念，科学合理设计每节物理课，对当地老师，他毫无保留，倾囊相授；对学生，更是言无不尽，耐心解答，孜孜不倦。

在奈曼旗支教的那些日子，蒋京春俨然变身“超人”，组织了全旗青年教师基本功大赛。面对数百人参与的教学设计、粉笔字、简笔画、讲课答辩 4 项比赛，工作强度和压力空前的大。准备阶段编写竞赛题，比赛后参与教学设计阅卷。他经常 6 点就开始上班，一干就是半天，中间连上厕所的时间都没有。回忆起那段日子，蒋京春说："忙了一个多月，每天都和打仗一样。"苦心者，天不负。通过这次基本功大赛，全旗物理教师的教学基本功都有了显著提高。

内蒙古地区的冬天寒冷而且漫长，蒋京春每天都会骑自行车往返于宿舍和工作单位，那冰雪未化又覆新寒的路上，手脚早已冻僵，但他的心是暖的、是丰盈的。他说："虽然自己的力量如一粒沙尘，但也要为脱贫攻坚贡献自己所有的力量。"

教研一体，助力凉山

2020 年 9 月，蒋京春来到四川省凉山州宁南中学支教一线物理教学。

这是大山深处的一所学校，学校建在半山腰，校内建筑物落差近百米，每天他要爬几个来回。在这里，出行不便、饮食太辣、蠓虫叮咬、冬天阴冷等困难，都没有影响他全身心投入到教学教研的帮扶攻坚中。

2020 年，蒋京春的妻子遭遇车祸，脚骨折了，打电话让远在大凉山的他回来。而他回来仅照顾了两日，请了个护工就又离开了。他愧疚地向妻子解释："对不住啊，大凉山的娃娃和老师还在等着我，我得尽快回去。"妻子舍不得他走，却还是选择支持丈夫。他和妻子

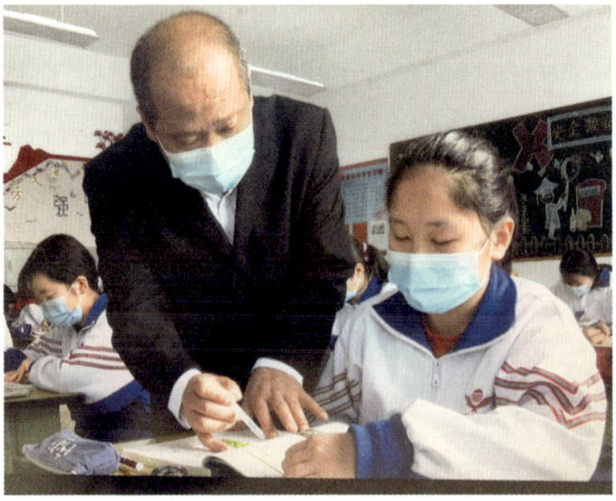

说："不干出点儿名堂来，都对不起你。"

蒋京春仔细分析了当地的教材和学生的特点，为每一节课制作了课件，课上精心授课，课下多辅导，楼道里经常能看到他给学生讲题的身影。经过不懈努力，所带班级成绩有了大幅提高。在统一考试中，获得单科第一，总成绩 17 个班排第二的好成绩。他指导的张蝶老师，取得教学成绩第一、教师赛课大赛第一名的好成绩。他还利用课余时间搞教研，多次讲研究课，他听课、评课、磨课，经常给老师们讲解先进的教学理念和方法，使整个学校的教学水平有了很大进步。

此外，蒋京春还撰写了多篇教学论文和教研策略文章，并运用于教研工作中。蒋京春说："与其说是我成就了当地物理学科教研教学，不如说是受援地成就了我，让我在知天命之年重新找回了教育初心，我觉得自己肩上的教育使命更重了。"

蒋京春的手机里有 3 个工作组——翁牛特、奈曼和大凉山教科研工作组。他经常在组里分享最新教研成果，指导当地老师解决教学中的问题。他说，支教不是一阵子的事，是一辈子的事业，不管身在何处都要一直做下去。

蒋京春只是北京市支教教师中的一员。近些年，西藏、新疆、青海、内蒙古、河北等地都留下了北京支教教师的身影，他们毅然奋战在脱贫攻坚第一线，为当地的孩子带去知识，为当地的教育送去希望，他们的奉献精神是教育人使命担当的最好诠释。

（执笔：李明宗）

雷　剑：健康帮扶不缺席

雷剑，男，1981 年 8 月出生，中国农工民主党党员，中国中医科学院广安门医院南区麻醉疼痛科副主任，北京市大兴区麻醉质量控制中心副主任，副主任医师。曾获全国脱贫攻坚先进个人荣誉称号，以及北京市扶贫协作爱心奉献奖。

“十年望月满还亏，看落梅花听子规。磨快宝刀悬北斗，男儿为国枕安危。”两年的援疆生涯中，雷剑在平凡的岗位上兢兢业业，用心用情服务和田县医疗卫生事业，以一位普通援疆医生的实际行动践行着自己的责任与担当，在脱贫攻坚的道路上默默奉献力量。

不忘初心，传承中医药文化

2018 年 3 月，作为北京市卫生系统第九批第二期援疆医疗队队员，雷剑怀揣满腔热血，肩负领导和同事们的重托，离开朝夕相处的家人，来到了距离北京近万里之遥的新疆和田，分配到和田县人民医院，担任麻醉科主任。

和田县对雷剑来说完全是一个陌生的地方。来到这样一个全新的环境中工作和生活，一切都需要熟悉和适应。尽管揣着满腔的热忱，也做好了十足的心理准备，但身体对环境的极度不适应和当地医疗条件的落后，还是出乎了他的意料。“这里天气干燥，沙尘暴多发，睡觉醒来，桌子上就有一层厚厚的沙子，鼻腔里也常常带着血丝。”他一边克服生活上的困难，一边全身心地投入到工作中。

真是不离开北京不知道北京工作有多规范，不离开北京不知道北京医疗条件有多好。看到当地的医疗条件与北京的差距之大时让雷剑很受触动，他决心尽力帮着和田县人民医院提高医疗救治水平。在他的眼里，尽管和田县人民医院的硬件条件已经达到一定的水平，但尚不能完全满足群众实际需求。比如，麻醉科最常见的麻醉设备居然是稀缺物品，这让初来乍到的他陷入了沉思。在得知雷剑需要帮助时，中国中医科学院广安门医院南区副院长朱文增立即准备好无偿捐赠麻醉设备、医疗器械。雷剑担心设备颠簸损坏，亲自将 30 多公斤重的设备和器械从北京带到和田。雷剑说：“健康扶贫是脱贫攻坚的主战场，决不让一个人因病致贫、返贫，是北京一直以来的殷切嘱托和希望。”

“以德服人，以技服人。”援疆期间，雷剑通过亲身示范，不断改进，把中医电针仪改造成了麻醉用的神经刺激器，手把手带教麻醉技能，考核每一位当地医生的麻醉技术，如今该院所有麻醉医生均能掌握全麻技术。他带教技术的同时，带领科室积极做科研，推广针刺镇痛在妇科手术上的应用，新开展的 18 项新技术，填补了该科室在科研领域的空白。除此之外，他还毫无保留地把自己的专业技能和科学管理理念传授给受援单位，鼓励医务人员自主学习，坚持每周讨论一次疑难病例，每周授课一次，每周操作演练一次，每月开展一次质量评价会。雷剑不仅给当地带去了新技术、新观念，也带动了优秀团队的成长。这种工作模式，不仅促进了科室医疗水平和整体素质的提高，还培养出 4 名“武艺高超”的徒弟。不少医生已能独当一面，科室医生特别是青年人“争上游”的氛围浓烈。

“和田县人民医院很多原来不敢开展的手术，现在都能做了。”其实，这也正是雷剑的心愿。“我本人在这里完成了多少例手术并不是最重要的，授人以鱼，不如授人以渔。我更希望在我离开的时候，当地有更多的医生可以独立完成手术，更持久地造福当地人民。”雷剑说。

在推广针刺镇痛技术的同时，雷剑还积极推广中医理念，通过中医理念传承中医药文化，以“中医为体，西医为术”的整体理念带教当地医生，影响当地患者。中医有“简、便、廉、验”的特点，即简单易行，便于实施，廉价经济，验证有效，非常适合在贫困地区推广应用。雷剑在推广中医麻醉的同时，还积极推广中医药文化，并通过宣传中医文化增强和田县各族群众对祖国的认同、对中华民族的认同、对中华文化的认同。雷剑说：“我相信，积极推广中医药文化有助于文化润疆工作。”

普及医疗健康知识，关爱儿童健康成长

援疆期间，雷剑发现，和田县不少群众缺乏基本医疗健康知识。一个 8 岁的小患者肱骨髁上骨折，在实施克氏针内固定术后，9 个月之后才来复诊取克氏针，整个肘关节全部僵死固定，当时他的心情无法形容。8 岁的小孩和他自己孩子差不多大，正是活蹦乱跳、生龙活虎的年龄，未来怎么办？为此，他做了大量的社会公益宣传活动。他利用周末业余时间深入当地农村定期开展送医下乡活动。在给和田县京和高级中学老师做院外心肺复苏术（CPR）急救知识培训

后的第三天，学校校长在开会中突然晕倒抽搐，接受过培训的在场老师迅速利用学到的急救知识成功实现急救。

雷剑非常关心当地孩子的健康成长。“六一”儿童节，他主动前往和田县福利儿童院，为孩子们带去食品和书籍。孩子们紧紧地围着图书，兴奋地挑选翻看。这一幕深深打动了他，之后在社会力量的帮助下，雷剑共为和田县图书馆捐赠12000余册图书。

雷剑得到援疆通知的当天下午，检查确认爱人怀了二胎，爱人没有反对和抱怨，反而非常支持他的援疆工作。“每一个援疆干部都肩负着组织的重托和期望，肩负着责任和使命。”两年里，雷剑始终把责任和使命落实在工作中，“援疆工作让我觉得生命变得更加有意义”。

（执笔：袁振）

李广富：让平谷大桃在新疆洛浦开花结果

李广富，男，1969年10月出生，中共党员，北京独乐河果蔬产销专业合作社社长，新疆洛浦县平洛森浓农业科技有限公司总经理。曾获全国脱贫攻坚先进个人荣誉称号，以及北京市扶贫协作创新案例奖。

李广富是平谷区南独乐河镇北独乐河村人，2003年开始种植大桃，2007年成立北京独乐河果蔬产销专业合作社，2010年至2015年担任村党支部书记、村委会主任。

借北京开展扶贫支援工作契机，李广富在新疆和田地区洛浦县的盐碱地上，反复试验，改良土壤，建设大桃试验示范基地，让平谷大桃在和田开花结果，种出了甜度达到25的桃子，带动村民共同致富，谱写了对口援疆的传奇篇章。

盐碱地里建桃园

新疆洛浦县位于昆仑山北麓，是深度贫困地区。2017年，北京市平谷区与新疆洛浦县建立结对关系，支持开展脱贫攻坚。

2018年初，在平谷区农业农村局的组织下，李广富到洛浦县实地考察。在这片并不富饶的土地上，这位种桃老把式敏锐地发现了帮助当地人脱贫的机遇：和田地区昼夜温差大、日照时间长、天气干燥、水资源丰富……这些条件非常适合大桃生长。响应结对帮扶、携手奔小康的号召，有着10多年种桃经验的李广富当即决定把平谷桃子西迁过来。

然而，平谷大桃的入疆路并没有那么容易。路途遥远、物资匮乏、语言不通……很多现实问题摆在李广富面前。“困难再多，总是要有人去做的，不试一把怎么知道结果呢？”李广富成立了洛浦县平洛森浓农业科技有限公司，出任总经理，并与洛浦县林业局共建大桃扶贫产业园。

和田大桃种植所需物资匮乏，李广富决定从北京运送。北京到和田，万里之遥。在最初进疆的两年多里，李广富20余次驾驶皮卡车往来京疆两地运送生产资料，来回行程共计十几万千米。

2018年底，李广富驾驶着皮卡车，经过4天的长途跋涉，将第一批4000多株桃苗运到了洛浦。准备大干一场的李广富没想到当地连给桃树剪枝的工具都没有。桃农们拿着裁纸刀一点点地剜着桃枝，一不留神手就被划破了。

更大的困难还在后面。2019年春天，一个充满希望的季节。大桃生长最怕盐、碱、涝，在桃树栽种迫在眉睫的时节，从未遇到的难题一一呈现。喷淋后的桃叶上出现“白斑”，这是水中盐碱留下的痕迹。第一批带过去的桃苗几乎“全军覆没”，许多都被烧死了。

为了改良盐碱地土壤，李广富四处寻找良方。他一头扎进盐碱地里，带领农户研究、试验；请教北京农林科学院、平谷区果品办专家，商讨解决方案。功夫不负有心人，李广富找到了一套综合土壤改良方案：挖排碱沟、修蓄水池，用大水漫灌等办法调整土壤酸碱度。

深冲——大水漫灌，冲走盐碱。

深耕——翻土晒太阳，蒸发盐碱。

深挖——开凿 6 条排碱渠，全长 3500 米。

那段日子，李广富连轴转，昼夜干，孜孜不倦。经过改良，土壤酸碱度由 11.5 降到了 9.5，土壤有机质含量大幅提升。

甜蜜的事业开花结果

新疆时间与北京时间的时差刚好是 2 个小时。每天早晨李广富很早就到园区做好一天的准备，确保工人 10 点上班后能有条不紊地开展工作。

桃树的种植在当地农民眼中还是新鲜事物，李广富把“平谷大桃”种到了盐碱地，也把种植技术送到了村民家中。从剪枝、浇水、施肥、打药到控制大棚温度，李广富和同事们手把手给村民教授种桃技术。2019 年，李广富说得最多的一句话是：“这一年我把半辈子的活儿都干完了。”

经过一年的努力，总面积 350 亩的园区全部整理完毕，杂草丛生、荒凉贫瘠的盐碱地蜕变成大桃产业园。当年栽种果树 200 亩，成活率达到 78%。

“甜度 25，太棒了。”

2020 年 6 月，在“平谷大桃”洛浦基地，专家对第一批试种成熟的大桃甜度测试后，不禁发出赞叹。“这个甜度比平谷大桃还要高。”李广富笑着说。

北京的大桃在洛浦这片土地上扎下了根。2022 年，百余亩桃树实现开花结果，产量过万斤。

“村民过上好日子，是对我最好的嘉奖”

产业扶贫是最直接、最有效的办法。随着大桃试种成功，村民种桃的积极性也越来越高。特别是李广富的林下经济试验成功，更是免去了村民的后顾之忧。大桃成长期 3 年，在桃树种下去头两年，村民可以在林下种植小麦或蔬菜，第三年大桃就能收获了，土地一点也不浪费。

2020 年春天，李广富给当地的 300 余户村民每户发放了 6 株桃苗。村民学会了种植技能，回家发展庭院经济，又多了一条致富路。

在洛浦县多鲁吐格曼贝希村，大桃产业已经成为当地脱贫攻坚的支柱产业。在桃树的栽种、修剪、疏花疏果、套袋等环节，李广富雇请当地村民，一季大桃能吸引当地村民就业达 2000 多人次。村民阿尔孜古丽 · 麦提库尔班的丈夫患强直性脊柱炎，丧失劳动能力，3 个孩子和生病的丈夫全靠她务工挣钱维持生活。2019 年，她看到“平谷大桃”洛浦基地的招工信息，也报了名。在这里，她负责打药、修剪、采摘，再干些零活儿，每月能挣 3000 元左右。

如今，洛浦县平洛森浓农业科技有限公司和洛浦县多鲁吐格曼贝希村达成土地流转协议，流转土地 1100 亩，打造大桃产业示范园，可为 11 户贫困户每年分红两万多元，分红 10 年。

援疆有过后悔吗？李广富说：“吃了苦，受了罪。可作为普通老百姓，能够参与到援疆建设中，做梦都没梦到过，挺自豪的。没什么后悔的。”

李广富表示，在乡村振兴的道路上，他会继续努力，作出自己应有的贡献，“只要这里的村民过上好日子，就是对我最好的嘉奖”。

（执笔：李洪涛）

李　磊：让京蒙扶贫协作开出“致富花”

李磊，男，1984 年 1 月出生，中共党员，北京市密云区北庄镇党委政法委员、武装部部长，曾任内蒙古赤峰市巴林右旗扶贫办副主任（挂职）、北京市密云区应急管理局执法监察大队原队长。曾获全国脱贫攻坚先进个人、全国安全生产监管监察先进个人等荣誉称号。

2018 年 7 月，李磊赴内蒙古赤峰市巴林右旗挂职，任巴林右旗扶贫开发办公室副主任。他负责京蒙帮扶工作，两次挂职延期，3 年里，投身巴林右旗脱贫攻坚、东西部扶贫协作事业，多方位寻求东西部扶贫协作切入点，拓宽协作渠道，丰富协作手段，提升协作质量，完整参与了巴林右旗从脱贫到奔小康的全过程，推动两地合作发展迈出实质性步伐。

发挥桥梁纽带作用，推动帮扶项目落地

挂职期间，李磊积极发挥桥梁纽带作用，与密云区紧密沟通衔接，全面了解分析京蒙两地比较优势和发展需要，并立足巴林右旗实际情况，谋划帮扶举措，积极争取密云区在资金、技术、人才支援、产业合作、携手奔小康行动等方面的支持与帮助，拓展帮扶合作领域，做细做实京蒙扶贫协作，有力地推动了巴林右旗经济社会发展和脱贫攻坚工作进程。

在任扶贫开发办公室副主任的 3 年时间里，李磊协调密云区和

巴林右旗两地完成互访对接 61 次，签订对口帮扶合作协议 38 份，协调两地建立联合党组织 21 个，融合各类党组织 190 个。协调密云区镇街、社会组织捐赠近百万资金用于爱心超市补充物资。3 年里，落实京蒙扶贫协作项目 26 个，通过建立台账，定期督导，及时调度，做到资金 100% 拨付，项目 100% 完工，年内 100% 实现带贫效果，6916 名贫困人口受益。协调密云区引导 3 家企业到巴林右旗投资建厂，援建扶贫车间 8 处，共建产业园区 1 处。

深入调研，为贫困户寻找针对性的脱贫项目

挂职伊始，李磊利用一个多月的时间就把全旗 9 个苏木镇 2 个街道的嘎查村基本跑了个遍，深入了解贫困人口的实际情况，帮助贫困户制定帮扶措施。

通过多次走访调研，李磊发现，巴林右旗的贫困很大程度在于产业单一，丰富的农牧业资源没有得到充分的开发利用。他利用京蒙帮扶资金，在农牧业产业打造上做起了文章。2018 年，将京蒙扶贫协作资金投入查干诺尔镇湖羊繁育扶贫产业项目，带动贫困户户均养殖湖羊 30 只，人均纯收入增长 3500 元以上。对没有劳动能力的贫困户，按照托养模式，直接获得分红收益，带动贫困户 421 户。与湖羊项目同步推进的，还有肉牛、肉羊改良项目。结合“巴林牛肉”“巴林羊肉”地理标志认证与品牌推广，贫困户增加了收入，达到脱贫水平。

深挖产品特色，消费扶贫促增收

巴林右旗地广人稀，有很多品质好且具有特色的农畜产品，如牛羊肉、甜瓜、大米等。这些产品只是在当地销售，甚至有时滞销，

生产量远远大于销售量，销路闭塞是制约农民增收的主要原因。

扩宽市场、打开销路，把巴林右旗的农畜产品卖到北京，这是李磊的初步思路。他找到自己的“娘家”，协调密云区商务局带着密云电商企业到巴林右旗对接，但效果并不明显。于是他又带着巴林右旗的大米回到了密云，登门拜访密云各大电商企业，现场蒸熟一锅大米饭供大家品尝，结果巴林右旗大米以优质的口感、实惠的价格赢得了电商的认可。最终，与密云云梦园公司达成合作协议，巴林右旗大米在北京的销路就此打开。通过大米的销售，种植大米的贫困户人均收入每户能提高 1000 元左右。后来，密云区开了一家专门销售巴林右旗牛羊肉的商店，并通过直播等方式销售巴林右旗的产品，这些都对巴林右旗的消费扶贫起到了重要的作用。

通过积极对接，李磊协调巴林右旗电商服务平台组织当地较大规模企业到北京参加各类展会，推动产品进入北京双创平台，与北京企业合作等形式，大力推进消费扶贫工作。3 年里，在李磊的协调推动下，巴林右旗在京农畜产品的销售额达 3.6 亿元。

发动多方力量，助力巴林右旗脱贫奔小康

3 年里，到巴林右旗妇幼保健院出诊的北京医疗专家多了起来。这个变化的背后，离不开李磊的努力。

扶贫先扶智。李磊挂职之初，针对巴林右旗妇幼保健院医生力

量薄弱的状况，经过与密云区妇幼保健院深入沟通，让两地的妇幼保健院建立结对精准帮扶关系。密云区妇幼保健院每年定期分批次派专家到巴林右旗妇幼保健院进行坐诊。李磊还积极联系密云区扶贫专班、密云区教委，与巴林右旗教育局沟通，在双方努力下，密云区每年选派的教师都远超指标，支教时间做到尽可能长一些。

李磊说，通过 3 年的挂职锻炼，了解了基层，开阔了视野，增长了才干，磨炼了意志。在与巴林右旗干部群众的朝夕相处中，增进了理解，建立了友谊，学到了许多开展基层工作的有效方法。在以后的工作中，无论在什么岗位，他都要以实干笃定前行，只争朝夕，不负韶华！

（执笔：李明宗）

池凤英：当好扶贫协作“三大员”

池凤英，女，1967年10月出生，中共党员，北京市延庆区卫生健康委一级主任科员。曾获全国脱贫攻坚先进个人、北京世界园艺博览会服务保障先进个人等荣誉称号。

2018年，池凤英开始承担起延庆区卫生健康委东西部扶贫协作和对口支援工作。作为中坚骨干，她在工作中踏实勤奋，扎实工作，为延庆区对口健康扶贫工作作出了突出贡献。

当好扶贫协作工作的“协理员”

自2018年承担延庆区卫生健康委东西部扶贫协作和对口支援工作以来，池凤英本着“干一行爱一行”的工作作风，主动开展工作，认真研究工作职责，在“如何帮、帮什么”上下功夫，积极寻找工作突破口，每年与受援地的卫生健康部门进行工作对接10余次，征求帮扶需求，制定了《延庆区卫生健康委医疗卫生扶贫协作和支援合作三年行动计划》，突出卫生健康工作特点，确定了健康帮扶的目标任务，把“帮管理、带人才、扶专科、开通道、保大事”等方面作为工作切入点，助力受援地区完成脱贫攻坚任务。帮助协调全区卫生系统开展健康帮扶活动，组织区内20所医疗卫生机构与受援地46所医疗卫生机构结对帮扶；

积极统筹本区医疗资源，组织捐赠了840余万元医疗设备及办公用品，协助提升对口3县医疗硬件水平；认真督导基层工作进展、完善工作台账等各项事务，为确保工作开好头、起好步，在公公重病住院的情况下，积极克服困难，妥善处理家庭责任与工作职责的关系，从未耽误工作。

在开展帮扶工作中，池凤英善于发现受援地的难点和急需问题。在延庆区卫健委领导的带领下，她协调并带领延庆区医院骨科为内蒙古兴和县蒙中医院建立起远程会诊平台。截至2020年底，延庆医院利用远程会诊平台已为兴和县蒙中医院出具各类诊断报告2万余份，其中普通诊断病例占95%，疑难病例占5%；为1000多名患者确诊了困惑多年的疑难病症，填补了兴和县蒙中医院医学影像技术空白，有效减少了误诊率和转院率；为当地患者架起延兴两地"就医桥"，让当地群众告别异地就医的鞍马劳顿，使他们足不出县就能享受首都二级乃至三级医院专家的影像诊断服务，有效解决了群众的就医难题。几年下来，这些帮扶举措已为当地群众节约费用5000多万元，受到群众高度赞誉。

当好贫困患者的"服务员"

2019年，池凤英在与内蒙古兴和县的对接工作中发现，当地建档立卡贫困人口中因患白内障失去劳动能力和生活能力的人数较多，事后及时与委主要领导汇报并提出建议，为白内障患者实施复明手术。在委主要领导的支持下，她积极协调延庆区医院、北医三院眼科专家，往返5次，分两批为兴和县18名白内障患者实施了复明手术。活动中，她还积极协调驻区企业金果园老农（北京）食品股份有限公司、中国人寿保险延庆分公司，充分发挥企业参与脱贫攻坚的积极性，为患者承担手术费用、营养配餐补贴、意外伤害保险等，使患者在接受手术过程中真正做到不花一分钱，让这些受白内障困扰多年的患者重见光明，坚定了他们脱贫奔小康的信心和希望。

此外，池凤英还积极协调为重症患者开辟绿色通道。2019年9月，池凤英接到兴和县卫健委领导请托，希望帮助店子镇二黑夭村14岁患脑胶质瘤的男孩李小强转诊到天坛医院检查治疗。她经过多方协调联系到天坛医院医务处，终于把患者转诊到天坛医院，并利用绿色通道安排专科主任优先为其检查。因患者家长从未走出过兴和县，不会讲普通话，她就安排专人全程陪护，帮助联系就医和住宿。经过门诊检查和专家会诊，虽然因患者病情严重不能实施手术，只能实施保守治疗，但家长十分理解和感激。

当好援派专业技术人员的“保障员”

池凤英始终将帮助受援3地解决好人才短缺的瓶颈问题当作首要任务来抓，会同对口部门走访调研基层卫生院，提出医疗人才支援计划，制定了医疗人才支援计划和“师徒传承”工作方案，积极协调区内各医疗机构，选派优秀医务人员长短期71人次赴受援3地开展查房、会诊、专科门诊、疑难病例讨论、专题讲座、临床一线指导；组织接收卫生专业技术人员203人次来延庆进修学习，与宣化区、怀来县结成师承人员12对，为受援3地培养“留得住、带不走”的专业技术人才队伍，

实现健康帮扶由“输血式”向“造血式”转变，提升当地医疗技术人员服务水平。同时，池凤英热心为派出和接收专业技术人员做好后勤保障，积极协调住宿和学习单位，尽最大努力解决好吃、住、行问题，为来延庆学习的专业技术人员解决后顾之忧。几年来，延庆区卫健系统共接收和选派医疗骨干 274 名，培训医疗人才 1211 人，帮助受援地较好地解决了人才短缺这一瓶颈问题。

虽然朴素，却不平凡。多年真情与实干，池凤英用热血和汗水、默默无闻的奉献，收获了今日的荣耀。她把这份荣誉铭记在心，继续走在乡村振兴的路上，用实际行动去诠释作为一名基层干部和共产党员的光荣使命。

（执笔：袁振）

北京首农供应链管理有限公司：搭建消费扶贫平台　创造消费扶贫新模式

北京首农供应链管理有限公司建立北京消费扶贫双创中心平台，创建了极具北京特色的“京援”产业扶贫模式。曾获全国脱贫攻坚先进集体荣誉称号，以及全国脱贫攻坚组织创新奖、全国消费扶贫典型案例奖等奖项。

北京首农供应链管理有限公司是北京首农食品集团有限公司旗下北京水产集团有限公司的直属企业，集流通、金融、贸易于一体，提供农产品全供应链服务。在企业发展的同时，公司强化履行社会责任，心系扶贫事业发展，建设运营北京消费扶贫双创中心平台，创造了公司、政府、受援地企业“三方共赢、持续发展、产业孵化、精准到户、绩效考核、高效复制”的极具北京特色的“京援”产业扶贫模式，带动了北京受援地区的产业发展。

探索消费扶贫“六个率先”

2017 年，北京市支援合作办公室与首农食品集团深入对接，决定由北京首农供应链管理有限公司牵头，启动北京市消费扶贫产业双创中心项目，着力构建“京援——双创平台 + 合资创建龙头企业”的国企精准产业扶贫新模式。

北京首农供应链管理有限公司积极对接中国建设银行、首创集团、顺丰速运等企业，打造了集线上线下展示展销、市场供需信息对接、商品营销推广、产业孵化培育等功能于一体的北京市消费扶贫产业双创中心。

通过在消费扶贫领域的创新探索，北京消费扶贫双创中心做到了“六个率先”。一是率先建立消费扶贫产业链服务体系，专门出资5000万元建立覆盖生产加工、收购存储、包装标识、质量管控、运输配送等全产业链的消费扶贫服务体系。二是率先在全国建成运行占地1万平方米的消费扶贫市场化平台，打通扶贫产品销售渠道。三是率先带动形成“1+16+N”的消费扶贫市区网络体系，双创中心作为市级平台，服务运营覆盖北京市16区消费扶贫分中心，以及连锁超市、批发市场、便利店的消费扶贫专区专柜1000余处。四是率先建成消费扶贫电商网络联盟，与京东、字节跳动、每日优鲜、建设银行善融商务等电商联动，通过互联网多途径激活电商扶贫渠道。五是率先探索“党建+消费扶贫”，广泛动员中央在京单位、北京市属机关开展“不忘初心、助力扶贫”党建活动。六是率先会同中国建设银行发行全国第一张消费扶贫爱心卡，迄今办卡量已超过108万张，吸引市民采购60万人次，推动形成了首都市民人人参与消费扶贫的良好社会氛围。

打造“集采联销直销”模式

依托双创中心并与物美集团、京东集团通力合作，北京首农供应链管理有限公司全力打造“集采联销直销”模式。

在采购端，赴受援地区乡村集中开展大宗产品采购。截至2021年底，双创中心展示展销扶贫产品达到4000多种，比2019年开业初期增加30%，引入500多家扶贫企业，与受援地区的800余家基地、

合作社、供应商建立了稳定的购销业务。

在销售端，以双创中心为原点，以点带面，拓宽扶贫销售渠道，形成“全市一张网、上下一盘棋”的全市消费扶贫营销网络，在全市16个区建成消费扶贫分中心。在推进“首农物美扶贫超市”过程中，间接带动在超市发、京客隆、家乐福、首航等百余家商场、超市、批发市场建立了消费扶贫专区专柜，全市共建成运营消费扶贫网点千余个。与建行善融、京东等互联网平台合作，以线下双创中心为依托，建成北京消费扶贫自营旗舰店等扶贫产品线上专馆。利用现有营销网络与数千家单位建立了稳定的供销关系。新疆和田大枣、西藏牦牛纯牛奶、青海玉树黑青稞、河南红薯粉条、湖北丹江口水库鱼头、内蒙古呼伦贝尔大草原牛羊肉等扶贫产品引入北京市场。位于齐齐哈尔、兴安盟、白城一线的北纬46度黄金产米带生产的“齐兴白大米”，品质优良，引入后稳定供给北京市2000余家预算单位工会和市属国企食堂。

以消费扶贫带动全产业链发展

在两年多的探索实践中，公司建立了消费扶贫长效机制，构建起多方力量、多种举措有机结合的大扶贫格局。

双创中心深入贫困地区开展百余次扶贫产品产销对接，举办扶贫产品线下线上展销活动，努力把市场消费、扶贫产品销售、贫困群众增收串联起来，积极推动从消费扶贫向产业造血转变，突出“销、补、推、搭、带”作用。“销”是线上线下结合，打造永不落幕的市区联动平台；“补”是补足产业短板，构建受援地区产业链帮扶体系；“推”是加强宣传推介，让消费扶贫深入人心；“搭”是搭建平台机制，动员社会各界参与消费扶贫；“带”是聚焦精准脱贫，完善带贫机制。

通过消费扶贫，让产品卖出好价钱，贫困地区群众在消费扶贫中感受到自己生产的产品变成商品，收成变成收入，提升了市场观念，激发了自我发展的内生动力；通过消费扶贫，在全社会营造“大爱北京、消费扶贫”的理念，广大首都市民踊跃采购扶贫产品，以消费的方式帮助贫困群众实现了增收脱贫。更重要的是，双创中心采用订单收购、技术指导、兜底收购等措施保证扶贫产品售价，为贫困地区培育好产业，为建档立卡户增收闯出好路子。“双创中心直通带贫益贫企业”模式，建立的长期稳定采购关系，确保“真带贫，带真贫”。

从“输血”到“造血”，北京首农供应链管理有限公司以“消费扶贫”的新方式为决战决胜脱贫攻坚贡献了新经验，走出了新模式。

（执笔：李洪涛）

首都医科大学附属北京友谊医院：在医疗人才“组团式”援藏中贡献友谊力量

首都医科大学附属北京友谊医院是北京市属三级甲等综合医院。曾获全国脱贫攻坚先进集体、全国文明单位、首都文明单位标兵、北京市抗击新冠肺炎疫情先进集体、北京市思想政治工作优秀单位等荣誉称号。

首都医科大学附属北京友谊医院（以下简称“北京友谊医院”）始建于1952年，是中华人民共和国成立后，由党和政府建立的第一所大型综合性医院。

2016年7月，北京友谊医院作为北京市医疗人才组团式援助拉萨市人民医院“创三甲”的主责单位和“以院包科”牵头单位，充分发挥北京市优质医疗资源的集团优势，坚持首善标准，在医疗人才“组团式”援藏中创造了成功经验，形成示范效应。

近5年来，北京友谊医院先后选派技术骨干力量201人，分别前往西藏、新疆、内蒙古、宁夏等地开展各种形式的长期帮扶和短期援助，提升当地医疗水平，全方位满足患者就医需求。

帮扶打造西藏首家地级市三甲医院

北京友谊医院援藏团队以友谊医院制度和管理体系为蓝本，完善拉萨市人民医院医疗、护理、行政管理等各类制度200余万字。北京友谊医院作为主责单位，通过系统评估、对照整改、系统完善，仅用1年时间，就帮助拉萨市人民医院顺利通过三甲评审，成为西藏首家地级市三甲医院。5年里，拉萨市人民医院成功救治急危重症患者40万例次，成为自治区“大病不出藏”兜底医院。

同时，北京友谊医院作为“以院包科”牵头单位，发挥北京市属医院学科优势，结合西藏自治区疾病谱等特点，谋划学科布局，开展“以院包科”工作，推进拉萨市人民医院开展新技术新项目123项，实施手术3400余例次，使拉萨市人民医院14个学科水平处于西藏自治区和拉萨市领先地位。

“以院包科”是北京在组团式医疗援助中探索出的一条新路。北京友谊医院包消化内科、北京积水潭医院包骨科、北京妇产医院包妇产科、北京儿研所附属儿童医院包儿科、北京安贞医院包心脏内科、北京宣武医院包神经内科。5年里，拉萨市人民医院新建专业19个，全部学科达到35个，门急诊量增长164.9%，住院人次增长43.7%，手术台次增长76.1%，医疗技术水平和服务能力实现大幅提升。

组团式培训育人才，变“输血”为“造血”

北京友谊医院率先开创组团式培训模式，拉萨市人民医院中层以上干部和业务骨干160余人次到北京进行培训。北京友谊医院在拉萨开展“师带徒”“友谊消化直通车”等技术帮扶项目，为当地培养技术骨干 820 人，真正变“输血”为“造血”，使北京优势医疗资源的种子在拉萨深耕发芽结果。同时，充分发挥拉萨市人民医院辐射带动作用，与拉萨市 5 县 2 区医院形成医联体，促进双向转诊和医疗资源共享，开展各类技术帮扶百余次，优质医疗资源惠及人口数达到 33 万余人。

“强三甲”促进医院高质量发展

实现“创三甲”任务目标后，北京友谊医院进一步深化推进拉萨市人民医院管理规范化建设和促进医院高质量发展。在医院推动建立规范的中层干部例会制度，使医院的决策、执行、反馈形成管理闭环，有效传达管理要求，凝聚发展共识，形成发展合力；优化医院质量安全管理体系，健全五大医疗中心（胸痛中心、卒中中心、创伤中心、危重孕产妇救治中心、危重儿童和新生儿救治中心）规范管理制度，提升重点学科医疗质量安全水平；整合援受双方资源，积极推进亚专科建设；开启规范的年度预算编制模式，使医院发展建设有据可依、收入支出有合理规划；建立医院运营管理体系，从预算、成本、绩效、资产等方面加强医院全面运营管理，促进经济管理水平、经济运行效率提升；优化干部人才队伍配置，选拔充实管理部门队伍，为提升管理效能提供人员保证。2021 年，医院先后完成病案首页系统、合理用药系统、智慧产科系统升级建设和上线运

行，医院网络安全和三级等保认证、医院资源管理系统（HRP）完成前期招标等工作，进入项目实施阶段，安全和管理项目的实施将极大提升医院信息安全水平，提升医院管理运行效率。

5 年来，北京友谊医院派出的一批又一批援藏医疗和管理人才扎根雪域高原，通过"师带徒"培养优秀的本地医疗人才，为当地留下一支带不走的优秀医疗队伍。医疗人才"组团式"援藏工作在拉萨市人民医院结出硕果，获得当地百姓和医务人员的充分认可。

此外，在援疆方面，自 1999 年起，北京友谊医院先后选派心内科、消化内科、泌尿外科、血液科、耳鼻咽喉头颈外科等重点科室的医疗技术骨干前往和田地区人民医院开展对口支援工作，推进开展新诊疗技术共计 66 项，培养当地医疗业务骨干 110 人。在援内蒙古方面，北京友谊医院积极开展对口帮扶库伦旗工作，选派重点科室优秀青年人才挂职受援地医院院级领导职务，为库伦旗医院培养 37 名业务骨干，开展新技术新项目 40 余项，库伦旗医院成为全旗唯一的二级甲等综合医院。

5 年来，北京友谊医院开展各种形式的长期帮扶和短期援助，受益人口数达到 374 万，进一步提升了受援地人民的获得感和幸福感，为助力受援地打赢脱贫攻坚战作出了突出的贡献。

（执笔：李明宗）

首都师范大学京疆学院：用心用情　志智双扶

首都师范大学京疆学院是全国首创的以培养新疆少数民族教师为目标的独立建制二级学院，按需求协同多部门联动服务国家重大战略。曾获全国脱贫攻坚先进集体荣誉称号。

首都师范大学京疆学院（以下简称“京疆学院”）成立于2012年。京疆学院立足新疆教育发展现实需求，坚持发挥教师教育特色服务国家重大战略的政治站位，深刻认识对口支援新疆教师培养的重要意义，将理想信念和“五个认同”教育纳入培养核心要素，将党的建设和思想政治教育融入边疆民族地区教师培养工作中，将单一的教师职业技能培训提升为思想帮扶（扶志）与智力帮扶（扶智）有机结合，以“用心用情　志智双扶”为培养理念，以“为新疆基础教育培养政治可靠、业务精通、国家通用语言应用能力过硬‘种子’教师”为培养目标，形成了“党建引领、思政融入”的教育援疆人才培养模式。成立以来，先后完成了教育部和北京市的多项教育援疆任务，累计为新疆培养基础教育师资超过3500人，涵盖幼儿园、小学和初中的所有学科，其中97%的少数民族学员来自深度贫困的南疆四地州，为阻断当地贫困代际传递贡献了首都高校的智慧与力量。

2014年9月初，习近平总书记专门作出重要批示：“内地院校都应像首师大一样用心用情培养新疆学生，进而增进民族感情，加强民族团结。”对首都师范大学教育援疆工作给予充分肯定。

确立“两统一、三结合、四贯穿”培养工作思路

京疆学院以习近平总书记的重要批示作为做好教育支援、区域协作等各项工作的指导思想和根本遵循，落实“扶贫先扶志，扶贫必扶智”的要求，紧紧围绕铸牢中华民族共同体意识这一工作主线，将“扶思想、扶观念、扶信心”的思想政治教育融入教师培养，按照“两统一、三结合、四贯穿”的工作思路推进各项工作：培养育人过程与铸牢中华民族共同体意识教育相统一，学员学习和生活与基层党组织建设和思想政治教育工作相统一；理想信念教育与教师职业素养提升相结合，学科专业教育与国家通用语言能力提升相结合，教学和社会实践与民族交往交流交融相结合；思想政治教育贯穿培养育人全过程，贯穿教师职业素养提升全过程，贯穿国家通用语言能力提升全过程，贯穿学员教师职业发展全过程。

探索建立“志智双扶”人才培养实践路径

京疆学院围绕新疆教育发展的要求，探索建立了“党建引领、主线驱动、需求导向、科技赋能”的“志智双扶”教师培养新模式。

党建引领——学院党总支书记、院长及全体班子成员落实培养工作责任到人、任务到底工作机制，发挥教工党支部战斗堡垒作用，压实党的领导，确保培养方向正确、教育到位。学院坚持将学员的思想政治教育工作与党总支政治建设、思想建设、组织建设同部署、同推进、同考核。组建学员临时党支部，推进党支部规范化建设。开展

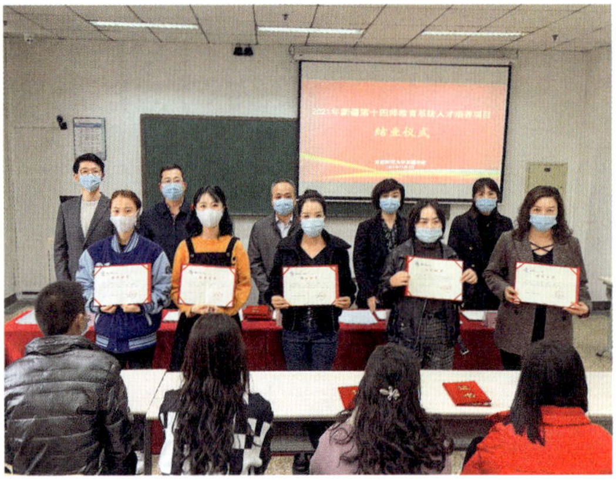

校领导主讲“开学第一节党课”、开展主题党日等活动。

主线驱动——以铸牢中华民族共同体意识为主线，将“五个认同”教育纳入新疆教师培养的核心要素，将促进民族交往交流交融、加强民族团结纳入培养过程，将社会主义核心价值观、中华传统文化纳入培养课程体系。学院组织参训学员到天安门广场观看升旗仪式，参观香山革命纪念馆等爱国主义教育基地，组织学员亲身感受祖国山河的壮丽。鼓励新疆学员分享他们不畏艰苦条件，奉献边疆教育事业的感人事迹。

需求导向——京疆学院先后10余次组织专家深入受援地区调研培养需求，构建高校教师、基础教育一线优秀教师和教研员组成的“多导师”制，建立了包括“理想信念”“通识教育”“学科专业”“职业素养”“实践技能提升”5个师范生养成模块（Formative Education）和1个“国家通用语言能力提升”模块（Language Training）的“5F+L养成教育课程系统”，并通过“跟岗实践”“一课试讲”强化实践应用。

科技赋能——积极推动教育援疆与互联网、大数据和人工智能等新技术深度融合，探索基于互联网平台的教育援疆新路径。依托首师大“双优云桥”大数据平台，探索并实践了“反转式云跟岗”的培训模式，构建了“导师＋助教＋学员”的学习共同体，有效提高了培训成果转化率。

“用心用情　志智双扶”教育援疆取得了丰硕成果

一是培养了大批“四有”好教师。通过培养，广大新疆学员激发了扎根边疆、绽放青春的内生动力，很多都成长为当地优秀教学骨干，发挥着引领、示范的“种子效应”。他们“一人影响一家、一人带动一校”，提升了新疆基础教育发展的“造血”功能。和田市阿克恰勒乡教师牙生江・阿布都艾尼多次被央视《新闻联播》《新闻直播间》采访报道，并作为新疆文化教育及相关行业的杰出代表入选新疆广播电视台《70 年 70 人　祖国我是你的骄傲》人物短片。

二是凝练了教育援疆成功经验。2020 年，学院主持完成了《“十三五”时期北京市教育扶贫支援工作总结报告》《北京市智力支援“十四五”规划》等研究工作。组织编写了北京市教育扶贫《支援典型案例选编》《支教故事选编》《跟岗体会选编》等案例资料。学院援疆育人教学模式两次入选教育部省属高校精准扶贫精准脱贫典型项目，获北京市高等教育教学成果一等奖。

三是树立了首都高校的“首善标准”。教育部、国家民委多次在京疆学院调研考察、召开现场会。天津师范大学、上海师范大学等兄弟院校多次来校考察学习经验。

（执笔：袁振）

美　团：帮助贫困家庭骑手自立自强改变人生

北京三快云计算有限公司（美团）聚焦“零售＋科技”战略，使命是“帮大家吃得更好，生活更好”。2018年9月20日，美团正式在港交所挂牌上市。曾获全国脱贫攻坚先进集体荣誉称号。

作为国内领先的生活服务电商平台，美团坚持更好地承担社会责任，更多地创造社会价值，通过造血式扶贫，充分发挥新经济业态驱动经济增长新动能的优势，探索“业务发展带动扶贫、扶贫成效反哺业务”的可持续、可复制扶贫模式，积极参与脱贫攻坚决战。

带动50多万建档立卡贫困骑手就业增收

外卖业态的发展创造了大量的就业机会，其中配送员准入门槛低，工作灵活度高，收入有保障，成为近年来贫困人口在城市中获得收入的有效路径。

易丛斌家是贵州省黔西南州晴隆县战马村的建档立卡贫困户，因为家境贫困，初中毕业就离开老家，去东部沿海城市闯荡。随着爷爷、奶奶、父亲年纪渐长，易丛斌迫切想回老家，陪在家人身边。2019年，他在贵阳成为一名美团外卖骑手，回老家只需要2个多小时车程。这份在爷爷眼中“稳定”的工作有着不错的收入，月收入在七八千元，最高时超过 9000 元。超预期的收入回报，让易丛斌的心逐渐安定下来，并把妻子和一岁半的儿子接到贵阳一起生活。

因家境贫寒、学历受限、技能缺乏而缺少上升通道，全国共有 54.5 万与易丛斌类似的建档立卡贫困户家庭劳动力当上外卖骑手。他们通过在岗位上的自立自强，改变了自己和家人的生活，实现了“一人就业，全家脱贫”。

就业是最有效的扶贫

2020 年，新冠肺炎疫情暴发，就业形势严峻。为缓解劳务输出大省的就业压力，尤其是防止贫困家庭劳动力因疫情返贫致贫，美团加大帮扶力度，连续发布“春归计划”“新起点计划”“新起点在县”等就业扶贫行动计划，面向贫困县开通骑手招募专线，并重点聚焦全国 52 个未摘帽贫困县实施“新就业在县”举措，帮助更多的人实现就近就业。无论全职还是兼职，做骑手都成为增加收入的重要途径。据统计，约六成在职贫困家庭劳动力美团骑手的月收入在 3000~8000 元，显著高于全国居民 2020 年人均可支配月收入 2682 元。截至 2020 年底，美团已累计帮助超过 956 万骑手实现就业增收。

为防止建档立卡贫困户家庭劳动力骑手因病致贫返贫，美团还成立涉及 100 种重疾的“美团贫困骑手重疾医疗保障基金”，并与首个针对外卖骑手子女的公益帮扶计划——“袋鼠宝贝公益计划”叠加，贫困家庭劳动力骑手患病子女可享受超过 10 万元金额的大病医疗救助金。

美团还通过采取定向招募、稳岗补贴、大病保障、免息贷款、亲属关爱等多项举措，为 13.7 万新增建档立卡贫困户家庭劳动力提供了稳定就业岗位。

面向骑手、贫困县商户开展数字技能培训

通过数字化加快释放脱贫县发展潜力，打通城乡要素平等交换、双向流动的通道，是实现精准脱贫、巩固拓展脱贫攻坚成果、实现与乡村振兴有效衔接的路径之一。

美团注重外卖骑手培训，为他们提供更广阔的发展空间。美团与清华大学联合推出“骑手自强学堂”，开设了交通安全、城市融入、科学急救、心理调节等116门课程。截至2021年底，已累计有20余万骑手在美团“骑手自强学堂”在线参加学习，其中《奋斗改变生活——脱贫骑手传授美团经验》的学习人次逾500万，《外卖英语》学习人次逾400万。

自2019年4月起，美团在贫困县免费开展“新青年追梦计划”就业创业扶贫培训，为贫困地区旅游、酒店、民宿、餐饮等服务业从业人员提供培训辅导、集中示范、现场教学，帮助他们掌握网络引客的方法。截至2020年12月底，“新青年追梦计划”扶贫培训在全国9个省完成了31场实操培训，培训学员近5000人次。

消费扶贫和公益项目多措并举，助力有效衔接乡村振兴

在公益扶贫方面，美团以互联网思维开展公益帮扶，利用流量

优势、生态优势，将商家、用户及偏远贫困地区的人们有机连接，通过“互联网＋筹款平台”“互联网＋生态环保”，让公益扶贫实现“科学技术驱动，平台商户联动，持续投入行动”的效果。

美团公益自2018年6月上线以来，已累计筹款超6600万元，其中扶贫类项目占比93%，捐赠人次超580万，扶贫项目数量240个。在生态扶贫领域，美团外卖联合中华环保基金会2018年发起“青山公益行动”，吸纳平台外卖餐饮商户自愿加入成为“青山公益商家”，用户每完成一单外卖，商家即捐赠一定金额善款。截至2020年8月，该行动已有近28万“青山公益商家”累计捐款1400万元。美团公益在云南、甘肃等省投入435万元扶持12个生态扶贫种植林，总面积2800亩，直接受益建档立卡贫困户1744户，影响人数超过15000人。

随着国家脱贫攻坚全面收官，美团通过“新起点在县”行动计划，在县一级实施精准帮扶，希望通过“劳动力走出去、游客引进来、商户连上网、消费旺起来”，以数字化多维形式助力巩固脱贫攻坚成果，推动从脱贫攻坚到乡村振兴的有效衔接。

美团旗下的美团优选“农鲜直采”已经覆盖云南、贵州、广西、甘肃、湖北等省区的原贫困县和农业县，助力湖北秭归脐橙、云南昭通苹果、西藏江孜青稞、甘肃定西土豆等农产品“出山”，推动农民增收、农业发展。

（执笔：李洪涛）

后　记

为忠实记录、全面反映北京市全面建成小康社会的历史进程，特别是党的十八大以来北京市小康进程中的关键节点、重要事件、典型人物，按照中宣部统一部署，组织编写出版的北京市“纪录小康工程”系列丛书，由全景录、大事记、奋斗者、变迁志、影像记5个分册组成。

根据中宣部的部署安排，北京市“纪录小康工程”系列丛书的编写出版工作由中共北京市委宣传部牵头组织实施。

《全面建成小康社会北京奋斗者》（以下简称《奋斗者》）一书编写工作由北京出版集团牵头负责，市委宣传部宣教处、精神文明宣教处，市总工会，市支援合作办为配合单位。集团党委书记、董事长康伟担任主编，从人物选取、全书体例、写作风格等方面提出明确要求，精心谋划，部署落实。吴文学、曹蕾、李清霞、周浩担任副主编。编委有阎珊珊、吕克农、高立志、李尚、彭春英、王嵑灵、赵宁、曲丹、单明明。

《奋斗者》一书中的100个先进个人（先进集体）选自北京市的七一勋章、全国优秀共产党员、全国优秀党务工作者、全国劳动模范、全国先进工作者、全国脱贫攻坚先进个人和先进集体、全国道德模范、时代楷模等荣誉称号的获得者。市总工会负责撰写“全国劳动模范”“全国先进工作者”稿件，市支援合作办负责撰写“全国脱贫攻坚先进个人和先进集体”稿件，“全国道德模范”稿件由市委宣传部精神文明宣教处提供，市委党史研究室王锦辉等参与了“全国优秀共产党员”“时代楷模”等稿件的撰稿。市委前线杂志社邓春富负责全书的统稿工作。北京日报社总编辑伍义林，市委党史研究室、市地方志办副主任张恒彬等专家审读了全书。

在时间紧、任务重的情况下，以上单位与个人的辛苦努力和付出，为本书顺利出版奠定了坚实基础，在此一并表示诚挚感谢！

由于时间仓促，加之编者水平有限，本书难免会有错漏或不足之处，敬请读者批评指正。

本书编写组

2022 年 5 月